UBI保险的实践与发展
—— 汽车保险的发展与创新

江生忠　司存功　梁凯 ◎主编

天津出版传媒集团
天津人民出版社

图书在版编目(CIP)数据

UBI 保险的实践与发展：汽车保险的发展与创新 /
江生忠, 司存功, 梁凯主编. —— 天津：天津人民出版社,
2021.2
　　ISBN 978-7-201-17166-1

　　Ⅰ.①U… Ⅱ.①江… ②司… ③梁… Ⅲ.①汽车保
险–研究 Ⅳ.①F840.63

　　中国版本图书馆 CIP 数据核字(2020)第 272316 号

UBI 保险的实践与发展 ：汽车保险的发展与创新
UBI BAOXIAN DE SHIJIAN YU FAZHAN ; QICHE BAOXIAN DE FAZHAN YU CHUANGXIN

出　　　版	天津人民出版社	
出 版 人	刘　庆	
地　　　址	天津市和平区西康路 35 号康岳大厦	
邮政编码	300051	
邮购电话	(022)23332469	
电子信箱	reader@tjrmcbs.com	

责任编辑	佟　鑫
特约编辑	申　晨
装帧设计	明轩文化·邵亚平

印　　　刷	天津新华印务有限公司
经　　　销	新华书店
开　　　本	710 毫米×1000 毫米　1/16
印　　　张	16
字　　　数	210 千字
版次印次	2021 年 2 月第 1 版　2021 年 2 月第 1 次印刷
定　　　价	78.00 元

前　言

　　本书是在南开大学保险业改革与发展研究中心受上海高卓投资管理有限公司委托进行研究课题的基础上编写完成的。

　　所谓 UBI 保险(UBI，即 Usage Based Insurance)，是基于使用量确定保费的保险。UBI 技术不仅可以在汽车保险领域发挥自身价值，同时也可以在健康、医疗、责任等更广泛的保险领域发挥改造性的作用。即 UBI 保险在众多保险产品领域都具有广阔的发展前景，当前 UBI 保险运用最广泛、发展最成熟的领域就是汽车保险领域。UBI 车险是一种通过联网设备将驾驶者的驾驶习惯、驾驶技术、车辆信息和周围环境等数据综合起来，建立人、车、路多维度模型，进行差异化定价的新型商业机动车辆保险。它可以分为两种形式：一种是 UBI 车险发展的初级形式，基于用户的驾驶里程制定车主车险费率；另一种是 UBI 车险发展的高级形式。利用用户画像技术，基于驾驶行为(行车里程、驾驶速度、用车频度)、驾驶习惯(急加速、急刹、急转)、驾驶环境(行驶路况、驾驶区域、行车时间段)、驾驶人信息(年龄、性别、工作类型)以及驾驶车辆信息，如车辆类型等大数据，构建多维度用户分析定价模型，实现"一人一车一费"定制 UBI 车险。

　　目前我国非寿险领域中业务量最大的险种是机动车辆保险，其属于传统车辆保险。与 UBI 车险相比，传统车辆保险付费的依据是从车定价，即保险公司在保险费率厘定的时候，以考虑汽车本身因素为主、考虑人的因素为辅。保费价格主要取决于车辆的状况，如车辆价格、车型、座位数、排量等。显然，这种付费方式的机动车辆保险是与被保险人缴纳保险费应与他暴露的风险相一致这一保险基本原则相悖的。并且在实践中，这种付费方式可能降低保险公司提高服务能力的主动性，不利于车险市场的健康发展。

与传统车辆保险相比较，UBI车险具有自身显著的优势。可以精准刻画风险，对政府、社会以及保险市场均具有正向影响。可以促进绿色出行、减少碳排放，改善高风险群体的驾驶行为。有利于提升保险公司风险识别和精准定价的能力，遏制盗窃风险和欺诈风险，拓展保险公司客户增值服务，改善客户体验。

UBI车险自20世纪90年代于北美地区兴起后发展迅速，如今已成为国际市场上汽车保险领域不可忽视的重要力量，具有强大的发展潜力，是UBI保险最具代表性的应用领域。在我国，2015年期间曾有多家保险公司推行UBI保险，其主要是体现在UBI车险上，但因外部环境和行业自身等诸多原因，有的公司退出该项业务，有的公司虽然没有完全退出，但业务量大量萎缩。从市场看，该项业务已不具有影响力。近年来，随着外部环境变化，尤其是科学技术得到突飞猛进，我国大数据、云计算蓬勃发展，物联网、智慧医疗、5G通讯等新技术、新应用加速落地，新产业带动新发展形成新市场，包括推动保险业务的变革。同时，随着保险行业改革发展，市场竞争加剧，不少保险公司的业务发展面临挑战，尤其是中小保险公司，自身短板较多，在市场竞争中处于不利的地位，急需寻找新的业务领域或新的保险方式作为突破口。对于大的保险公司，为巩固和稳住市场地位，也不忘去积极探索和寻找新的发展途径。对于监管部门来说，为保持保险行业的持续和健康发展，为面临困境的保险公司松绑或创设新的发展途径，也鼓励保险公司进行创新发展。因此，UBI车险再次进入保险行业的视野并成为行业发展的焦点之一。

基于以上背景，2018年12月，南开大学保险业改革与发展研究中心接受上海高卓投资管理有限公司委托，开展《UBI保险的实践与发展——汽车保险的发展与创新》这一课题的研究。2020年9月3日，银保监会研究制定了《关于实施车险综合改革的指导意见》，并于 2020 年 9 月 19 日起开始施行。《指导意见》指出"探索在新能源汽车和具备条件的传统汽车中开发机动车里程保险（UBI）等创新产品"。《指导意见》的明文规定，也证明了本次课题研究方向的正确性。我们也确信，UBI 保险实践的开展完全有可能成为我国保险业务发展的一个重要突破口。

在南开大学金融学院江生忠教授的带领下，本书编写组在课题开始之初，就先后前往北京拜访中国银保监会车险处和中国保险行业协会。了解到监管视角下当前中国车险市场的主要问题，费率改革遇到的困难以及国内开展 UBI 车险面临的现实阻碍及发展条件。为了深入了解当前我国 UBI 保险发展的实际情况，本书编写组曾先后奔赴上海、北京，分别对中国人保、中国平安财险、中国太平洋财险、中国大地财险、上海评驾科技进行调研，实地考察了当前 UBI 保险的产品设计、精算定价、运行机制等相关情况，掌握了第一手资料，并编纂成阶段性课题成果《UBI 保险调研会议记录册》。随后，为进一步了解车险需求主体对于 UBI 车险的态度与评价，本书编写组开展了问卷调研，并根据调研结果撰写了阶段性课题成果《问卷分析——车主对 U-BI 车险接受度调查报告》。此外，为了解国际市场 UBI 车险的发展情况，本书编写组成员付爽、刘晓丹翻译了美国保险监督官协会（NAIC）保险政策研究中心汽车行业市场报告，形成课题阶段性成果之一《基于使用量的保险（UBI 保险）和车辆远程信息技术：保险市场及其监管的意义》译文。

在本课题研究及本书的写作过程中，课题编写组与委托单位进行了密切合作。上海高卓投资管理有限公司对本项课题高度重视，多次参与课题研究过程中的讨论会议，协助课题编写组成员进行相关公司的实地调研，并持续对课题研究过程中遇到的重要问题提出建设性意见。2018 年 12 月 23 日，课题组召开项目启动会，委托单位为编写组成员介绍了 UBI 保险的发展背景、基础知识、当前发展程度等相关内容。2019 年 4 月 23 日和 5 月 11 日，基于之前准备的资料，编写组与委托单位进行了两次关于本课题研究的逻辑框架、研究方法、重点难点等关键问题的会议讨论，最后确定了本书的写作大纲与项目分工。2019 年 11 月 29 日，编写组将前期准备与调研形成的美国汽车行业报告《UBI 保险调研会议记录册》《问卷分析——车主对 UBI 车险接受度调查报告》《基于使用量的保险（UBI 保险）和车辆远程信息技术：保险市场及其监管的意义》译文三项阶段性成果提交给委托单位，并就下一阶段本书的正式写作方向进行了会议讨论。2020 年 9 月，本书初稿正式完成，编写组与委托单位就本书的最后修改与定稿进行了交流与探讨。本书从立项到定稿历时长达 22 个月之久。从前期的资料准备、实地调研、问卷调查、写作大纲的确定、写作内容的修改与完善直至最终定稿，每一步的推进都离不开委托单位的支持与帮助，本书的最后成果是委托单位与编写组共同辛苦的智慧结晶。

本书从汽车保险切入，细致分析了 UBI 汽车保险，然后拓展到 UBI 保险。根据这一设计思路，本书共分为四个部分，第一部分主要介绍汽车保险的起源与现状，包括第一章汽车保险的现状与发展变化。第二部分主要介绍国际上 UBI 保险的发展情况，包括第二章国际 UBI 保险的发展与现状。第三部分主要介绍国内 UBI 保险的实践情况，包括第三章我国 UBI 保险的市场供求分析，第四章 UBI 技术在我国车险领域的实践与发展以及第五章我国 UBI 车险实践探索的现状。第四部分为方案设计和未来展望，根据前三部分的研究内容，课题组对 UBI 保险方案进行了设计，对 UBI 保险未来发展前景进行了展望，并提出 UBI 保险今后发展的相关政策建议。

本书共分为八章，分工如下：管苗秀负责编写第一章；于乾、于今负责编写第二章，在后期于乾又对第二章进行了修改；付爽负责编写第三章；易昕、徐采阳负责编写第四章的初稿，王泽平和童杉杉在初稿的基础上进行修订；付爽负责编写第五章；刘晓丹负责编写第六章；李立达负责编写第七章；沈芳负责编写第八章。

在问卷调研过程中，于乾、王泽平主要负责私家车调查问卷的设计，于今、徐采阳、管苗秀、易昕主要负责商用车调查问卷的设计。本次调研中的纸质版数据整理工作由王泽平、童杉杉、孟荷林、郭贺菲完成。问卷数据收集完毕后,由于乾进行统计分析并形成了课题的阶段性成果《问卷分析——车主对 UBI 车险接受度调查报告》。门沛璇、赵新宇、焦雨欣、刘远平、扬蕊菁在本书编写过程中主要负责资料的收集和整理。

特别感谢中国银保监会车险处、中国保险行业协会、中国人保财险、中国平安财险、中国太平洋财险、中国大地财险、上海评驾科技等单位有关人员在编写组调研过程中给予的大力协助和建设性意见!特别感谢渤海财险公司在本书写作过程中提供的服务与帮助!由衷感谢上海高卓投资管理有限公司对本课题给予的全方位支持!此外对上海允能文化传播有限公司的佟鑫总经理,上海高卓投资管理有限公司高云超、李旷世、曹莹、司伟村等业内专家,南开大学黎银霞、朱文冲、吴望春等同学在本书写作过程中给出的宝贵建议和帮助一并表示感谢。再有,十分感谢天津人民出版社周春玲、申晨两位编辑在本书出版过程中的辛苦付出!

在本书的编写过程中,参考和借鉴了国内外诸多专家学者的相关论著和研究成果,在此致以诚挚的谢意!

由于 UBI 保险在我国还属于创新业务,实践中人们对此的看法及积极性并不一致,加之我们自身能力有限,且我们团队多人从不同角度编写并最终合稿,难免存在诸多不尽人意之处,恳请各位读者给予批评指正。

课题编写组

于南开大学津南校区 2020 年 11 月

目录 ■

第一章　汽车保险的现状与发展变化

一、汽车保险概述

(一)汽车保险的起源

汽车保险又称机动车辆保险，是指对机动车辆由于自然灾害或意外事故所造成的人身伤亡或财产损失负赔偿责任的一种商业保险，是以机动车辆本身及机动车辆的第三者责任为保险标的的一种运输工具保险。

汽车保险是伴随着汽车的出现和普及而产生和发展的，是财产保险中相对年轻的险种。汽车保险起源于 19 世纪中后期，随着汽车在欧洲国家的出现与发展，因交通事故而导致的意外伤害和财产损失随之增加，尽管各国都采取了一些管制办法和措施，但汽车的使用仍对人们的生命和财产安全造成了严重威胁，因此引起了保险人对汽车保险的关注。

1895 年，英国"法律意外保险公司"最早签发了保险费为 10 英镑到 100 英镑的汽车第三者责任保险单，可以在增加保险费的条件下加保。1898 年该公司率先推出了汽车第三者责任保险，并可附加汽车火险。

1896 年 11 月，由英国苏格兰雇主保险公司发行的一份保险情报单中，刊载了为庆祝《1896 年公路机动车辆法令》的顺利通过而于 11 月 14 日举办伦敦至布赖顿的大规模汽车赛的消息，另外还刊登了"汽车保险费年率"。

到 1901 年，保险公司提供的汽车保险单已初步具备了现代综合责任险的条件，保险责任也由单纯的汽车第三者责任险扩大到其他风险。

目前,无论是国外还是国内,汽车保险都是财产保险领域的第一大险种。

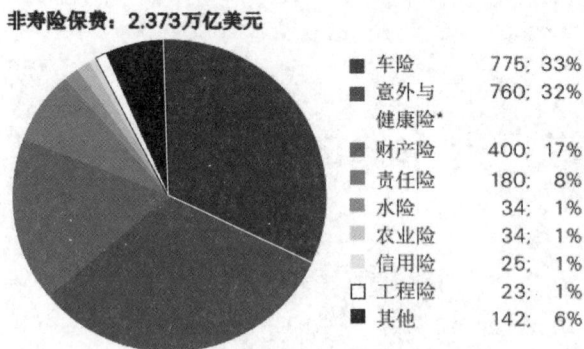

非寿险保费:2.373万亿美元

■ 车险	775;	33%
■ 意外与健康险*	760;	32%
■ 财产险	400;	17%
■ 责任险	180;	8%
■ 水险	34;	1%
■ 农业险	34;	1%
■ 信用险	25;	1%
□ 工程险	23;	1%
■ 其他	142;	6%

图 1.1　2018 年全球保费收入情况

资料来源:瑞再研究院

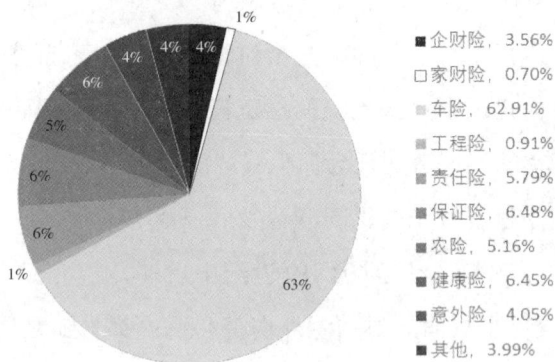

■ 企财险,	3.56%
□ 家财险,	0.70%
▦ 车险,	62.91%
■ 工程险,	0.91%
■ 责任险,	5.79%
■ 保证险,	6.48%
■ 农险,	5.16%
■ 健康险,	6.45%
■ 意外险,	4.05%
■ 其他,	3.99%

图 1.2　2019 年中国保费收入情况

资料来源:中国银保监会

(二)汽车保险的分类

汽车保险分为基本险和附加险,其中附加险不能独立承保,必须先投保基本险才能投保附加险。基本险包括车辆损失险和第三者责任保险、全车盗抢险、车上人员责任险。附加险包括玻璃单独破碎险、划痕险、自燃损失险、涉水行驶险、无过失责任险、车载货物掉落责任险、车辆停驶损失险、新增设备损失险、不计免赔特约险等。

车辆损失险的保险标的是机动车辆的车身、零部件和设备,当保险车辆遭受保险责任范围内的自然灾害(不包括地震)或意外事故,造成保险车辆本身损失,保险人依据保险合同的规定给予赔偿。保险责任包括碰撞责任、非碰撞责任(雷击、暴风、暴雨、洪水等自然灾害和倾覆、火灾、爆炸等意外事故)和施救保护费用。在机动车保险中,车辆损失险与第三者责任险构成了主干险种,加之一系列附加险,为机动车辆保险客户提供了多方位的保险保障。

第三者责任保险分为交强险和商业三者险。交强险全称为机动车交通事故责任强制保险,是由保险公司对被保险机动车发生道路交通事故造成受害人(不包括本车人员和被保险人)的人身伤亡、财产损失,在责任限额内予以赔偿的强制性责任保险。商业三者险是交强险的补充,由于交强险保障范围和保障程度有限,不能满足投保人的需要,所以可以在交强险的基础上投保商业三者险。交强险和商业三者险的区别主要表现为是否具有强制性、遵循的盈利性原则以及保险保障范围。

表 1.1　交强险和商业三者险的区别

区别	交强险	商业三者险
强制性	国家强制	非强制
盈利性	"不盈利不亏损"原则	"盈利"原则
保障范围	有责、无责都赔付	有责赔付

全车盗抢险是指保险车辆全车被盗窃、被抢劫、被抢夺造成的车辆损失以及在被盗窃、被抢劫、被抢夺期间受到损坏或车上零部件、附属设备丢失需要修复的合理费用。全车盗抢险的标的是"全车",所以如果仅仅是机动车辆的零部件被盗抢,保险公司不进行赔偿。另外,机动车辆被盗窃、被抢劫、被抢夺的期间,若发生交通事故而导致第三者人身伤亡或者财产损失,保险公司也不具有赔偿责任。

车上人员责任险负责保险车辆发生意外事故造成车上人员的人身伤亡和车上所载货物的直接损毁的赔偿责任,车上人员的人身伤亡包括司机座位和乘客座位。车上人员责任险与第三者责任险的区别在于致伤瞬间受伤的人是在车外还是车内，若由于车倾覆致人摔出车外或者跳车造成伤亡，可由第三者责任险进行赔偿；若在车内摔伤、划伤等，则由车上人员责任险赔偿。

除了机动车辆的基本险，还有一系列车辆附加险，具体定义见下表。

表 1.2　车险附加险

附加险	定义
玻璃单独破碎险	负责机动车辆使用过程中发生的车窗玻璃单独破碎损失
划痕险	负责无明显痕迹的车身划痕损失
自燃损失险	在没有外界火源的情况下，由于本车电器、线路、供油系统、供气系统等原因或所载货物自身原因起火燃烧造成本车的损失；发生保险事故时，被保险人为防止或者减少被保险机动车的损失所支付的必要合理的施救费用
涉水行驶险	因发动机进水后导致的发动机的直接损毁
无过失责任险	投保车辆在使用过程中因与非机动车辆、行人发生交通事故，造成对方人员伤亡和直接财产损毁，保险车辆一方不承担赔偿责任
掉落责任险	投保车辆在使用过程中所载货物从车上掉下来造成第三者遭受人身伤亡或财产直接损毁
车辆停驶损失险	投保车辆发生车辆损失险范围内的保险事故，造成车身损毁，致使车辆停驶而产生的损失
新增设备损失险	投保车辆发生车辆损失险范围内的保险事故，造成车上新增设备的直接损毁
不计免赔特约险	只有在同时投保了车辆损失险和第三者责任险的基础上方可投保本保险，办理了本项保险的机动车辆发生保险事故，对其在符合赔偿规定的金额内按基本险条款规定计算的免赔金额，保险人负责赔偿

二、国际汽车保险的发展概况

(一)美国汽车保险

美国汽车业发展迅速，汽车保有量居于世界前列，汽车保险随着汽车工业和保险业的发展而逐步发展起来，美国汽车保险最主要的特点是采取"从人主义"和无过失的汽车保险制度。

"从人主义"的汽车保险制度是指在相同条件下,保险公司确定保险费率的依据更多考虑人的因素,而不是车的因素。投保人的年龄、性别、健康状况、婚姻状态、家庭情况、驾驶经验、违规记录、居住地点等都是保险费率定价的依据,因此相同价值、种类的汽车或者同一辆汽车由于投保人或被保险人的不同,保险费率会有所差异,最高可以相差 3 倍。例如,车辆数量既定的情况下,家庭成员越多,汽车的使用便会愈加频繁,出现交通事故的概率自然也会上升,所以相同条件下家庭成员多的投保人保险费率会更高。再如,大城市车辆多、车流量大、交通堵塞情况严重,进而发生交通事故的概率比小城市和郊区大,所以居住地点在大城市的投保人保险费率会普遍较高。保险费率的定价除了与上述个人的不变要素有关外,还与保险期间内的出险次数有关,若投保人在保险期间内没有出险赔偿,则下一个保险期的保费会下调;若投保人在保险期内出险且获得赔偿,那下一个保险期的保费会根据事故的大小、赔偿金额的多少等进行相应的上调。总之,美国的汽车保险制度不仅考虑车的因素,而且还综合考虑了驾驶人各方面的因素。

无过失汽车保险制度是指对被保险人在汽车损害事故中不管有无过失责任都要进行赔偿的一种汽车保险。美国实行无过失保险计划是因为侵权责任制度赔偿机动车交通事故受害人的弊端越来越突出,在损害赔偿金的分配上存在严重失衡,对于轻微的损害案件存在过度赔偿现象,而对于严重的伤残损害却赔偿不足。随着医疗费用不断上涨,交通事故损害赔偿纠纷和诉讼的持续攀升,只有一半的交通事故受害人能够获得赔偿。截止到 1976 年,共有 26 个州制定并通过了不同形式的无过失保险、无过失汽车保险省略了责任认定,比传统的侵权责任体系赔偿更加快捷,受害人特别是非机动车人员能够较及时地获得赔偿,社会的经济效益也得到了提高,更符合现代社会高速发展的需求。其缺点是赔偿额有限,不提供精神赔偿,受害者不得再起诉肇事者,即不再适用侵权行为法的程序,因为其损失已由无过失责任保险赔偿。美国无过失汽车保险的基本类型分为纯粹无过失、界限型无过失、附加型无过失和选择型无过失四种类型。

表 1.3　美国无过失汽车保险的基本类型

类型	细分类	内容	美国使用地区
纯粹无过失		在人身损害领域完全废除侵权责任机制，事故受害人只能请求保险人支付保险金	美国没有采用(加拿大的魁北克和新西兰采用)
界限型无过失	金额界限型	保险赔付额限定在一定范围内,超过该范围的受害人可按照侵权法的要求起诉第三方	夏威夷州、堪萨斯州、肯塔基州、麻萨诸塞州、明尼达苏州、北卡罗来纳州、犹他州、波多黎各州
	描述界限型	通过对特定伤害情况进行界定,伤害超过这一限度即可起诉第三方	佛罗里达州、密歇根州、纽约州
附加型无过失	强制附加型	无过失保险是侵权责任体系的"附加品",侵权赔偿制度并未被触动。实际上任意附加型与传统侵权机制并无多大区别	特拉华州和俄勒冈州
	任意附加型		阿肯色州、科罗拉多州、马里兰州、新罕布什尔州、南卡罗来纳州、南达科他州、德克萨斯州、弗吉尼亚州、华盛顿州、威斯康星州
选择型无过失		赋予投保人自由选择无过失保险和传统侵权赔偿的权利	肯塔基州、新泽西州以及宾夕法尼亚州

资料来源:Insurance Information Institute,http://www.iii.org.

(二)英国汽车保险

英国汽车保险历史悠久,诞生了世界上第一张汽车保险单,汽车保险的保费收入在财产保险保费收入中占比最高，每个家庭在这方面的支出约占家庭总开支的 1/10。英国汽车保险制度的特点是高度细分市场化的费率厘定制度。

英国汽车保险通过将许多因素综合加权的方式来确定保费，真实体现了投保车辆的风险状况。注重驾驶记录因素,区别对待拥有不同风险因素的投保对象,对无赔案记录的投保人采取优惠的费率。如英国康希尔保险公司规定,投保人在续保时,在第 1 年期满无事故索赔,保险费率优惠 30%,连续第 2 年期满无事故索赔,保险费率优惠 40%,连续第 3 年期满,优惠 50%,连续第 4 年,优惠 60%,连续第 5 年,优惠高达 65%。这种费率厘定制度实现了费率的公平性,鞭策被保险人养成良好的驾驶习惯,减少交通事故发生的频率和损失的程度,起到了防灾防损的作用,对赔案记录高的驾驶员来说,高费率是一种有效的惩罚手段,激励驾驶员养成遵守交通规则的驾驶习惯,由此获得费率上的优惠。

另外,汽车保险费率的制定也会考虑驾驶员的年龄、驾驶习惯等,还根据汽车行驶和停放区域的不同,制定有不同的保险费率,例如安全性高的社区的汽车,其保费费率相对较低。

先进的信息技术为多因素加权计算保费提供了硬件基础设施的支持,利用大数据、互联网等手段实现了信息自动化采集等,推动着英国汽车保险市场的变革。

(三)日本汽车保险

日本是世界上第三大汽车保有量国家,其汽车保险分为两种,分别是强制汽车责任险和任意汽车保险。任意车险的市场规模远远超过强制车险,强制汽车责任险与我国交强险基本相同,任意汽车保险内容丰富、种类繁多。2017 年,自动驾驶期间的交通事故被列入汽车保险的赔付对象,自动驾驶根据程度分为 4 个等级,目前已经达到实用化的是"1 级"和"2 级","1 级"是加速、操纵、刹车中的一项由系统承担,"2 级"则由系统承担多项。

日本汽车保险采用车险费率自由化制定,各保险公司以成本费率为基准费率,根据自身的经营情况,结合车辆类别、使用性质、损失记录、司乘人员情况等多种因素,自主制订车险条款和费率,但监管当局仍然采取一定的管制。实行费率自由化以来,各产险公司根据投保人的需求开发出多样化保险产品,销售方式由原本依靠保险代理门店方式开展业务到电话、网络、邮件、传真等投保方式逐渐兴起,出现了机构合并与兼并现象,市场集中度不断提高,由于经营不善、竞争激烈,出现了个别产险公司停业或退出市场的现象。

日本汽车保险业的竞争不是无限低费率的恶性竞争,而是为客户提供极致的保险服务,成了各国学习的榜样。道路救援、故障排除、费用补偿、迅速理赔成为日本车险服务的几大特色。投保人在行使的过程中出现故障或者发生事故，可以随时拨打保险公司的电话获得行驶建议或者紧急修理服务；当投保人在偏远地区由于故障或者事故无法行使，保险公司还会报销路费和住宿费，并提供免费的拖车服务。

三、中国汽车保险的历史与现状

（一）中国汽车保险发展简况

鸦片战争之后，汽车保险进入中国市场。但旧中国的保险市场长期处于外国保险公司的垄断控制下，而且当时工业不发达，汽车保险的需求不旺盛，所以汽车保险的作用和地位非常有限。

中华人民共和国成立后，中央人民政府政务财经委员会批准成立中国人民保险公司，开办汽车保险，主要承保地方国营交通运输部门和国营厂矿的汽车。但是因保险公司宣传不够、公众对汽车保险认识不足，对于汽车保险出现了争议，有人认为汽车保险及第三者责任保险对肇事者予以经济补偿会导致交通事故的增加，产生不良的社会影响。1955 年，中国人民保险公司停止了汽车保险业务。

20 世纪 70 年代中期，为满足各国驻华领事馆等对于汽车保险的需求，中国人民保险公司重新开始办理以涉外业务为主的汽车保险业务。1980 年，中国人民保险公司逐步全面恢复了中断 25 年之久的汽车保险业务，以适应国内企业和单位对于汽车保险的需求，适应公路交通运输业迅速发展、事故日益频繁的客观需要，但当时汽车保险仅占财产保险市场份额的 2%。1985 年，我国首次制定了机动车辆保险条款。

随着我国改革开放的深入发展，社会经济和人民生活发生了巨大变化，汽车迅速普及，汽车保险发展迅猛。1988 年，汽车保险收入超过 20 亿元，占财产保险收入的 37.6%，第一次超过企业财产险占比，之后汽车保险一直是财产保险的第一大险种，并保持高增长率，我国的汽车保险业务进入了高速发展的时期。

然而,汽车保险在高速发展的同时还出现了一些亟待解决的问题,例如产品结构单一无法满足消费者的需求、陷入恶性的价格竞争、车险经营中出现"高保低赔""无责不赔"的霸王条款等,为了营造良好的汽车保险市场环境、满足消费者多样化的需求,原中国保监会开始进行商车费改。

2015年3月,原中国保监会发布《深化商业车险条款费率管理制度改革试点工作方案》,开始了第一次的商车费改。主要举措是建立行业示范条款,逐步扩大财产保险公司费率厘定自主权。在重新测算商业车险行业基准纯风险保费的基础上,调整了行业无赔款优待系数,允许保险公司在基准费率正负15%的范围区间内通过"核保系数"和"渠道系数"自主区别定价。

2017年6月,原中国保监会发布《关于商业车险费率调整和管理等有关问题的通知》,开始第二次商车费改。进一步扩大保险公司自主定价权,自主渠道系数浮动下限下调至70%或75%、自主核保系数70%到85%。

2018年3月,原中国保监会发布《关于调整部分地区商业车险自主定价范围的通知》,开始第三次商车费改。在陕西、广西和青海进行完全自主定价试点,将自主定价权进一步放宽,但仍保留了旧车三折、新车八折的下限。

2020年9月,中国银保监会发布《关于实施车险综合改革的指导意见》,做到"价格基本上只降不升,保障基本上只增不减,服务基本上只优不差",实现交强险责任限额大幅提升、商车险保险责任更加全面、商车险产品更为丰富、商车险价格更加科学合理、车险产品市场化水平更高、无赔款优待系数进一步优化。

(二)中国汽车保险发展现状

据公安部数据统计,截至2020年6月,全国汽车保有量达3.6亿辆,汽车驾驶人4.4亿人,随着汽车及驾驶人数量的增加,汽车保险的保费收入也不断增加。

从车险保费收入及占比情况来看,2019年车险保费收入为8188亿元,2010年为3004.2亿元,增长率为172.55%。2010—2019年,车险保费收入占比整体呈下降趋势,2019 年车险保费收入占产险公司保费收入的 62.91%,可见财产保险的产品结构正在逐渐调整,但是车险保费收入仍占比很高。

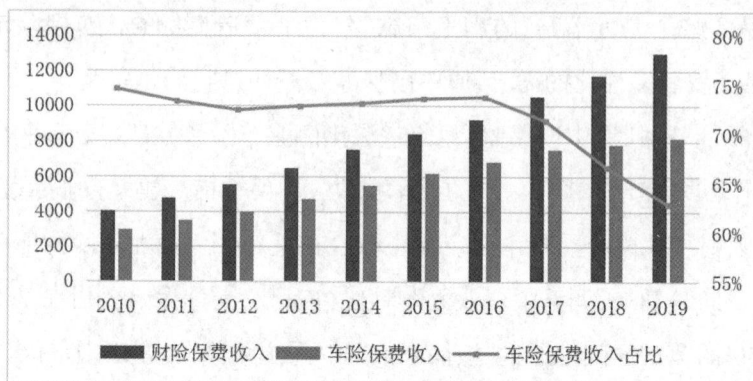

图 1.3 2010—2019 年财险、车险保费收入(亿元)以及车险保费收入占比(%)

资料来源:中国统计年鉴、中国银保监会官网

从车险保费收入增长率来看,自 2011 年以来,财险保费收入和车险保费收入呈整体下降趋势,财险保费收入增长率从 2011 年的 18.68% 下降到 2019 年的 10.71%, 车险保费收入增长率从 2011 年的 16.66% 下降为 2019 年的 4.52%。2011—2016 年,财险保费收入和车险保费收入的增长率走势基本上一致,但 2017—2019 年车险保费收入增长率明显低于财险保费收入增长率。

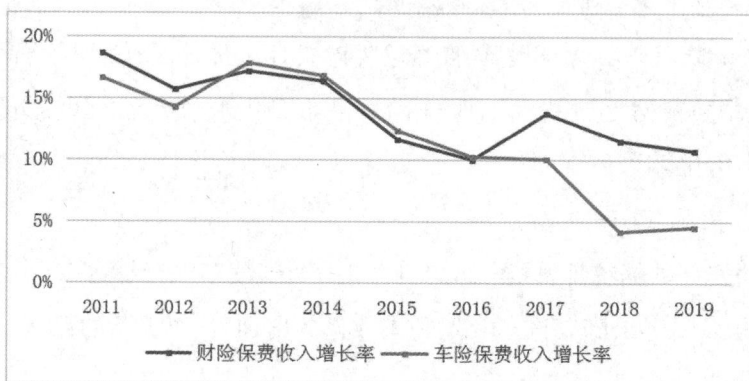

图 1.4   2011—2019 年财险、车险保费收入增长率(%)

资料来源:中国统计年鉴、中国银保监会官网

从车险赔付额和赔付率来看，2019 年车险赔付额为 2523.4 亿元，赔付率为 30.82%；财险公司赔付额 7279 亿元，赔付率为 55.92%。自 2012—2018年以来，车险的赔付额呈上升趋势，赔付率基本稳定在 50%~55%，较财险赔付率整体稍高，2019 年明显改善。

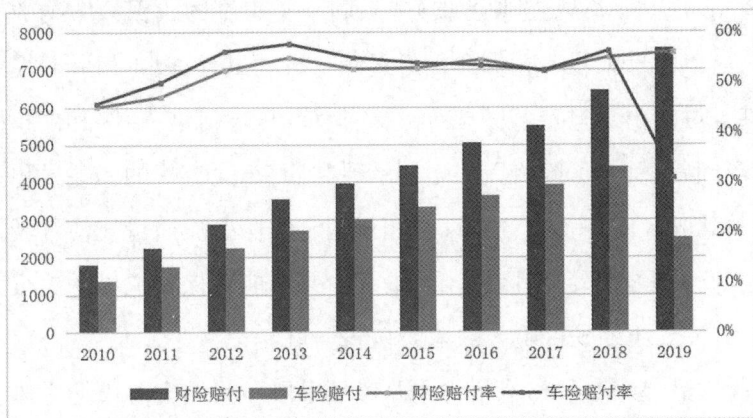

图 1.5　财险、车险的赔付额(亿元)和赔付率(％)
资料来源：中国统计年鉴、中国银保监会官网

从车险赔付增长率来看，自 2011 年—2019 年以来，车险赔付增长率整体呈下降趋势，说明汽车保险的承保水平、风险保障能力持续上升。

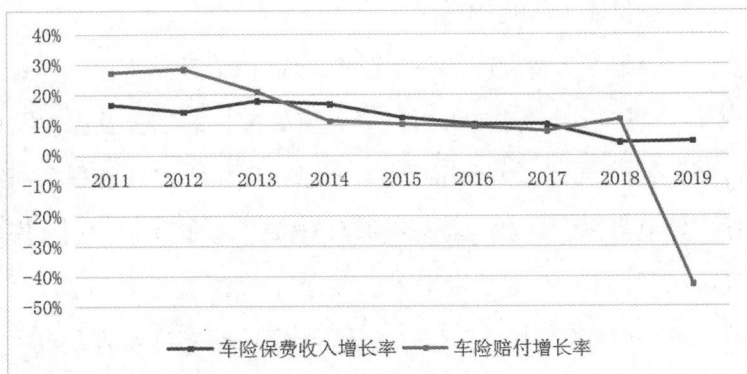

图 1.6　2011—2019 年车险保费收入、赔付额增长率(％)
资料来源：中国统计年鉴、中国银保监会官网

（三）中国汽车保险发展存在的问题

车险定价主要只考虑从车因素。传统的车险一般按照车辆的实际价值进行投保，车型成为影响定价的主要因素，但是忽略了投保人的驾驶行为，因此会产生一些负面影响。一是对于投保人避免风险没有起到正向激励作用，不管行驶里程多少、驾驶习惯好坏，同一类车型的投保人缴纳的保费相对固定，所以投保人没有正向激励通过减少行驶里程、改善驾驶习惯来避免风险，甚至可能由于过量驾驶导致碰撞、拥堵、环境污染、道路和停车设施维修增多等问题；二是保险人无法增加承保利润，车险定价的弱差异化不能对投保人的驾驶风险进行有效约束，相对固定的保费反而可能使驾驶人行驶里程变长、驾驶习惯变差，因为出险的多少并不能在保费上显示出很大的差异，这就进一步压缩了保险人的承保利润空间。

车险产品单一，价格竞争为主要竞争手段。我国车险市场主体多元化低、集中度高，而且在定价、承保、理赔等方面的能力不能满足创新多样化的车险产品，造成车险市场产品结构单一，供消费者选择的汽车保险产品少，所以各家保险公司的产品出现了同质化严重的现象，只能通过低价竞争扩大承保量，而较低的保费、较高的赔付进一步压缩了保险公司的利润空间，同时可能导致偿付能力不足的风险。

保险公司的服务有待提高。一是理赔方面，由于理赔人员的专业素质参差不齐，所以会影响现场勘验的结果，导致事故责任的划分及保险赔偿有失公平，另外由于缺少专业性的咨询平台，所以在理赔中出现的很多纠纷不能得到及时高效地解决，影响了客户的理赔体验；二是在售前、售中、售后整个服务流程方面，随着人们生活水平、教育水平及保险意识的提高，对于保险服务的需求越来越高，尤其是交强险的实行，使得越来越多的人与保险公司的联系更加密切，但是一些保险公司的服务流程复杂、服务效率较低、服务人员专业素质不高，导致客户满意程度较低，整个服务水平还需提高。

汽车保险市场风险大。一是由于定价、承保、理赔水平有待提高，市场的价格竞争导致保费较低,承保时审核不严格导致风险较高,由于车主发生事故没有第一时间告知保险公司或者现场查勘人员素质不一导致理赔困难;二是存在保险欺诈行为,投保人、被保险人不遵守诚信原则,故意隐瞒保险车辆的真实情况、夸大损失程度或故意制造保险事故等,主要是利益驱使,同时市场信息不透明、相关制度法规不够完善造成的部分投保人骗保;三是理赔纠纷多,由于投保人欠缺保险知识,在没有完全了解保险合同的情况下就签约,同时保险公司工作人员对保险合同的讲解和保险知识的普及也不到位,造成在事故发生时容易产生理赔纠纷,往往形成保险公司的损失。

法律制度及监管有待加强。在法律制度方面,汽车保险作为财产保险的第一险种,缺乏专门的汽车保险法,而且在《道路交通安全法》《保险法》等与汽车保险相关的法律中存在一些具体规定冲突的问题,在汽车保险承保、理赔等过程中缺乏对相关主体法律约束的细则;在监管方面,对于保险市场中保险公司不合法的经营行为还需进一步加强引导和监管,监督保险公司切实落实相关法律制度中的相关细则。

四、汽车产业的演进对车险发展的影响

(一)汽车产业智能化升级将重塑汽车产业格局

智能汽车又名无人驾驶汽车、自动驾驶汽车、智能网联汽车,是一个集环境感知、规划决策、多等级辅助驾驶等功能于一体的综合系统,它集中运用了计算机、现代传感、信息融合、通信、人工智能及自动控制等技术,是典型的高新技术综合体,通过搭载传感器与控制器等装置实现车与X(人、车、路、云等)智能信息交换与共享,能对复杂的车外环境进行感知与评测,是具有部分或完全自动驾驶功能的新一代汽车。汽车智能化升级可以实现驾驶智能化、用车智能化、安全防护智能化、生活服务智能化等,其中驾驶智能化系统包括智能计算机系统、传感系统、辅助驾驶系统,用车智能化系统包括远程指导、异常预警、保养提醒等,安全防护智能化系统包括车辆追踪、防盗等,生活服务智能化系统包括信息查询、影像娱乐等。

　　汽车产业作为我国国民经济的重要支柱产业，其智能化升级不仅能改变汽车产业的竞争格局，而且会加快推动我国经济社会的跨越式发展。《中国制造 2025》中，将智能汽车列入国家智能制造发展的重点领域，明确了智能汽车战略愿景及发展目标。同时汽车产业智能化升级也面临着重大机遇，一是全球范围内汽车产业处于以智能化、网联化为创新核心的第四次变革阶段，世界各国的工业化发展核心都是智能制造，智能制造体系包括智能工厂、智能设计、智能生产、智能物流和智能服务等，而互联网、大数据、物联网、云计算、人工智能等新技术的应用为智能制造提供了必要的技术条件，推进了汽车产业的智能化升级；二是汽车产业升级发展处于历史机遇中，传统汽车产业转型升级需求、环境友好能源节约要求、技术创新应用发展、人民美好生活期盼等多种因素使得汽车产业智能化发展成为大势所趋，汽车智能化升级要经历数字化、数字化+网联化、数字化+网联化+智能化三个阶段，这也是美国、日本、德国等发达国家所经历的，而我国目前已具备数字化、网联化和智能化融合发展的条件，科学把握汽车产业的重大变革，实现弯道超车。

　　汽车产业的智能化升级将重塑汽车产业格局。一是深化汽车行业产业链，传统汽车行业是"制造"行业，而汽车产业智能化升级是"智造"，人们对于汽车的需求不仅仅是驾驶，而是更深层次的汽车服务需求，所以"服务"将贯穿于智能汽车的设计研发、采购、生产、制造、物流、销售服务等整个产业链；二是参与汽车产业发展的主体更加多元化，汽车产业智能化发展，不仅需要传统行业的汽车企业、供应商、经销商，而且还需要提供技术和服务的通信、信息、软硬件、运营等企业的参与，更需要基础设施建设、众多企业、其他要素相互协作，共同推进汽车产业智能化升级；三是跨产业融合不断推进，智能汽车的发展势必会与智能交通、智慧城市、未来科技、未来产品等多产业相互融合，形成良好的新型关系，共同推动经济社会的发展。

(二)汽车产业成本结构的变化对车险利润的影响

"汽车零整比"指的是整车所有装车配件的价格总和与整车销售价格的比值,它为保险和维修两个行业的定价提供了比较科学的参考值。2014 年中国保险行业协会和中国汽车维修协会首次披露了 18 种常见车型的"整车配件零整比"和"50 项易损配件零整比"两个系数。在 18 个车型零整比系数中,最高的为 1273%。一般来说,国外市场整车配件零整比在 300% 左右。

零整比越高,意味着维修的成本越高,而消费者通过汽车保险把维修的成本转移给了保险公司,所以零整比的高低影响着保险公司车险利润的多少。我国汽车零部件的销售形成了生产商+经销商的固定模式,经销商基本上垄断了汽车零部件的供应,造成了零整比居高不下的情况。而保险公司对于 4S 店有较高的依赖性,汽车维修一般是通过 4S 店进行,所以 4S 店把控高额的垄断利润,保险公司车险利润被挤压。

随着商车费改的进行,零整比作为重要的指标纳入车险费率体系中,不同车型的零整比直接影响到保费,零整比越高意味着赔付成本越高,保费就越高。通过自主定价,可以提高消费者对零整比的认识,改变消费习惯,引导消费者在购买车辆的时候除了关注车辆的品牌性能以外,还要更多地关注到汽车后期的维修保养费,从而更多地选择零整比较低的车型。目前我国汽车保有量巨大,汽车销售增长率逐渐呈现下滑趋势,汽车行业的利润获取将从销售转移到售后,所以汽车行业会更加注重售后服务,这对降低零整比产生了积极影响,一定程度上有利于保险公司提高车险利润。

(三)汽车产业营销模式的演进对车险市场格局的影响

我国传统的汽车营销模式有品牌专卖 4S 店、汽车交易市场、多品牌销售店、连锁店、汽车超市等,随着互联网经济的发展,汽车产业的营销模式发生了变化,产生了新型的网络营销模式,例如"互联网"+汽车模式、O2O 汽车电商品牌模式、B2C 模式等,通过手机 APP、微信公众号、网络垂直电商平台、小程序等进行营销。

汽车产业营销模式的改变对车险市场格局产生了重大影响，过去保险公司的汽车保险保费收入主要依赖与 4S 店进行合作，大型保险公司凭借雄厚的资金实力为 4S 店提供较高的折扣，垄断通过 4S 店进行汽车保险销售这一渠道，形成规模效应，车险市场集中度高。而如今营销模式更加多元化、灵活化，中小型保险公司也有机会与各种汽车销售平台达成合作，获取客流量，扩大汽车保险的承保量，进而改变大型保险公司垄断车险市场的局面。

(四)汽车产业售后服务的进化对车险理赔服务的影响

随着汽车保有量的逐渐饱和以及汽车产业链的不断完善，汽车行业获取利润的着眼点逐渐从销售汽车转移到汽车的售后服务上，汽车业更加重视售后服务，不仅拓宽售后服务内容、提高售后服务附加值，例如对车辆健康情况监控、紧急道路救援、动态路况导航、车辆娱乐办公服务等，而且不断完善售后服务平台，例如智能网络服务平台。

汽车行业售后服务水平的不断提高有利于车险理赔服务的开展。一方面，汽车厂商拥有自己的 APP、微信公众号、小程序、PC 端平台，保险公司与汽车厂商建立信息共享平台，投保人可以通过汽车厂商的终端随时随地进行理赔；另一方面，售后服务的智能网络服务平台为客户提供车辆健康情况监控、动态路况导航等服务的同时，经过客户的授权可以获得客户相应的车辆行驶轨迹等数据，为保险公司的理赔提供了数据支持，不仅使得理赔更加高效，而且也可以有效防止保险欺诈的发生。

(五)汽车技术的进步给车险带来的变化与挑战

1.车联网

车联网(Internet of Vehicles,简称 IoV)，是指车辆通过车载设备和无线通信技术组成了移动网络，可以采集车辆位置轨迹、速度、加速度、温度、压力、亮度等多种传感器数据，将驾驶员驾驶操作、汽车运动状态、车辆周围环境等人车路数据信息进行传输和存储。

车联网给汽车保险市场带来了机遇，一是有利于精准定价、扩大优质客户：车联网将直接收集远超传统汽车保险精算数据的海量"大数据"，之前保险公司厘定费率更多的是根据车辆的价值以及出险事故的次数，车联网可以使保险公司了解驾驶员的驾驶行为，将费率浮动与驾驶行为挂钩，完善汽车保险费率系统，对于优质客户进行费率优惠，扩大优质客户群体；二是降低理赔成本：车联网可以实时跟踪车辆的轨迹和驾驶员的驾驶行为，帮助保险公司进行保险定责和理赔，减少保险欺诈以及理赔中的现场查勘费用等，另外也可以督促驾驶员养成良好的驾驶习惯，减少出险的概率，从而降低理赔成本；三是车联网受到政策支持：工信部、交通运输部、科技部、发改委等多部委出台一系列规划，从政策、技术、标准、测试示范等多维度支持我国车联网产业发展，2018 年 12 月工信部印发了《车联网（智能网联汽车）产业发展行动计划》，明确以网络通信技术、电子信息技术和汽车制造技术融合发展为主线，充分发挥我国网络通信产业的技术优势、电子信息产业的市场优势和汽车产业的规模优势，形成深度融合、创新活跃、安全可信、竞争力强的车联网产业新业态。

同时，发展车联网汽车保险也面临着挑战。一是驾驶员的隐私保护问题：保险公司如若利用车联网数据更好地定价、理赔，势必需要获取驾驶员的驾驶轨迹和驾驶行为等数据，而这些数据的获取涉及驾驶员的隐私问题，如何让驾驶员配合以及如何保护数据隐私是车联网能否更好地应用于汽车保险的关键。二是投入成本高：车联网应用于汽车保险需要大量的硬件和软件投入。硬件方面，车辆终端设备、车联网平台系统等投入成本高；软件方面，车联网技术研发涉及信息科学、电子工程、交通以及精算等多学科，而保险公司缺乏除精算之外的人才，需要引进和培养，同时车联网存在技术壁垒，中小型公司还需支付大量的知识产权费用。三是车联网汽车保险商业模式不清晰：车联网应用于汽车保险可以降低理赔成本，但同时也会一定程度上降低保费，对于保险公司来说无法提升利润，前期车联网技术的投入成本能否收回也存在挑战。除此之外，保险公司、汽车制造商、电信运营商、车联网服务商等尚未形成一个协同发展的车联网产业链，不利于车联网产业的快速发展。

2.无人驾驶技术

2017 年长安无人驾驶汽车已完成 2000 多公里的无人驾驶。据市场研究公司 IHS Automotive 预测，到 2035 年全球无人驾驶车辆销量将达到 2100 万辆。无人驾驶技术的发展也给车险行业带来了机遇和挑战。

利用无人驾驶大数据可以更加精准定价、提升理赔服务质量、预防保险欺诈。ADAS 系统可以收集急加速、急转弯、急刹车、车速、里程等用户驾驶行为数据以及与事故发生相关的预警信息数据，如前车碰撞预警、疲劳驾驶等，通过多维度的用户风险因子分析，实现更加科学合理的车险定价。由于可以获得详细的数据，保险公司可以进行更加快捷的理赔服务，很大程度上减少了保险欺诈行为。

但是，无人驾驶也给车险业带来了巨大的挑战。一是汽车保险责任界定难，传统的汽车出险时责任人是驾驶员，无人驾驶技术使驾驶员被计算机取代，但是无人驾驶汽车的制造涉及汽车制造商、科技公司等多个主体，一旦出险，如何分割保险责任、如何界定赔付标准，对保险公司来说都是一个挑战；二是汽车保险规模缩小、盈利空间进一步挤压，无人驾驶技术的发展降低了交通事故发生的概率，导致单车保费下降，从而整个汽车保险市场面临着收紧的局面，车险的利润也会压缩。

第二章 国际 UBI 车险的发展与现状

一、UBI 车险的起源

(一)UBI 车险的概念

1.UBI 保险的定义及内涵

UBI 保险(Usage-based insurance)是基于使用量确定保费的保险。UBI 保险在众多保险产品领域都具有广阔的发展前景,当前 UBI 保险运用最广泛、发展最成熟的领域就是汽车保险领域(本书后面如无特别说明,则 UBI 即指 UBI 汽车保险)。UBI 车险是一种通过互联网设备将驾驶者的驾驶习惯、驾驶技术、车辆信息和周围环境等数据综合起来,建立人、车、路多维度模型进行差异化定价的新型商业机动车辆保险。UBI 车险包括两种保险形式:PAYD(Pay as you drive)即按驾驶里程付费、PHYD(Pay how you drive)即按驾驶行为付费。

UBI 车险不同于传统的汽车保险,它尝试区分并奖励安全的驾驶员,给予他们更低的保费或者零索赔津贴,实际保险费用主要取决于车辆类型、实际驾驶时间、行车距离、地点、实际驾驶行为方式等指标。

车辆可以装载小型车载远程通信设备,利用内置在汽车中的计算机系统、远程信息处理技术(Telematics)、GPS 装置、互联网技术传输相关信息。这种设备通过无线网络,可以随时给行车中的人们提供驾驶和生活所必需的各种信息。该设备还会记录车主的驾驶数据,保险公司对相关指标综合考量后计算保费。其中,对驾驶行为的评价主要依据车载设备所记录的车辆行驶里程、速度、油耗、疲劳驾驶、急加速、急减速、急转弯、违章驾驶次数等数据,评分越高驾驶越安全,反之驾驶越危险。

2.UBI 车险的意义

UBI 的出现对于保险的意义,并不仅仅在于一个新的保费计价方式,从车年定价转变为按里程计价,从车静态风险因子评估转变为按驾驶行为风险给予折扣,更重要的意义在于把物联网技术、大数据分析技术与传统精算技术充分融合,实现对单体车辆风险的刻画,促进车险运营和服务模式的革新,彻底改进客户体验。实践表明,UBI 对保险企业、消费者及社会均有正面意义。

(1)对保险公司而言

首先,UBI 车险的引入带来了更准确的风险评估和定价。保险公司使用收集到的驾驶行为数据实现更精细的风险预测,进而可以根据风险指标对驾驶员进行分类,提供适合每个细分市场的保险费率、免赔额和承保范围,做出更适合的定价模型,再进一步转化为险企良好的口碑和竞争力。而对于没有历史驾驶数据的险企而言,将难以对其产品进行适当的定价。

其次,UBI 车险有助于保险公司降低成本、提升理赔服务。将保费与驾驶里程挂钩,会鼓励司机减少对车辆的使用,提供的改善驾驶行为的激励措施都有利于降低保险公司潜在的损失成本。远程信息处理程序可在被保险人的车辆系统和保险公司的应用平台之间无缝传输驾驶数据,从而提高索赔处理的速度和效率。通过分析事故期间的实时驾驶数据(如破碎、速度和时间),保险公司可以更准确地估计事故损失并减少欺诈和索赔纠纷。

最后,UBI 车险有利于保险公司拓展客户增值服务、改善客户体验。远程信息处理的连接性为保险公司提供了新的保单持有人沟通渠道,保险公司可以利用这些新渠道增加与保单持有人的互动,并建立更牢固的关系。

(2)对消费者而言

一方面,UBI 车险的引入带来了可观的保费水平的降低。UBI 车险旨在将与行驶里程相关的固定成本或部分固定成本转换为可变成本，然后将其纳入现有的风险类别中以进行保费计算。对于驾驶里程数少、驾驶行为好的消费者而言，保费成本将大幅下降。更灵活的定价方式允许消费者在需要时，通过减少驾驶里程或改善驾驶行为获得更实惠的保费，这对低收入城市和多车家庭尤其有利；另一方面，UBI 车险促使消费者形成更好的驾驶习惯，减少非必要用车。UBI 为消费者提供了驾驶行为与使用和政策定价之间更为透明和直接的联系，消费者为控制自己的保费成本会倾向于主动改善驾驶行为、自动减少里程数。这种注重教育和促进安全的做法对有年轻驾驶员的家庭尤其具有吸引力。

(3)对社会而言

UBI 车险的引入一方面可以减少汽车废气排放、降低运输成本，另一方面可以减少道路拥堵、提高道路安全。由于保费与里程挂钩，UBI 保险激励司机减少总里程数，驾驶里程越少意味着道路上的汽车越少、道路拥堵越少、基础设施成本越低、整体燃料消耗和车辆排放量越低，减少了对化石燃料的依赖，降低总运输成本。此外，保险公司使用远程信息处理数据来评估驾驶行为并鼓励更安全的驾驶习惯，从而减少事故发生，为所有公民创造更安全的道路，通过减少车祸来改善公共交通安全。

(二)UBI 车险的起源与发展

提到 UBI，就不得不提到车联网(Internet of Vehicles，简称 IoV)。车联网是指车辆通过车载设备和无线通信技术组成了移动网络，公司有效利用该信息网络平台，在车辆运行中提供不同的服务，例如维持交通流量，执行更有效的车队管理以及避免交通事故等。

1.车联网技术的起源与发展

1978 年，远在大洋彼岸的一份技术发展报告中出现了"远程信息处理(Telematics)"一词，此后的十年间，美国启动了若干项目来试验远程信息处理技术，旨在借此维护道路安全并减少汽车废气对环境的影响。

1994 年,全球 GPS 卫星星座正式布设完成,GPS 系统的应用发展到汽车导航、大气观测、地理勘测、海洋救援等领域。21 世纪初,企业在车辆管理系统中大范围应用车载信息服务,市场中充斥着大量基于 GPS 的车载导航系统。

随着云技术和机器对机器(M2M)技术的进步,GPS 的快速、精准定位以及其他传感系统的信息即时获取得以实现。随着车辆远程信息处理技术的快速发展,车辆有望与周围环境交换大量信息,通过进一步扩大网络规模实现即时、长期的信息处理,从而由车载网络逐步发展成为车联网。

2000 年,为推动车联网系统的发展,欧美陆续启动了多个车联网项目。2007 年,欧洲 6 家汽车制造商成立 C2C(Car to Car)通信联盟,推动建立开放的欧洲通信系统标准。2009 年,日本的视频侦察作战系统 VICS 的车机装载率达到 90%。2010 年,美国交通部发布《智能交通战略研究计划》,内容包括美国车辆网络技术发展的详细规划和部署。

2.UBI 车险的起源

1992 年,美国前进保险公司(Progressive)和通用汽车公司开始通过组合 GPS 技术和跟踪里程驱动的蜂窝系统研发新型车险产品 Autogragh,并于 1998 年正式将其推出。这就是最早的 UBI 车险产品。

前进保险公司为参与该车险计划的用户提供了 OBD(On-Board Diagnostics)盒子,即车载诊断系统,是数据收集的载体。用户可以将盒子插在车内,保存实时数据。30 天为一个观察期,6 个月的观察期过后公司将回收硬件,根据搜集到的数据推出保险优惠政策,优惠率最高超过 30%。美国由单一的保险行业带动 UBI 的发展,产品模式不断创新,并影响着其他国家在该领域的探索。

3.UBI 车险的发展

随着 UBI 车险的发展与车联网技术的不断更新,UBI 车险大体经历了三种产品形态。

第一代是 PAYD(Pay as you drive),这是"按照里程付费"的代表性产品。这种产品往往是由驾驶里程决定保费多少,在技术支持上主要依靠初级的车载信息系统和 T-BOX 设备。这种类型的产品主要针对年轻或开车较少的客户,按里程投保和计费。

第二代是 PHYD(Pay how you drive),即按驾驶行为付费。这种保费计量方式考虑了更为多样的风险因子,除了第一代考虑的驾驶里程,还考虑驾驶方式和路况,技术上主要是依靠手机和车载 OBD 设备进行数据采集,重在建立驾驶员风险的识别、评估与预测模型,将驾驶行为因子引入传统车险定价模型,最终决定给予客户的优惠程度。

第三代是 MHYD(Manage how you drive),即管理驾驶行为,在第二代的基础上充分利用车联网技术的进步,基于新一代车联网技术 ADAS、前装网联设备和后装智能化 OBD,通过基础车联网、智能辅助驾驶等技术主动进行风险干预,由此来主动预测风险、规避风险或减弱风险,发挥驾驶行为的事中干预,起到直接缓解和规避风险等作用,达到提高驾驶安全意识。该产品形态一方面在一定程度上指导驾驶员更安全的驾驶,减少交通事故发生;另一方面降低出险率和赔付率,提高保险公司收益水平。

表 2.1 国外 UBI 车险的发展历程

年份	1998—2003	2004—2007	2007—现在
产品模式	第一代 UBI 车险	第二代 UBI 车险	第三代 UBI 车险
内容	1998 年,美国前进保险公司推出产品:Autograph	2004 年,美国前进保险公司推出产品:TripSense 2005 年,日本爱和谊保险公司开始出售 PAYD 产品	2007 年,美国前进保险公司推出产品:MyRate 2010 年,英国 Insure the Box 保险公司成立,并推出产品:Insure the Box

资料来源:中保网

由于早期 UBI 车险产品需要十分专业的汽车工程师进行安装,加之成本与技术含量都较高,因此在推广中遇到不少阻力。之后随着车联网技术在全球的不断发展,设备和技术上的成本都得以降低,于是 UBI 在欧洲和美国市场有了井喷式的发展,许多保险公司都开始积极的抢夺 UBI 车险的市场份额,竞争十分激烈。

国际上经营 UBI 产品的保险公司很多,比较典型的包括美国的前进保险公司和全州(Allstate)保险公司,荷兰的 Polis VoorMij 保险公司以及德国的 Provinzial 保险公司。其中,前进保险公司综合了急刹频率、行驶里程、凌晨用车频率(0~4 点)等因素,通过多维度的模型计算保费;全州保险公司综合的因素包括总行驶里程、日行驶时间、急刹次数、时速超过 80 英里/小时的占比等;Polis VoorMij 保险公司对良好驾驶习惯的车主给予折扣,最高可达 20%;Provinzial 保险公司除对良好驾驶习惯折扣外,还赠送一键救援、紧急呼叫等增值服务。

二、UBI 车险发展的条件和技术基础

(一)政府层面

1.政府支持

(1)制定相关技术标准。1999 年美国联邦通信委员会(Federal Communications Commission)批准将 5.9 GHz 的 75 MHz(5850–5925 MHz)频率作为专用频率分配给基于专用短程通信技术(DSRC)的智能交通业务,之后局域网标准委员会(IEEE802)和美国汽车工程师学会(SAE)联合制定了 DSRC 标准。

(2)提供税收补贴。美国有十几个州将 PAYDAYS(按天或按里程计价)保险项目纳入其州内低碳减排的气候改善行动计划之中,特别在俄勒冈州,对于提供 PAYDAYSUBI 的保险公司,如其总保费的 70%以上(含 70%)与车主行驶里程或行驶时间挂钩,将可获得相应的州税减免。

(3)积极推进科技应用。欧洲注重顶层设计和技术研发。欧盟直接参与顶层设计,推动合作式智能交通、汽车自动化、网联化及产业应用。日本也是政府直接参与规划,将安全道路、V2X(Vehicle to Everything,即车对外界的信息交换)和自动驾驶融合推进,现在已基本结束中期部署。

此外,各国在 UBI 车险的发展过程中都给予了一定的立法支持,鼓励在保险定价中使用远程信息处理技术进行更精准、更便宜的定价,保护消费者的隐私信息,下述为美国和意大利的相关法律和条款。

2.立法支持

(1)美国立法支持

美国全国保险专员协会(NAIC)于 2002 年通过了《保护客户信息示范条例标准》第 673-1(NAIC 模型),其中相关部分规定如下:

①各被许可方应实施全面的书面信息安全计划,其中包括保护客户信息的行政、技术和物理防护措施;

②信息安全计划所包括的行政、技术和实物保障措施应适合被许可人的规模和复杂性及其活动的性质和范围。

并非所有州都采用 NAIC 模型。美国有些州也通过了法规,在形式和实质内容上有些不同,但是纳入了 NAIC 模型中规定的原则。

2016 年 12 月,美国交通部立法提案通知(NPRM)进一步推动 DSRC(802.11p)强制安装立法,计划将在 2023 年强制美国所有轻型车辆配备车用 DSRC 技术。

(2)意大利立法支持

意大利议会于 2017 年 8 月 4 日批准的《市场和竞争法案》(L124/2017),对 UBI 保险创新给予了高度的支持。其中有相关条文推荐所有汽车保险采用远程信息处理技术(即 UBI 保单)。因为是在市场和竞争法案的大框架下,所以充分考虑了公平对待消费者,以及市场各方参与者的共同利益。一般规则遵循 2012 年"蒙蒂法令",其中包括:

①在合同签订之前,保险公司要求对车辆进行实际检查;

②保险公司必须向意大利监管机构(IVASS)发送详细报告,说明可疑索赔的数量,处置行动和减少欺诈的进展情况;

③保险公司必须承担远程信息处理黑盒的所有相关费用,包括设备、服务、安装和卸载;

④监管机关 IVASS 被要求在法律生效后 90 天内制定管理远程信息处理数据收集的标准,以确保不同保险公司之间系统的兼容性;

⑤管理车载单元(OBU)硬件和软件技术的标准;

根据新法和蒙蒂法令,经济发展部(MISE)现在负责制定和发布便携性和标准化规则。经济发展部还有责任确保保险公司在下述情况下给予消费者折扣:保单持有人同意进行预防性车辆检查;安装了用于收集和提供数据的黑盒或其他远程信息处理设备;车辆中安装了酒精探测仪或车辆防盗装置。

除此之外,车联网设备数据在民事诉讼中可作为证据。根据新的法律,UBI 设备产生的远程信息处理数据已经在意大利法院的民事诉讼中作为证据被认可。

意大利在立法层面引入了"不同电子设备"的概念,但智能手机作为传感器的数据暂时不会被考虑,因为它不符合行业对汽车碰撞事故重构和欺诈管理的要求。意大利政府通过立法全面肯定了 UBI 车险保单,并对其进行大力推广,以减少保费欺诈。

(二)监管层面

1. 注重客户隐私保护

以驾驶行为和行驶里程为基础的 UBI 定价模式,毕竟打破了原有车险市场定价模式乃至市场格局,因此监管部门要考虑将客户隐私的保护、市场的公平竞争、定价风险管控纳入监管范畴。其中,隐私保护无疑是监管机构、客户最为关注的问题,也是车联网保险发展的焦点问题。

在 UBI 实施过程中,保险公司掌握的将不仅是车主的姓名、联系方式等基本信息,还包括如行车轨迹、驾驶里程、车辆状况等车辆信息,能否获得或如何获得客户的授权收集与使用这些数据是保险公司推行 UBI 产品必须跨过的一道门槛,需要通过制度、技术和措施防止客户隐私数据泄露。

2003 年对美国 43 个州保险监督委员会 UBI 计划进行政策的调查显示,有 37% 的州不允许开展 UBI,其他州的保险公司也必须证明费率结构的公平、透明和理性才能获得业务许可。直到 2015 年,美国全部 50 个州的监管部门都许可了 UBI 产品。

在美国,许多州监管部门制定了数据采集方式、适用范围的监管规范。一些保险公司为保护客户隐私,在 OBD 硬件上并未提供 GPS 功能,仅根据汽车的刹车、起速、最高时速等分析用户习惯,且数据的采集和适用范围明确写入保险条款,以得到客户的明确授权。

2.坚持监管原则一致性

此外,对 UBI 监管原则与传统车险的费率监管原则应保持一致。同样是公平、合理、非歧视性和保费充足性,美国许多州监管部门要求公司报备 UBI 产品并提供驾驶行为风险因子及评分的精算报告,并就 UBI 的风险定价因子出台监管规定,确保保险费率不能过分、不足或不能不公平地差异化对待。

(三)技术层面

技术的发展推动了保险的进步。在 UBI 车险中,每一个环节都需要有相应技术的支撑,包括 OBD(On-Board Diagnostics)技术、大数据技术、移动终端 APP 等。而随着相关技术的发展应用,目前已实现了对于车辆信息数据及驾驶行为数据的获取。

1.OBD 技术

OBD 即车载自动诊断系统,是数据收集的载体。OBD 技术最早起源于美国,并历经了三代的更新。初期的 OBD 技术可以回溯到 1988 年,当时的美国加州空气资源部(CARB)为后来的加州汽车制定了排放法规,各大汽车制造企业为此设计了诊断座或自定义的诊断码用于检测排放量,但是此举给维修带来了很大的不便。1996 年 CARB 在实施 LEV 排放法规的同时率先导入 OBDII,这就是第二代 OBD 系统,欧洲共同体也于 2000 年在实施欧洲 3 号排放法规的同时,要求所有新轿车和轻型卡车(2.5 吨以下)必须装备 EOBD 系统。目前的第三代 OBD 系统能够读取发动机、变速箱等故障码和相关数据,并且利用 GPS 等导航系统将车辆的位置信息、故障代码等数据自动的传输到管理部门。

OBD 终端自带芯片，通过记录车主的驾驶习惯使车主能够根据处理后的数据找到驾驶行为隐患。还有远程控制、远程报警、实时定位、车辆检修保养提醒等延展功能。

作为车联网保险应用而言，OBD 终端可以采集动态的数据，"从车"可以动态地分析车辆的车况、安全系数，"从人"可以动态地分析驾驶员的驾驶习惯、驾驶风险，并将这些信息上传到车联网的管理平台从而指导保险公司进行保费厘定。

从 UBI 数据采集设备的类型来看，欧洲市场的最初发展障碍是欧洲车辆的非标准化 OBD 端口，这使得难以推广大型车载设备，数据采集范围小。而意大利的大多数客户使用 UBI 方式是安装黑盒，避免了 OBD 的障碍，取得了更好的效果。

UBI 车险过去在普及中存在的一个障碍是价格问题。英国保险公司外购和安装 UBI 黑盒设备的成本曾经高达几百镑，也就是当保费达到几千镑的时候才划算。近一两年黑盒的成本降低到了 50 镑，安装成本则更低一些。这才使得 UBI 可以在更大范围内推广。

在意大利，UBI 设备则相对比较便宜。Unipolsai 保险公司可以将车联网设备免费送给车主，车主安装后即可直接在原有保费基础上打 85 折。装完一年以后，再根据驾驶行为数据进行定价。一年后，保险公司获得了客户驾驶行为的数据，并对数据进行评分后对驾驶行为良好的车主再次给予折扣，以此又留住了续保客户。Unipolsai 正是用这样的方式在三年左右的时间成为了意大利车险市场份额第一的保险公司。

2.大数据技术

大数据是一种在科学、工业和商业发展中处理大量数据的新技术，是指新一代对大量的各种样式的数据进行高速捕获、提取、分析和处理后得到数据规律，从而取得额外价值的技术。

UBI 产品基于大数据技术,产生大量系统性的数据。OBD 通过收集这些驾驶行为数据,再对驾驶行为数据进行分析处理预测,研究驾驶行为与车保费率的相关性模型,进而改变传统的车险保费率模式,建立基于驾驶行为的动态车保险模式,使车保模式合理化、多样化,增加个性化服务。

在以往车险中, 很可能出现一位年轻驾驶员的驾驶技术以及驾驶习惯均优于一位老驾驶员,却要支付高于老驾驶员的保费的情况。但 UBI 产品改变了年龄等因子对投保人的"判断歧视",UBI 产品的定价取决于驾驶员产生的数据,数据则良好地平衡了各因素对定价的影响。

3.移动终端 APP

移动终端 APP 是一个可以在移动端展现车辆所有信息的线上系统,同时将车联网的各种业务和功能通过 APP 向客户展示。运营者利用这些信息还可以开发更多的业务和功能,例如通过 APP 推送营销广告、保养信息等。APP 移动端与 OBD 终端的融合,能够满足多方的需求,运营平台之间能够竞争也能合作,从而形成一个生态链。

手机 APP 不仅能提供查询功能,还能作为 OBD 终端到大数据云平台的数据运输桥梁。它能够实现车、业务平台、人的融合,是目前移动互联网时代下,UBI 车险超强的功能性客户管理工具。

目前的移动互联网发展让越来越多的车主倾向于能够通过手机 APP 查询车辆、车险等各种信息。车主能够通过 APP 随时随地了解车辆情况,能够对车辆实行全方位的管理和监控,也能通过 APP 向车友或朋友分享车辆信息、驾驶信息。移动端 APP 除了构建线上的业务模式和功能外,也能够提供线下的多方位特色服务,从而帮助车联网保险实现场景化模式的人车互动、人人互动。

三、UBI 车险在欧美的发展现状

UBI 在全球保险市场推进迅速,很多地方都在做积极地尝试,特别是欧美地区,已经有了较多成熟的 UBI 产品和模式。但各个地区之间的 UBI 渗透率存在较大差异。

在欧洲,尤其是英国、意大利,UBI 产品已经得到普遍推广;在北美地区 UBI 技术和产品都已经有十多年的沉淀和积累。2017 年全球 UBI 车险保单有效件数约为 1740 万,相比 2016 年整体增速达到 26%。大约有 353 家保险机构推出 UBI 车险产品,其中 2017 年 6~12 月之间新推出的项目,手机作为感应器的比例提高至 45%。从增长率的角度来看,德国和法国的增长率高于美国、意大利和英国。德国在 2017 年的 UBI 保费增长率甚至达到 130% 左右。除欧洲之外,澳大利亚、日本等国家也在积极发展 UBI 业务。2018 年全球 UBI 车险保单有效件数约为 2500 万, 相比 2017 年整体增速达到 43%。(数据来源:Ptolemus)

截至目前,占据 UBI 全球市场份额前五名的国家和地区分别是英国、印度、澳大利亚、北美和中国,前五名的公司分别是美国全州保险公司、美国前进保险公司、意大利忠利保险公司(Generali S.A.)、德国安联保险公司(Allainz SE)、英国 Ingenie 保险经纪服务公司。

(一)UBI 车险在美国的发展现状

美国最早发现大数据的科学价值,并将其应用到企业的产品创新中,同时美国的保险公司也是最早与汽车公司合作, 利用大数据来分析驾驶行为的国家。

1.美国 UBI 车险的市场发展

美国的 UBI 车险产品发展日趋成熟,当前美国各主要保险公司均在积极地研发、升级或开始运行 UBI 项目。据有关资料显示,在美国个人车险业务实力排名前十的公司, 几乎都至少在一个州内实施了关于 UBI 项目的计划。此外车险市场上超过 75% 的保险公司已经计划或正在积极推动 UBI 项目。对 UBI 产品的热衷程度体现在除夏威夷外,每个州都有至少一款相关产品,50 个州中超过一半有 4 种或以上的 UBI 项目在争取最好的驾驶员。至 2017 年初,UBI 产品已在美国所有的州销售。

UBI 保单占美国个人车险市场相当大的数量份额,据统计 2011 年 UBI

产品销售额为 5000 万美元,2015 年 UBI 设备销售额为 26 亿美元,UBI 保单件数估计有约 500 万份。如图 2.1 所示,美国个人车险市场 UBI 保费规模在 2004 年到 2013 年这十年中没有太大的变化,从 2004 年的 1580 亿美元平缓增长至 2013 年的 1750 亿美元。面对如此巨大的消费市场,每家企业都积极争夺市场份额,竞争十分激烈。

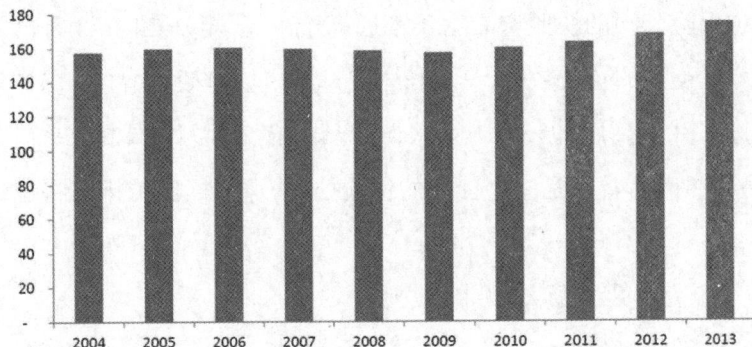

图 2.1　2004—2013 年美国个人车险市场 UBI 车险保费收入(十亿)
资料来源:NAIC

目前,全球主要的使用远程信息技术的保险公司是意大利 UnipolSai 保险公司、美国前进保险公司和美国州立农业保险公司。如表 2.2 所示,美国最主要的几家提供 UBI 产品的保险公司保费为 790 亿美元,占据了市场约 45% 的份额,其中前进保险公司、全州保险公司和州立农业保险公司三家共占据了全球 UBI 保险约 35% 的份额。(数据来源:Ptolemus)

表 2.2　截至 2013 年底美国提供 UBI 产品的主要保险公司的保费收入(美元)

NAIC 代码	公司/组织	保费收入
176	州立农业集团	32,353,629,762
8	全州集团	18,067,452,324
155	前进集团	15,358,291,116
140	全国集团	7,279,834,888
3548	旅行者集团	3,178,691,672
91	哈特福德集团	2,349,919,064

资料来源:NAIC

美国战略应对行动机构（SMA）研究数据显示，到 2020 年约有 36% 的中间运营商会陆续推行基于远程信息技术的 UBI 车险产品。

2.美国代表性的 UBI 车险产品

以下是三种较为具有代表性的 UBI 车险产品。

（1）美国前进保险公司的快照（Snapshot）产品

前进保险公司的快照产品增长率远高于市场，至 2014 年 3 月已收集了超过 100 亿英里的驾驶数据，其增长主要源于市场份额的增长。前进保险公司是推广 UBI 最活跃的公司，而快照产品约有 2 百万份保单、20 亿美元保费，若将快照产品看作是一个独立的保险公司，那么其保费排名将位列全美前 15 位。

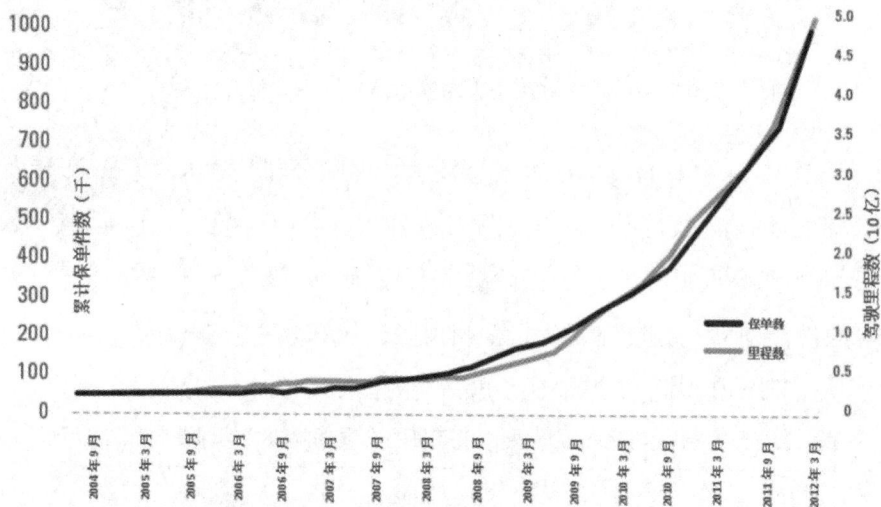

图 2.2　2004—2012 年前进公司累计 UBI 保单件数(千)和
驾驶里程数据(10 亿英里)

资料来源：Progressive

快照产品有如下特点：

①客户可以选择 UBI 或非 UBI 产品，若选择 UBI 产品则会有一个参与折扣（Participation Discount）。

②若选择 UBI 产品，客户可选择使用 Snapshot Mobile APP 或 OBD 设备。

③开始积累驾驶数据及保费折扣,通常会积累至少 6 个月的驾驶数据。

④用户可以随时查询累计折扣。

⑤在下一次续保时(通常为 6 个月)可以使用驾驶折扣。

⑥APP 会检测自动启停,无须每次行程开始时手动打开。

⑦APP 会收集用户驾驶时使用手机的信息（如通话、短信、使用 APP 等),但还没有用这些信息进行定价。

⑧定价因子按州会有差异,通常包括急刹车(>7mph/s)、急加速(>9mph/s)、驾驶时长、驾驶时间(周末 0 点至 4 点为高危时段)、行程规律性(是否经常在相同时间驾驶相同的时长)。

快照产品使用无线设备,一方面它通过插进 OBD 接口用来记录和传送车辆运行时间、速度和急刹车;另一方面,前进保险公司还与美国电话电报公司(AT&T)建立车联网。快照设备可以收集一天内汽车运行的速度、里程数以及急刹车的频率,但由于设备缺少 GPS,不能记录和传送汽车的位置,并且该设备的用户私人数据不会与第三方共享,因此可以利用其来防止骗取保费的行为。此外, 快照产品的 Snapshot Mobile APP 提供主页(Dashboard)、驾驶细节(Trip Detail)、行程记录(Trip Log)、驾驶提示(Driving Tips)等功能(图 2.3),还通过提供客户安全驾驶教育,帮助客户获得更大优惠。

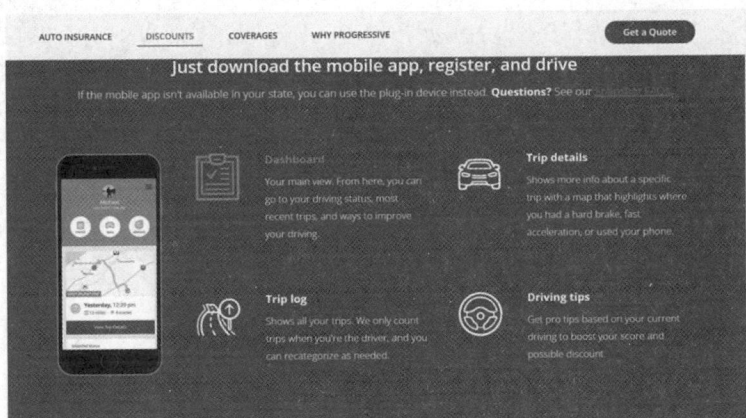

图 2.3　Snapshot Mobile APP 主页功能展示

资料来源:Progressive

快照产品会根据驾驶者的实际生活习惯而制定个性化的保险费率,用户安装插入式装置后,保险公司首先对驾驶员进行 30 天的监控,并根据这 30 天的驾驶情况计算 UBI 保费的折扣, 在 5 个月监控之后保险公司再更新折扣。现行折扣上限不超过 30%,并在显著影响保费的批改前保持不变。

快照项目已得到批准可在美国 42 个州和华盛顿特区投入市场。2014 年 3 月,美国前进公司宣布他们已经收集逾 100 亿里程数的驾驶数据,并表示他们正在探索新的追踪方式, 比如利用手机应用和 GPS 定位来追踪新的影响驾驶行为的因子, 这些新的因素又可以结合现有的驾驶数据进一步建立预测性模型。

目前从雅虎金融网站的数据显示,与以往普通车险相比驾驶者从该项目中平均每年可以节省 150 美元。快照所拥有的先进技术、非常高的安全性、可为客户优化折扣的优点使它备受青睐。该公司的 UBI 技术已经有 598 项专利,用以监管、预测和传送驾驶人的操作特点和驾驶行为。UBI 技术只有订立协议才能为其他保险公司所用,其大量的专利具有商业用途,对竞争对手来说是巨大的挑战。

(2)美国全州保险公司的智慧驾驶(Drive Wise)产品

智慧驾驶于 2011 年 1 月在伊利诺伊州推出,随后面向俄亥俄州和亚利桑那州,初始折扣为 10%,后续折扣可达 30%,无附加费用,每半年需支付 10 美元的技术费。

智慧驾驶提供折扣的参考标准包括总行驶里程、日总行驶时间、急刹车次数以及 80 英里/ 每小时的次数。与快照产品相似,智慧驾驶产品也安装在 OBD 接口上,同时美国电话电信公司也是它的合作方,为远程信息设备提供连接支持。

此外,全州的 Drivewise Mobile APP 提供了行程、驾驶数据分析、积分、驾驶行为教育等功能, 即使不是全州的保险客户也可以使用 Drivewise Mobile APP,并通过安全驾驶获得奖励积分。奖励分数可用于兑换 Allstate 商城

中的各类商品、优惠券、折扣、抽奖等。（图 2.4）

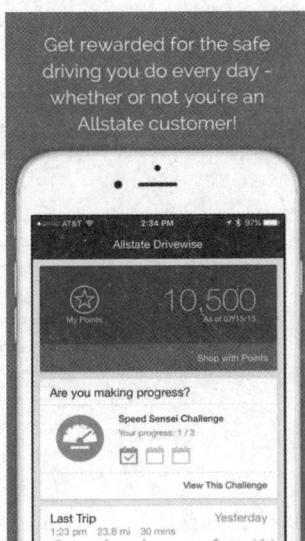

图 2.4　美国全州保险公司 Drivewise Mobile APP 页面展示
资料来源：Allstate

对驾驶行为表现极差的投保人，全州保险公司不会给予保费优惠。若能减少驾驶里程数、急刹车次数、长时间驾驶尤其是夜间驾驶，就会让车主节省一笔可观的保险费用。

（3）美国州立农业保险公司的安全驾驶（The Drive Safe & Save）产品

不同于前进保险公司和全州保险公司的产品，美国州立农业保险公司基于第三方平台的安全驾驶产品推出远程信息技术插入设备，比如 OnStar（通用汽车的一项专属配置，主要是提供安全信息服务，包括自动撞车报警、道路援助、远程解锁服务、免提电话、远程车辆诊断等）、同步序列编码（SYN）和 In-Drive（一款手机 APP）。驾驶员参加这个项目的第一年需要交纳年度会员费，后续则不需要缴费。

Drive Safe & Save Mobile APP 有很强的教育属性，提供了随时间推移的驾驶习惯改变分析、与周围人群的驾驶数据比较、推荐驾驶行为改进等，如果按照推荐的行为改进就可以获得相应的折扣。（图 2.5）

图 2.5　美国州立农业保险公司 Drive Safe & Save Mobile APP 展示页面
资料来源：State Farm

　　该产品记录的数据包括驾驶里程数、加速度、急刹车、急转弯、车辆行驶速度以及一天内的驾驶时间。州立农业保险公司还提供了增值服务，比如紧急道路救援、维修检测和被盗汽车定位等。该公司的第三方平台也使用 GPS 追踪器，但该追踪器只是记录汽车驾驶中 40 英里以内的大概方位，然后将私人信息提供给第三方平台。

　　3.美国 UBI 车险使用的设备

　　美国 UBI 车险使用的主流信息设备主要为电子狗、黑盒子、插入设备和智能手机等四种。

　　（1）电子狗

　　电子狗的即插即用性是新兴 UBI 市场的最优选择，它能有效收集驾驶员位置和驾驶行为的数据，且与增值服务相关联，同时具有低花费、高保障、可重复使用等特点，促进了美国 UBI 车险市场的发展。但《最新信息通信》杂志（《Telematics Update》）发布的《2014 年保险远程信息技术报告》指出，使用电子狗也具有一定的弊端，例如容易报废、使用寿命短、数据易篡改等，使消费者较易受到诈骗。

（2）黑盒子

黑盒子被认为是最安全、最可靠的信息设备。UBI 产品需要像黑盒子这样的设备来整合加速器追踪到的一系列数据，比如说速度、急转弯和刹车的重力。黑盒子除了它的传感器之外，还会使用连接汽车专用微机控制器（E-CU）的内部传感器，同时黑盒子会固定在汽车的底盘用来诊断车载故障，及时做出第一出险通知（FNOL），提供车辆盗窃或出险的有效信息给公估人。不仅如此，它还可以推测年轻的、经验不足的驾驶员的驾驶行为数据。但黑盒子不便捷，且需要花费昂贵的安装和运行费用。

（3）插入设备

早期的插入设备为 UBI 车险提供远程诊断、导航以及信息娱乐服务。插入模型与车辆的专用微机控制器相连接可以记录和传输大量关于车辆的数据。Berg Insight（2014）在《全球汽车 OEM 远程信息技术市场》中提出，插入设备通过产品的多元化以提升与消费者关系，即使产品被召回，花费也不高；但插入设备也有其自身的一些弊端：对于消费者来说花费比较高，对于保险方案而言缺乏标准化、相容性，且高端的远程信息技术决定了汽车制造商产品的使用周期，插入设备容易过时等。

（4）智能手机

移动通信技术是远程信息技术最新型的工具，智能手机被认为是理想的远程信息设备，智能手机作为独立的设备可以连接汽车系统交换车辆的大量信息，还能够安装在 GPS、加速器和回转仪等相关传感器上。同时智能手机有强大的数据存储功能，能够将信息传送至云端进行信息交流，不需要安装设备或是利用其他设备与保险公司进行数据连接，从而降低操作成本费用。智能手机的运算能力允许很大一部分数据在设备上进行处理，有助于降低数据处理、控制和存储费用，同时提供高质量及测量可靠的数据。但由于智能手机的加速计（指通过手机记录相关运动信息来追踪用户的活动情况)不能校正内置的陀螺仪,因此需要不断地调整。

4.美国 UBI 车险的运作流程

美国 UBI 车险的主要运作流程如下:第一,美国的 UBI 车险根据汽车上的 GPS 定位、OBD 盒子及智能手机 APP 等远程信息处理设备收集汽车定位、行驶里程数、驾驶记录等数据,实时获取行车的相关数据;第二,通过远程信息系统初步整合远程信息技术收集的数据,整合的数据需通过全球移动通信系统(SSL 条款)和安全通道(HTTPS),特别是由 GPS、OBD 盒子收集的数据需要通过网关设备对多个网络间的数据进行交换,才能通过网络安全通道上传至云端;第三,由云端的网络服务平台、数据处理系统以及关系数据库管理系统整合和分析数据。

反馈的数据一般会传送至三个平台:一是用户的智能手机 APP,二是中间运营商,三是保险公司的数据分析管理平台。用户从 APP 上可以了解自身的驾驶行为习惯以及驾驶行为的优良程度,根据反馈的数据积极调整或保持驾驶行为。

收集的数据一般会传送给中间运营商来预测驾驶员的行为,驾驶员在仪表盘上会得到相应的驾驶员推断数据,并其是以图表的方式向客户展示数据;与此同时,云端提供数据还会传送到保险公司,在保险费核定基于驾驶员行为的环境下,保险公司依据内部客户关系系统通过网络安全通道获取的各个客户驾驶行为数据,结合中间商的预测数据来分析客户驾驶行为的优良,从而为客户拟定差别化的保险费率,制定个性化的保险方案。

(二)UBI 车险在欧洲的发展现状

美国以外的多数保险公司着眼于相对较小的群体,例如年轻的驾驶员。但在欧洲,这一状况正在逐步改变。欧洲市场发展最初被欧洲车辆 OBD 端口的非标准化位置所阻碍,汽车生产商已经开始考虑车载设备的应用,不仅仅在于保险,还有许多车载产品选择。此外,技术成本的下降、更好的用户自主安装功能,以及基于应用程序的智能手机发展使得这一阻碍逐步下降。

1.英国 UBI 车险的发展现状

欧洲的发展正在加快速度。英国市场已有证据显示 UBI 产品正在吸引大众市场的注意。一些保险公司做出了初步尝试,并取得了良好的效果,例如 Insure the Box、安联、英杰华(Aviva)等公司。这些保险公司首先通过针对年轻驾驶员或高保费群体而发售 UBI 产品。

英国首家专注销售 UBI 产品的公司 Insure the Box 成立于 2010 年,截至 2012 年末,已经吸引了大约 12.5 万份保单。截止 2013 年末,Insure the Box 保险公司共获得 20 万份保单,每月新增约 8000 名客户。Insure The Box 保险公司在 2013 年 5 月份发布的研究报告指出,由年轻驾驶者造成的交通事故在车载设备的远程监测下降低了 35%~40%,取得了良好的成绩。这些数据也引起了英国市场上成熟保险公司的注意。

保险合作社(Cooperative Insurance Society)在 2011 年前期发布了主要针对年轻驾驶员的 UBI 产品,并在随后的 11 个月内吸引了 1.2 万名客户。汽车协会(The Automobile Association)在 2012 年发布了针对高保费群体的安全驾驶产品,例如年轻驾驶员以及刚获得驾驶资格的人员。英杰华在 2013 年 2 月发布了测试应用 Rate My Drive,通过下载免费的应用软件可能获得高达 20% 的折扣。

2.欧洲其他地区 UBI 车险的发展现状

欧洲其他地区的 UBI 发展紧随英国之后。在意大利,车载设备技术成功应用在理赔管理中。2018 年,美国的保费规模在全球排名第一,意大利排名第二。从 UBI 车险渗透率来看,意大利已经超过 15%,居全球第一水平。领头的保险公司是 UnipolSai,按照公司排名也和美国前进公司不相上下,是全球最大的 UBI 车险承保人,在用 UBI 设备超过 300 万台。

此外,全球 UBI 车险最重要的技术服务商(Telematics Service Provider)OCTO 也是一家意大利公司,占据了全球 40% 的市场份额,位居世界第一。意大利对 UBI 的试点开始于 2000 年,到 2016 年意大利有近 500 万辆 UBI

安装车辆,大部分是永久性设备,与美国使用的车辆在一段时间之后会拆除不同。意大利 15% 的汽车保险是 UBI 车险。该 15% 的阈值意味着即使在车辆之间、单个车辆和整个运输系统之间也可以建立有意义的交互,为未来的无人驾驶员辅助系统进行铺垫。

除意大利外,荷兰的 Polis Voor Mij 保险公司开发了基于应用程序的产品,提供基于良好驾驶习惯的高达 20% 的折扣。德国 Provinzial 保险公司开发了产品 Mein Copilot,提供基于良好驾驶习惯的高达 10% 的折扣,同时提供增值服务,例如自动紧急呼叫。

(三)UBI 车险在亚洲的发展现状

亚洲的部分国家也开始进行了 UBI 车险的探索,但发展相对缓慢。

日本是亚洲发展最为成熟的保险市场,保险公司对 UBI 产品的兴趣渐增,但仍无重要的 UBI 产品面世。日本的爱和谊财产保险公司在 2005 年与日本丰田汽车公司联合推出了类似于 UBI 车险的 PAYD(Pay as you drive)产品,开了日本的业界先河。通过车载终端设备自动地读取被保机动车辆的行驶里程来计算保费,实现了实际的行驶里程与保费费率的合理联动,但没有加入关于驾驶行为的有关数据。

韩国的监管机构已经开始着手鼓励 UBI 产品的发展。例如,韩国现代海上火灾保险公司加入其中,并让参加 UBI 车险项目的用户获得 3%的折扣,根据行驶的里程提供 6%~12%之间浮动的折扣。

在泰国,由技术公司 Carpass 与 Siam Commercial、Bangkok、Deves 等多家保险公司进行合作开发了一款 UBI 车险产品,通过一种插入式的装备(Ice Cube)来获取车辆的基本状况和驾驶行为数据,并针对优良的驾驶行为习惯在保费定价时给予相应的折扣。

以色列的第二大保险公司 CLAL 保险公司,在 2012 年与 Mobileye(一款车载终端设备)联合发展 UBI 车险。通过广告、线上传媒等方式对 UBI 产品进行普及和推广。CLAL 公司采取免费赠送 Mobileye 的方式,并对 17 岁至 20 岁的年轻驾驶员采取强制安装 Mobileye 的保险策略，对于其他安装了 Mobileye 的客户给予 10%~25% 的保费折扣。2009—2012 三年间，根据以色列保监会的统计数据显示，虽然车载终端设备没有广泛配置于市场车辆，但是安装了车联网终端设备的机动车出险率明显下降了 50% 左右。在 2013 年以色列政府通过财政补贴的方式，为四万辆车安装了车联网终端设备，这四万辆车的出险率、事故死亡率、事故伤残率都降低了一半以上，减少经济损失约人民币 1.2 亿元。以色列每年由于交通事故的经济损失占全国 GDP 的 1.4%，UBI 车险的实施在维护交通安全、降低经济损失和减少资源浪费上起到了重要作用。

（四）UBI在欧美发展的效果

UBI 车险起源于美国，历经数十年的发展，产品不断完善升级。产品定价不仅依靠传统费率中被保险人的年龄、性别、以往出险记录等静态因素，而且还引入了驾驶行为的动态变化因素，使得保险费率个性化、差别化，定价更加合理，顺应了市场发展趋势。同时，各国保险公司通过调研了解车险消费者的需求，结合信息技术的发展，不断进行产品创新，满足消费者日益增长的需求，提高了车险市场的收入和盈利。

1.增加保险公司盈利收入的同时也带来了社会效益

首先，UBI 车险鼓励客户养成安全驾驶的习惯，相应的安全驾驶行为会得到保费优惠，安全驾驶行为能降低意外事故和索赔事件的发生。从而降低保险公司的赔付，增加保险公司的盈利收入。同时，个人也都有获得交纳低保费的机会，可以吸引更多潜在的行为良好的客户加入 UBI 项目，进一步增加保险公司的保费收入。

UBI 还会产生良好的外部性和社会效益。美国布鲁金斯学会对美国若干实施 UBI 项目的州开展了专题数据分析，结果表明车险保费和车主行驶里程挂钩可使行驶里程平均降低约 8%，若以全美范围内实施 UBI 估测，每年由此产生的社会效益价值可达 500 亿~600 亿元。

SAS 研究所数据显示,到 2020 年基于 UBI 车险的保费会增长 25%,达到 300 亿美金。其次,基于远程信息技术的 UBI 车险依据客户个人驾驶行为表现,保险公司可选择驾驶行为良好的保险消费者,为他们提供优惠的保费,而对于驾驶风险程度高的驾驶员则增加保费,这样可以很好地控制风险发生的概率,提高保险公司风险承受能力,从而更好地帮助保险公司进行风险评估和提高自主定价的能力。

2.通过保费优惠极大地促进了消费者良好驾驶习惯的形成

2016 年律商联讯的调查报告显示,2015 年美国消费者对 UBI 车险的认知程度占比为 39%,仅一年认知程度上升至 43%,表明消费者对 UBI 车险的接受程度在不断加深,这主要得益于 UBI 车险保费的优惠政策。有 78% 的受访者表示保费的优惠促使他们去接受 UBI 车险;74% 的受访者表示,将保险花费控制在合理的范围内也是他们接受 UBI 的重要原因。

通过一些硬件设备的普及和测量系统的建立,车险行业积累了大量的行业数据。Ippisch 通过对 1598 名驾驶者的驾驶行为数据进行分析,研究了远程信息处理技术和相应的数据如何为汽车保险创造价值,研究发现在发生事故后的一个月里,驾驶者的驾驶频率会减少 11.4%,行驶里程数减少 13.9%,平均车速也会降低 7.5%,相应地降低了出险概率。

美国保险监督官协会的数据显示,使用 UBI 车险的消费者每年可以节省 20%~50% 的保费支出。布鲁金斯研究所的数据也显示,投保 UBI 车险的家庭中约有 63.5% 的家庭一年可以节省 496 美金的保费,使平均保费下降了 28%,这对于许多生活在城市的低收入家庭来说具有极大的吸引力。保费下降获得的收益促使驾驶人形成良好的驾驶习惯。除了节省保费外,根据 2014 年律商联讯的报告,约 56% 拥有孩子的受访者表示 UBI 的远程信息技术项目可以追踪和反馈他们孩子的驾驶数据,使得家长能够了解孩子的驾驶情况,有利于培养孩子良好的驾驶行为。此外,UBI 远程信息技术还会记录驾驶人员的危险驾驶行为,如加速和急转弯等。通过数据的反馈,提醒客户注意自己的驾驶行为是否合乎规定，对那些驾驶行为较差的驾驶员给予警告并进行相关培训。

3.提升车险定价机制的科学性、公平性

UBI 车险定价机制采取"从人主义"。与传统车险定价机制相比较，UBI车险可以更多地将车主驾驶行为、行驶路况、天气状况等作为合理定价风险因素，而不再仅仅依赖于车辆因素，从而使保费与驾驶风险更加对应，定价模型更科学。同时，UBI 车险针对不同个体设计差异化的费率，细分保险人群，量身打造适合每一位车主的保费定价模式，比如驾驶行为和习惯较好的、行驶时间较短的用户保费更低，这使得保险公司可以提供有针对性的保险费率。

4.UBI 车险减少了保险欺诈及保险索赔争议

通过 UBI 的远程信息技术，保险公司与客户之间可以实现信息的实时交互。例如，被保险人的驾驶系统与保险公司的应用平台之间精确的数据传递，可以让保险公司获取客户驾驶的实时有效的数据。当事故发生时，一方面客户可以通过手机 APP 平台及时通知保险公司；另一方面保险公司通过数据反馈可以准确地判断事故的严重程度，并及时向客户反馈事故的诊断结果，从而减少保险欺诈行为以及保险索赔的争议。

此外，利用 UBI 远程信息技术还可以缩短事故的响应时间。当事故发生时，保险公司利用远程信息技术快速追踪发生事故的车辆，可以及时派遣保险专业人员前往出险现场勘察，并协助交通运输部门疏通交通堵塞。可见，通过 UBI 车险的远程信息技术可以改善保险公司和被保险人之间信息不对称的状况，提高索赔的公平性。

5.部分解决了车险行业信息不对称的情况

Caudill 在 2008 年发表的文章中提出，保险人对被保险人的全部信息不能完整掌握，会导致机动车保险在索赔过程中存在相应的漏洞和道德风险。同时也提出若想解决机动车保险反欺诈的问题，核心在于获取投保人和车辆的完整信息。有学者提出一种保费计算的系统，可以最终将数据汇总发送到保险公司，并且不会泄露驾驶员的位置信息，这是一种基于 Pay As You Drive 的安全技术，在安全性和认证简易性方面都有一定的可行性，可以有效降低因为位置数据而带来的用户隐私风险问题。此外，Kumar 建立了一种新的算法，用来评估车载设备（OBD）的速度和缺失 GPS 数据后的车辆运动轨迹，从而促使系统对用户的隐私进行信息保护。

四、UBI车险发展的制约因素

随着车联网技术不断成熟和设备的成本降低，UBI 车险已经迅速扩展到全球各个大洲。目前，美国 UBI 车险的保费规模排名第一，第二名意大利的 UBI 车险体量直逼美国。UBI 在各国的车险市场渗透率都在逐步提高，但还不足以颠覆传统车险市场。当前 UBI 车险渗透率占比在海外发达国家仍然较低，在 UBI 车险渗透率最高的意大利，渗透率仅为 16%，整体来看 UBI 车险的发展仍存在着制约因素，渗透率存在提升空间。总体来看，UBI 车险发展存在以下几个方面的问题：

（一）消费者方面

1.用户隐私与信息安全存在隐患

与传统车险的费率制定标准不同，UBI 车险基于车主的全面驾驶行为进行分析，对于用户驾驶距离、时间、行为习惯，目的地、途经地点及其出险频率等各种私人化信息进行收集、分析，在大数据的基础上构建模型进行保费厘定，在用户隐私方面难以获得理解与信任，消费者对于远程通信设备和 OBD 设备采集个人隐私存在担忧与困惑，隐私问题与信息安全是 UBI 车险推广时需要思考的首要问题。欧美国家注重个人隐私，大多数消费者对 UBI 车险仍存有疑虑。保险公司在提供产品和服务的同时，也要善用用户数据，保护好用户隐私。

2.需要满足用户的其他需求

传统车险本身具有一定的用户黏性，消费者在原来的保险公司能够得到一定的优惠，在与传统车险相比优惠力度不大的情况下 UBI 车险很难吸引新客户。因此,没有特定使用需求的客户并不一定需要 UBI 车险,普通的车险完全可以满足他们的需求,他们换用 UBI 车险的动力不足。

但对于有特定使用需求的客户来讲,UBI 车险的吸引力十分明晰,例如追求性价比的年轻消费者、自然灾害较多地区的消费者以及经常发生盗窃、抢劫车辆地区的用户等,UBI 车险的精准定价和 GPS 定位信息可以满足他们的具体需求,这是传统车险所不能提供的。

(二)保险公司方面

1.UBI 车险成本高

目前 UBI 车险驾驶数据的采集主要通过前装硬件、后装硬件和智能手机 APP 这三种渠道。

其中前装硬件获取的数据精度最高,对于保险公司的硬件成本也是最低的,不需要保险公司承担远程通信设备等硬件成本,只需要直接调用主机厂收集的数据即可,但需要得到用户与主机厂的同意。

后装硬件以 OBD 盒子为代表,应用方便快捷,但对保险公司而言后装设备的硬件成本较高,需要保险公司与消费者承担远程通信设备的成本。并且,后装硬件更容易损坏,使用寿命较短,更新后装设备的成本也很高昂。也就是说,后装设备所获取的数据不但成本较高,而且数据所能应用的价值也不高,因此总体成本较高。为降低成本,美国的 OBD 设备多采用租用模式、循环使用模式,每 6 个月后车主安装的设备将被回收给下一位客户,以此降低成本。

智能手机 APP 获取的数据较为全面,对于保险公司而言通过智能手机采集数据的硬件成本较低。智能手机作为独立的设备可以连接汽车系统交换车辆的大量信息,还能够安装在 GPS、加速器和回转仪等相关传感器上,具有强大的数据存储功能,能够将信息传送至云端进行信息交流,不需要安装设备或是利用其他设备与保险公司进行数据连接.从而降低操作成本费用。智能手机的运算能力允许很大一部分数据在设备上进行处理,有助于降低数据处理、控制和存储费用,同时提供高质量及测量可靠的数据。

2.数据的获取处理困难

保险公司需要大量真实的数据来分析用户的驾驶习惯,而数据的采集和处理都并非易事。UBI 车险的 OBD 设备最重要的是能让客户持续使用,因此不允许拔下来,因为一旦设备被客户所控制,保险公司将很难保证数据的连续性、准确性和真实性。无论是通过前装硬件、后装硬件和智能手机 APP 中的哪个渠道得到的原始数据都需要清洗,将物理信息转化为驾驶距离、时间、行为习惯、目的地、途经地点等驾驶行为,然后根据大量的驾驶行为得到消费者的驾驶习惯,进而对其打分评级。而这些数据需要向主机厂购买、定期下载 OBD 数据,或是开发手机 APP 以传输数据,这都需要投入大量的人力及物力。得到数据后如何建立精准正确的定价模型也是保险公司面临的一大挑战。

3.UBI 车险逆选择风险较大

由于车险市场信息不对称和 UBI 车险根据消费者使用情况厘定费率的特性,UBI 车险较可能出现逆选择情况。驾驶行为较少或较好的用户更倾向于选择 UBI 车险,而驾驶行为较差的驾驶员则更倾向于购买普通车险,因此保险公司从 UBI 车险中收取的保费收入可能会减少,影响保险公司的保费收入。

五、国际UBI车险发展对我国的借鉴意义

UBI 车险在中国的发展仍处于起步阶段,无论是产品设计、运营模式和盈利模式等均处于探索阶段,与发达国家相比我国的 UBI 车险发展仍处于初期阶段,市场整体上下游环节缺少链条整合。同时由于缺少用户真实化行为数据导致车险行业收益不高,用户对 UBI 车险的优势和收益理解也存在不足,这些都阻碍了 UBI 车险的快速发展,使得我国 UBI 车险和发达国家UBI 车险的发展水平相距其远。

(一)政府提供支持引导

政府在 UBI 车险发展过程中需要发挥支持引导作用,应制定地方性法

规,规范 UBI 车险的数据获取和使用范围,保障广大参保人的合法权益。新业务的出现会有很多监管政策滞后的问题,希望银保监会能够给予一定的政策试水环境,鼓励企业以技术驱动新模式发展。政府应该对于新的 UBI 模式给予创新支持,同时对于数据获取和使用范围进行监督和管理,扩大对中国保险公司在创新环境上的政策支持力度。

（二）整合行业上下游环节

为了实现数据的高效收集,保险公司应该与行业上下游企业建立合作关系,例如与汽车厂家、车载硬件制造商等进行合作,通过预装远程通信设备和硬件 OBD 盒子来获得高质量的驾驶安全数据。对双方掌握的数据进行合作,确保汽车所有人、被保人拥有知情权且利益不会受到侵害。同时,可以与互联网公司,例如滴滴出行、高德地图等进行合作。对于现有用户出行场景的数据进行整理和分析,不仅可以做到对用户进行分层,也可以对于有危险驾驶行为的车主提供实时的改进建议和服务,保证保险公司和用户的利益相统一,促进合作发展。

（三）搭建 UBI 车险信息交流平台

UBI 车险产品设计需要大数据平台和深入的数据挖掘技术,这是 UBI 产品设计的关键。目前国内各保险公司已经开展了车联网数据收集的应用尝试,其中传统保单承保理赔信息仅仅是数据的一小部分,而依赖海量位置轨迹、传感器数据以及其他非结构化信息数据收集加工的 UBI 将会占据大头,这也意味着保险公司的数据资产和大数据处理能力将是未来 UBI 产品经营的核心竞争力。因此,建设一个整合的中央数据平台作为数据中心,收集所有互联网设备的数据资源是十分重要的。

美国 UBI 车险市场中的一些保险公司会与大型的通信公司建立信息交流平台,帮助保险公司实时捕获车辆信息。通过智能手机 APP、OBD 设备的不同功能,保险公司可以知晓车辆和驾驶员的更多驾驶数据,若发生保险事故,保险公司也可以通过数据反馈及时地了解驾驶员的情况,并为索赔、理赔提供数据依据。

（四）建立 UBI 车险的定价监管制度

区别于传统车险定价模式，UBI 车险公司对于费率条款有更大的自主权，在商车费改的政策背景下，监管部门在尊重 UBI 车险公司厘定费率自主权的同时，也应当对 UBI 车险的定价端进行合理监管，以维护市场公平竞争。政府应监督保险公司费率的公平制定，避免恶性竞争的压价，促进行业有序发展。

参考国外监管实践经验来看，美国大部分州的保险监管机构要求保险公司推出 UBI 产品前必须确保保费结构的合理性和透明性，避免消费者受到损害。针对我国保险公司自主开发 UBI 产品，应该考虑风险控制的特殊性，推出差异化监管措施，并要求保险公司报备 UBI 产品时必须具有明确、清晰、合理的定价模型和费率结构，有效地控制风险，加强行业研发和自律性。

（五）提供个性化增值服务

UBI 车险产品最初吸引消费者的是良好驾驶行为下为个人定制个性化、差别化费率，从而得到保费优惠的产品政策。因此保险公司应该和用户建立互通关系，满足用户真实需要，让用户参与 UBI 保险的全过程，突出 UBI 保险产品个性化服务的特色，在使用过程中对于用户的车辆安全使用行为提供指导和帮助，并且可以联系上下游企业给予用户更多的优惠服务体验，这样才可以获得和争取到更多用户的认可。

第三章　我国 UBI 保险的市场供求分析

一、我国发展 UBI 保险的影响因素分析

(一)我国 UBI 保险发展的可行性分析

1.政策环境

高质量、低成本地收集投保车辆的共性和个性数据是推广和发展 UBI 保险不可缺少的重要环节之一。2014 年 1 月,中国保险信息技术有限公司(简称"中保信")成立,依托"中保信"的车险基础数据平台,融合公安部门、银保监会等其他部门,将包括驾驶人、车辆维修等信息接入信息数据平台,为方便行业研发推广 UBI 保险提供了有利的政策条件。

2015 年 2 月 3 日《关于深化商业车险条款费率管理制度改革的意见》印发,标志着我国车险费率市场化改革的开始,此后我国推行了三次商车费改。2015 年第一次商车费改开始,此次商车费改分为三个阶段,最初在黑龙江、山东、青岛、广西、陕西、重庆六个地区试点,随后扩大到 12 个地区,进而在全国范围内广泛推行。第一次商车费改主要建立了示范性的行业条款,逐步扩大保险公司对车险费率厘定的自主权。

2017 年 6 月,原中国保监会发布《关于商业车险费率调整及管理等有关问题的通知》,开始了第二次商车费改。这次费改进一步扩大了保险公司自主定价权,自主渠道系数浮动下限下调至 70%或 75%、自主核保系数 70%~85%。

2018 年 3 月,原中国保监会发布《关于调整部分地区商业车险自主定价范围的通知》,开始第三次商车费改。这以"报行合一,阈值监管"为核心的第三轮商车费改使得用手续费抢市场的老办法已经难以继续维持下去,车险价格战按下暂停键,车险费率改革向市场化迈进了新的一步。

经过几轮商车费改,在政策的基础上对 UBI 技术的创新提供了深厚的土壤环境,为 UBI 的创新和发展提供了支持,目前已有部分产品得到了初步审批。2018 年 8 月,在由中国保险行业协会组织的行业创新产品评审会议上,多款创新型产品已经获得初步审批,其中包括几款 UBI 产品。例如,中国大地保险申报的"机动车综合商业保险附加 ADAS 特别条款",该产品是我国首个主动风险管理的 UBI 产品。

2020 年 9 月 19 日,《关于实施车险综合改革的指导意见》(以下简称《指导意见》)正式实施。《指导意见》中的一个重点即是丰富商业车险产品,"探索在新能源汽车和具备条件的传统汽车中开发机动车里程保险(UBI)等创新产品。""UBI 车险"首次写入了改革意见。监管层面释放出的积极信号为我国发展 UBI 车险产品创造了良好的监管政策环境。

2.市场前景

我国的 UBI 车险还处在发展的初期,即使是人保财险、平安财险、太平洋财险这几大行业巨头也没有一个成熟的 UBI 产品体系。与之相对应的是中国庞大的车险市场规模,车险在财险市场中占据着重要的市场份额,比重超过 70%。中国万亿车险市场规模为 UBI 保险发展提供了良好的经济基础。

目前,我国的车险市场同质化严重,存在一定程度的骗保、欺诈行为,保险公司的赔付率和综合成本居高不下。随着经济的发展,人们收入水平的提高,传统的产品难以满足消费者对车险产品和服务的需求。

近年来车险业务盈利能力低下,除了传统的大型险企能够实现承保盈利,中小财险公司的车险业务大多面临着亏损的危机。随着商车费改的推进和移动互联网技术的逐渐成熟,车险市场的产品竞争将会越来越激烈,倒逼保险公司提高车险产品和服务的质量,这是保险行业的内在需求。满足多元化需求的 UBI 车险将很有可能成为保险公司用于提高客户满意度和忠诚度的重要领域。

3.社会因素

国民教育水平的普遍提高是发展 UBI 保险的一个重要社会因素。车险的需求与车主对风险的识别、判断以及对保险的理解有着一定的联系。如果人们对交通的复杂程度有足够的了解,对保险相关知识也比较熟悉,那就更有可能考虑购买最合适的保险产品来为自己转嫁不可控的风险。就群体的平均水平而言,高学历群体往往具备更高的认知能力、判断能力和较强的逻辑思维能力,在非专业领域的表现也要高于平均水平。2010 年第六次全国人口普查资料显示,我国国民的整体受教育水平进一步提高,高等教育实现了从大众化向普及化的快速发展,成效显著。国民教育水平的提高,让 UBI 车险产品更容易被大众所接受和认可。

互联网的发展和保险的宣传力度加大是影响 UBI 保险发展的另一个重要社会因素。在互联网的渗透下,中国的网民基数越来越大,为 UBI 保险的发展创造了有利的条件。一方面,消费者在互联网上产生了大量的行为数据可以用于需求和风险的分析;另一方面,互联网的普及加深了人们对保险的理解和认识,整个社会风险意识的提高有助于 UBI 保险的宣传与推广。

UBI 保险的发展与应用,需要保险公司收集并分析客户的驾驶数据,在一定程度上涉及个人隐私安全的问题,数据的采集能否被驾驶人接受是 UBI 保险顺利推广的关键。当前网络时代,很多个人信息都在主动或被动地暴露在网络上,人们对个人信息的管理存在疏漏或者保护隐私的意识还不够。出于得到优惠保费的目的,如果保险公司能够使驾驶人相信自己提供给保险公司的信息可以被合理利用,并且妥善安全保管,那么驾驶人会很容易接受UBI 车险。

近年来随着经济的增长,我国的新车销售量缓步增长,2018 年虽略有下降,但二手车市场发展迅速。从汽车保有量来看,2019 年全国新注册机动车 3214 万辆,机动车保有量达到了 3.48 亿量,机动车驾驶人 4.35 亿人,其中汽车保有量达到 2.6 亿量,汽车驾驶人 3.97 亿人。庞大的汽车保有量和驾驶人数为 UBI 保险的发展提供了良好的应用环境和广阔的市场前景。

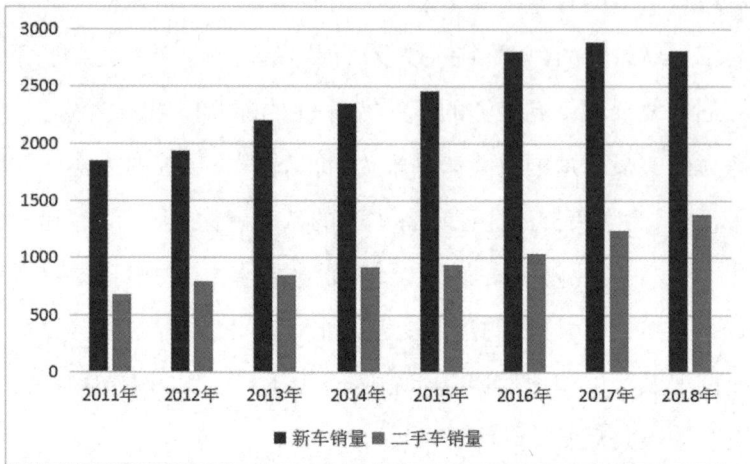

图 3.1　2011—2018 年中国新车与二手车销量情况(单位:万量)

数据来源:中国汽车和工业协会、中国汽车流通协会

同时,随着 UBI 车险产品的推广与普及,整个社会也会对车联网、互联网大数据形成强大的需求,这种需求会推动社会科技的发展,从而促使车联网大数据、人工智能等技术的创新。

4. 技术条件

一方面,硬件设备与数据采集技术逐渐成熟。UBI 车险是互联网技术创新和保险公司相互结合的应用领域,互联网的发展为 UBI 车险产品的落地提供了技术上的可能。车联网平台进行数据采集,保险公司来提供产品,精算部门从风险的角度多维度综合分析定价。目前 UBI 产品的数据采集技术也逐渐成熟,主要的数据采集有 OBD 设备、前装方案、智能手机方案及智能汽车方案四种。

另一方面,产业链上下游的各方主体都在积极布局。主机厂商、车联网信息平台、互联网保险公司、专业精算定价公司以及传统保险公司也都在积极角逐 UBI，产业链各环节都有产品雏形逐步推出。保险公司大多成立相关创新事业部，探索和研究国外 UBI 车险的先进经验，与产业链上下游合作共同推出部分 UBI 产品。

(二)我国 UBI 保险发展的市场价值分析

通过分析 UBI 车险的宏观市场和政策环境，我们发现我国 UBI 保险具有广阔的未来发展前景，车联网技术应用于 UBI 车险也具有一定的市场价值。

1. 提高客户满意度

一方面，UBI 车险对于消费者来说最大的受益来自对于保费成本的节省，驾驶人员在一定程度上能够自己把控保费折扣的力度。UBI 产品的定价与很多驾驶因素有直接关联，驾驶人可以通过减少驾驶里程、减少不安全行为等方式来得到更优惠的保费，这对于收入一般的家庭来说有着很强的吸引力。

另一方面，UBI 车险能够激励驾驶人安全驾驶，提高他们驾驶行为的安全性。良好的驾驶行为将会赢得更低的保费，这可以鼓励驾驶人安全驾驶，减少危险驾驶行为，所以 UBI 保险不仅能够为低风险驾驶者带来保费的优惠，更能够为其自身和家庭的驾驶安全提供一份附加的安全保障。

与此同时，消费者也因为安全驾驶、减少交通事故发生的频率和严重程度而获益。此外，UBI 车险还有助于促进驾驶人员和保险公司之间的有效沟通，为驾驶人提供附加增值服务，这些增值服务普遍受到驾驶人员的欢迎，从而有效提高 UBI 车险客户的满意程度。例如：①一键救援。为车主提供便利的同时也能简化理赔流程，提高理赔定损的效率。②危险预警。车辆进入危险区域、遭遇极端天气等情况向客户发出预警，提醒车主注意行车安全，减少事故发生率。③手机 APP 智能缴费自动续保，为客户提供方便的续保途径，减少客户的时间成本和保险公司的服务成本。

2. 提高客户续保率

作为短期保单，车险一般为每年续保，维持良好的续保率是保险公司车险业务健康持续发展的重要一环，续保能力也成了保险公司竞争力的重要表现。续保率高也能有效减少车险经营的综合成本,提高续保业务的占比能有效减少保险公司市场拓展的成本,维持市场占有率。

开发 UBI 保险产品，提高了客户的满意度，有利于间接提高车险的续保率。根据美国前进保险公司(Progressive Insurance)的统计,在同等的时间维度下,使用了 Snapshot 车联网的客户续保率明显高于没有使用车联网的客户。

3. 提高风险管控能力

基于车联网大数据的 UBI 车险能够通过数据采集分析，为车险事故的核赔定损提供科学的依据。同时,大数据平台覆盖了客户的个人基本信息、车辆信息、驾驶行为信息等,有利于保险公司对客户进行风险评级,支撑保险公司进行有效的风险管控和产品设计,有助于保险公司的稳定经营。

UBI 车险让保险公司的风险评估和定价更加准确,通过对驾驶行为数据的收集和分析,能更好地对个体的风险进行预测,以此来细分市场并划分不同水平的保费费率、免赔额和承保范围。高质量的数据能够帮助保险公司深入了解风险,通过大数据的分析,保险公司能更清楚地了解每一个投保车辆的风险状况,进行风险分割、控制风险,进而通过提高自身的风险管控能力以吸纳更多新的客户。

4. 降低综合成本

UBI 车险自身的特性有利于激励驾驶人的安全驾驶行为,降低了损失概率和潜在的损失成本,即行驶里程的减少会相应减少损失发生的可能性,进而降低保险公司的理赔成本。

同时,UBI 车险的信息数据传递可以让索赔更有效率，优化保险公司的理赔管理,减少理赔纠纷和保险欺诈行为,从而降低保险公司经营的综合成本。UBI 车险产品基于车联网大数据平台,这有利于提高车辆事故的准确度、透明度,有利于科学定损减少保险欺诈行为,从而降低综合成本。此外,通过提供个性化的增值服务,有利于提高客户的满意度和忠诚度,增加客户的黏性,降低展业和续保费用,从而降低保险公司的综合成本。

5. 提高保险公司的车险市场份额

随着我国保险市场的发展,财产保险行业也得到了迅速发展。汽车保险在财产保险市场中所占比重最大,并逐步趋于成熟。近年来,车险保费收入增长逐渐放缓,车险在财产险的占比有下滑的趋势,传统车险市场的竞争越来越激烈。在激烈的市场竞争中,大型保险公司要保持原有的市场份额;中小型保险公司则需要努力开拓新的客户资源,争夺市场份额,避免被市场淘汰。与此同时,近年来保险公司为了抢占市场份额,纷纷放宽承保条件,导致了车险市场"高返还、低费率"等诸多乱象,造成了我国机动车保险综合赔付率居高不下的困境。

推陈出新是增加客户黏性和提高市场份额的重要措施,在市场竞争日趋激烈的情况下保险公司纷纷开始创新车险产品,涉足 UBI 车险产品领域,在传统服务的基础上向客户提供更多的增值服务以吸引新的客户并提高客户黏性。基于车联网平台开发 UBI 车险产品,不仅能更科学地制定浮动费率,还可以为客户提供个性化的服务。全新的服务模式能有效提高投保便捷性,加大理赔的可视性,增强投保理赔管理的准确性,以此留住客户提高续保率,并挽回流失客户和吸引新客户。

6. 提高保险公司防损减损和反欺诈能力

大力推广和发展 UBI 保险产品能够有效降低保险公司的损失发生概率,减少损失程度。大数据的应用使得保险公司能够充分掌握车辆的驾驶信息,降低承保风险。同时,车联网使得保险公司能够实时检测到投保车辆的情况,对风险明显提高的车辆及时提醒,避免或减少事故的发生。在事故发生后,保险公司也能第一时间到达现场,有利于救援的实施,避免损失持续扩大,提高保险公司防损减损的能力。

在我国,车险领域的保险欺诈行为屡禁不止,车险欺诈在保险欺诈中占比高达 80%,每年因车险欺诈造成的保险理赔高达 200 亿元。常见的车险欺诈类型有现场摆放、酒驾调包等 30 多种,这些行为给保险公司造成了巨大损失,也给保险公司的经营带来了很大压力。随着大数据、人工智能等先进技术在保险领域应用地不断深入,物联网、区块链、云计算技术已经逐步覆盖了核保、理赔等各个环节,并有了一定的成效,车险欺诈这一行业顽疾有望通过科技手段来加以解决。

(三)我国 UBI 保险发展面临的问题

1. 保险市场发展仍不成熟

近年来我国汽车保险市场发展迅速,但是相对于保险业成熟的发达国家而言,我国车险市场发展时间相对较短,车险发展的深度仍有所欠缺。想要开发创新型 UBI 产品首先需要收集到大量数据,建立并调整精算模型,拥有高水平的建模与数据分析能力,以此形成丰富的经验。然而,我国保险行业发展历史相对国外发达国家来说相对较短,在数据积累方面有明显的弱势。同时缺乏大量数据储备,导致多维数据采集不足,影响了精算建模的准确性,给我国 UBI 车险产品创新带来了阻碍。

我国的车联网起步比较晚,探索时期比较长,渗透率也比较高。为了能够得到数据的优势,各个相关利益主体各自为政开发自己的车联网平台,但这些车联网平台往往局限于某一品牌或系统,缺乏一项通用的技术标准,造成了交互困难的问题。同时就我国的车险行业来看,保险公司还难以自主拥有一套完整的数据收集、数据分析、精算建模系统,多数选择与第三方公司进行合作,这不利于为 UBI 车险产品的开发与推广营造良好的环境。

2. 维护信息安全和市场监管的力度不足

隐私安全问题是 UBI 车险产品发展的一个严重阻碍。一方面,创新型的 UBI 车险产品需要收录一定程度的客户私人信息,这也意味着存在着一定的隐私泄漏风险,包括车辆的行车路线、驾驶员的私人信息等。当前我国 UBI 保险产品主要还是"保险公司+第三方公司"的经营模式,第三方公司对数据的采集和分析加大了车辆信息暴露的风险。当个人信息被泄露出去,保险公司与被保险人发生冲突时,法律是保护被保险人的重要武器,而目前我国的法律还没有对这种创新性的车险做出额外的限制。也就是说一旦出现信息泄露,被保险人很难诉诸法律来维护自己的隐私权利。对于隐私泄露担忧和对保险公司的不信任造成了很多消费者不认可 UBI 车险产品,需求端的需求不足可能造成 UBI 产品难以打开市场。

另一方面,对于 UBI 车险产品的准入和监督政策还不到位。在产品的定价模式和费率条款方面,UBI 车险产品与传统的车险产品有着极大的不同,在批准企业进入新的领域方面,监管部门还缺乏一套稳妥的产品准入和监督政策。

3. 风险定价模型有待完善

我国现行的 UBI 定价模型已经考虑到了驾驶时间、地点、里程等方面的因素对汽车驾驶安全性的影响,但相关的研究还不够深入,风险因素考虑的仍不全面,这会影响到 UBI 车险定价的结果,例如对传统车险的定价风险因子引入不足等。解决这些问题需要有足够的实践经验,在实践中不断积累、修正模型,同时要建立一个系统的产业链条,规范数据处理,结合天气数据和地理信息数据,进一步完善定价模型中的风险因子。

尽管我国 UBI 车险产品市场的发展确实面临一些问题,但这不会阻挡 UBI 车险产品发展的脚步,未来我国 UBI 车险市场发展前景仍然非常广阔。

二、我国保险公司对 UBI 保险的供给意愿分析

(一)大型保险公司

人保、平安、太平洋等大型保险公司都在 UBI 产品领域进行了一定程度的探索,但还没有形成一个完整的产品体系,短期内很难将车险的重点领域转移到 UBI 产品上,具体原因如下:

首先,开发新产品动力不足。大型保险公司在车险领域占据着大量的市场份额,没有动力开发新产品。经过多年的积累,大型保险公司已经有了自己的品牌优势和大量的忠实客户,持续稳定经营即可得到利润。然而,UBI 保险理论上有广阔的前景,但目前的经验还都来自国外,即使是大型保险公司在产品设计和精算定价方面也没有国内的实践经验。

其次,在传统车险领域中大型保险公司能够轻松利用品牌优势、续保优势持续占有市场。在新的领域中由于缺乏数据的积累,无论是大型保险公司还是中小型保险公司都在同一水平上,大公司的体量大,转型成本更高,在业务转型方面的决策会更加谨慎。

最后,开发 UBI 产品的紧迫性不强。尽管 UBI 产品具有理论上的科学性和广泛的市场前景,但 UBI 的精算模型还没有经过我国数据的检验。由于国情不同,国外的成功经验在我国进行复制推广面临着很大的不确定性,大型公司的管理层更可能谨慎决策,保持观望态度。即使在新产品的开发上慢人一步,大型公司也不会因此而丧失市场份额,一旦国内出现成功的、成规模的 UBI 车险产品,大型公司可以很快进行复制推广,所以大型公司没有率先推广 UBI 产品的紧迫性。

综上,传统车险还能稳定健康经营的情况下,大型保险公司没有大规模推行 UBI 保险的动力。

(二)中型保险公司

目前,国内保险公司的车险产品同质化严重,市场上 70% 的份额都集中在了人保、平安和太保三大保险公司,市场竞争激烈。中型保险公司面临着经营上的困境,但同时自身又有一定的实力,若通过推广 UBI 保险来占领新的市场领域,并控制经营成本和赔付率,有利于改善自身的经营管理水平,提高经营利润,改变自身在市场竞争中的弱势地位。

一旦中型保险公司率先将 UBI 保险做好,将拥有低风险用户、差异化产品和大量忠实客户等优势,迅速突破困境。具体理由如下:

一方面,中型保险公司有足够动力探索新的经营模式。中型保险公司没有大型保险公司的品牌优势,也没有大量的续保客户,在经营过程中面临着高成本、高赔付,发展的压力越来越大甚至面临着种种困境,如果不做出改变很可能面临着被挤出市场的窘境，所以中型保险公司有着紧迫的动力开发新产品、探索新领域，寻求摆脱困境的机会。UBI 保险是一个全新的领域，对驾驶人个体的风险识别有利于风险控制、优化理赔管理、降低经营成本，能够帮助中型保险公司赢得更多的市场份额。

另一方面，中型保险公司的业务规模在不同地区发展不平衡，可能存在在某些省市的市场份额明显高于其他省市的情况。在这样的情况下，中型保险公司可以选择一些市场份额本身不高的地区尝试推广 UBI 保险，给予这些地方公司一些支持，一旦成功则可以向其他地区推广，以点带面，实现突破。即使尝试失败，也不会影响整个公司的发展经营，试错成本不高。

总之，由于目前车险市场的激烈竞争，中型保险公司面临着严峻的生存威胁，将会有一定的热情开发创新型的 UBI 车险产品，积极寻求新的利润增长点，从而吸引客户、占有市场份额。

（三）小型保险公司

小型保险公司或新的保险公司还处于成长初期，整体实力较弱，在市场上不占优势，资金实力也不足，在推出 UBI 保险产品时面临诸多的顾虑，很难发展 UBI 保险，因此开发 UBI 保险的热情有限。

首先，开发 UBI 保险前期需要投入大量资金进行平台基础设施的建设，实施的成本巨大。UBI 保险所需要安装的车载外设硬件设备生产成本高。此外，数据的收集和传输也需要一大笔支出，这些前期的建设支出对小型公司来说是一个不小的考验。

其次，UBI 保险产品的特性导致了在由传统车险向 UBI 车险转化的初期，消费者在得到保费优惠的同时，保险公司的保费收入却要面临骤然下降的压力。驾驶风险越低的车主投保 UBI 保险越能得到更优惠的折扣，这会最先吸引驾驶习惯更好、出险率更低的客户来投保 UBI 保险，更优惠的折扣将会直接导致保险公司的保费收入减少，短期经营压力增大。所以，小型保险公司没有数据支持和开发经验，没有独立开发和推广 UBI 保险产品的实力，也没有雄厚的资金做前期支撑,他们率先进入 UBI 领域的可能性不大。

通过以上分析我们可以看出,在 UBI 保险产品的供给意愿方面,中型保险公司既有实力又有内在动力来开发 UBI 保险产品,他们可能成为开发 UBI 保险产品的主要力量。

三、我国车险消费者对 UBI 保险的需求情况分析

产品开发的最终目的是提供给消费者,作为消费者的车险客户对于产品的认可情况关系到产品能否顺利推广,也是检验产品是否真正为市场需要的关键因素,决定了产品设计的成功与否。无论保险公司如何改善服务水平、创新经营模式,如果得不到客户的认可也终究是"镜中花,水中月",经不住市场的考验。UBI 保险产品需要收集包括驾驶行为、驾驶里程、驾驶路线等信息在内的客户个人信息,这种暴露隐私的可能性会影响消费者选择购买 UBI 保险产品的决策行为。

为了分析 UBI 保险产品需求的影响因素,课题组以线上线下相结合的方式向驾驶人(包括私家车主和营运车)发放了调查问卷(见本书附录),旨在通过对消费者性别、年龄、购买车险产品的情况、对 UBI 保险产品的了解程度和对 UBI 保险产品的接受意愿等情况进行分析,了解不同客户对 UBI 保险产品的接受程度。

通过问卷调查的形式,有助于我们了解车险客户对 UBI 车险产品的真实看法和接受程度,为 UBI 车险产品的开发设计提供参考,同时评估 UBI 车险产品在我国的未来发展空间。

(一)对私家车主 UBI 保险接受程度的调查

1. 调研问卷设计

本节以私家车主为调查对象,问卷设计为三个部分,分别是受访者的个人基本信息、受访者对 UBI 的了解程度与相关评价和受访者对 UBI 的接受程度,共 32 个问题。

(1)受访者的基本信息

该部分共 16 个题目,分为个人及车辆基本信息,包括性别、年龄、学历、收入等方面的个人基础信息和驾驶员投保信息,包括个人购车、购买汽车保险、驾驶和车险索赔等相关信息。

①个人及车辆基本信息:驾驶人的性别、年龄、收入、受教育程度、驾龄、车龄、购车价格、对自身驾驶技术的评价,这些因素将构成 UBI 保险产品的潜在客户画像。

男性驾驶员的安全驾驶行为可能会低于女性,出于对自身驾驶技术的高估,男性驾驶员的风险防控意识较女性可能更差,购买保险的意愿也稍差;年龄偏大的驾驶员由于身体因素,购买保险的意愿可能加强,但是因为对新事物的接受能力不高,可能会影响对 UBI 保险产品的需求;收入越高的驾驶员在经济能力上更能负担保费支出,也因为收入可观,这类驾驶员可能不会因为费率的下降而选择尝试 UBI 保险;受教育程度越高的驾驶员对新产品的接受程度和理解程度越高,越可能接受 UBI 保险;驾驶员的驾龄越长,对自身驾驶技术评价越高,发生事故的可能性越低,也就越乐于接受 UBI 产品。

②投保信息:所购车险险种、所缴纳保费、索赔额度、购买车险途径、投保的保险公司、影响选择保险公司的因素、续保保费预期、近几年不出险对未来投保意愿的影响。

针对驾驶人所购买的车险险种、购车途径、投保的保险公司进行调查,可以了解到驾驶人最习惯的投保途径,对未来 UBI 保险产品的销售渠道做准备。针对驾驶人续保预期、近几年不出险对未来投保意愿的调查,可以了解驾驶人接受 UBI 产品的可能性和需求情况。

(2)受访者对 UBI 的了解程度与相关评价

该部分共 5 个题目,旨在了解驾驶人对 UBI 保险产品的认识程度和评价,以此来分析驾驶人对 UBI 保险产品的了解和评价情况对投保 UBI 保险产品的影响,包括对目前车险价格的评价、驾驶人员认为目前保险金额设定是否合理、车联网对驾驶人的影响、是否听说过 UBI 保险产品、对新型车险发展的预期。

对目前车险价格不满意、认为当前传统车险保险金额设定不合理的驾驶人,更容易接受投保新型车险产品;受到车联网影响较多的驾驶人,对 UBI 保险产品的理解程度可能会更好,更愿意尝试新的保险产品;如果驾驶人认为新型车险比传统车险更有优势,当 UBI 产品进行推广时,这部分驾驶人更可能去尝试新型车险。

(3)受访者对 UBI 的接受程度

该部分共 11 个题目,包括驾驶员是否愿意购买 UBI 保险产品及原因,对附加增值服务的需求、允许被保险公司采集的信息种类、期望的保费降低额度、是否接受汽车外接设备、愿意接受哪种外接设备和设备成本、对 UBI 产品的其他建议。

了解驾驶人允许被保险公司采集的信息种类、能否接受汽车外接设备、愿意接受的外接设备,可以调查驾驶人是否愿意向保险公司提供自己的隐私数据,以及驾驶人是否愿意付费安装外接设备并愿意为此花费的成本。因为保险公司提供附加的增值服务是以收集驾驶人驾驶行为、行驶里程等隐私数据为前提的,所以调查附加增值服务对驾驶人的吸引力可以分析出驾驶人能否为了得到增值服务而放弃一定程度的个人隐私。

2.描述性统计

(1)受访者的基本信息

①驾驶人的性别与年龄。性别方面,在 670 个样本中,50.75% 的驾驶人为男性,49.25% 的驾驶人为女性。年龄方面,115 位驾驶人的年龄在 18~25 岁,占全部样本的 17.16%;169 位驾驶人的年龄在 26~35 岁,占全部样本的 25.22%;174 位驾驶人的年龄在 36~45 岁,占全部样本的 25.97%;191 位驾驶人的年龄在 46~55 岁,占全部样本的 28.51%;55 岁以上的驾驶人有 21 位,占全部样本的 3.14%(如图 3.2)。从受访驾驶人的年龄层次分布中可以看出,中年驾驶员是主要的受访者。

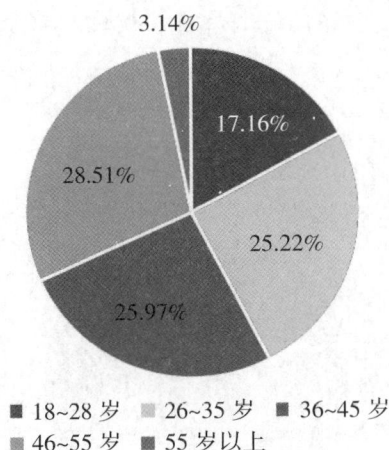

图 3.2　受访者年龄分布情况

②驾驶人的收入情况。670 个样本中,41.05%的驾驶人月收入在 5000 元以下（其中包含无收入 4.04%）,30.45%的驾驶人月收入在 5000~10000 元。2019 年全国居民人均可支配收入 30733 元,中位数为 26523 元,将全国居民按五等分收入分组,中间收入组的人均可支配收入为 25035 元。对比全国居民人均可支配收入可以看出, 接受调查的私家车车主的收入大多处于中上水平(如图 3.3)。

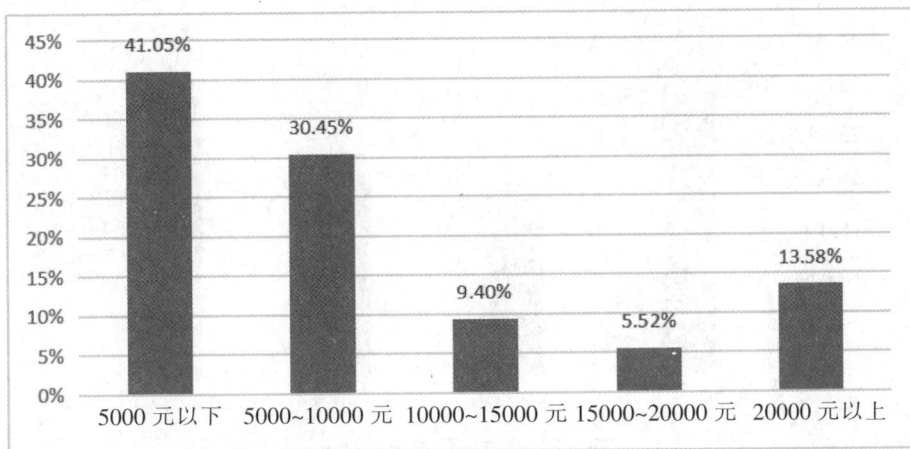

图 3.3　受访者收入分布情况

③驾驶人的学历。在 670 个样本中，59.4%的受访者为大专/本科学历，29.7%的受访者为研究生学历，这说明接受调查的驾驶员的学历水平较高（如图 3.4）。

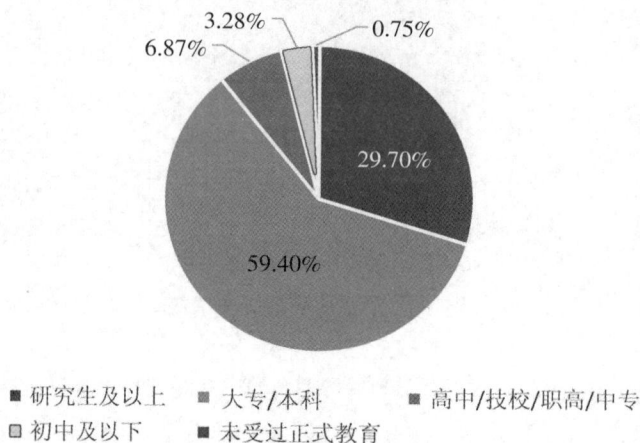

图 3.4　受访者学历分布情况

④驾驶人的驾龄。在 670 个样本中，驾龄低于 3 年和高于 10 年的驾驶员占总驾驶员数量的 60%以上，也即在接受调查的驾驶人中新手司机和有丰富驾驶经验的司机占多数（如图 3.5）。

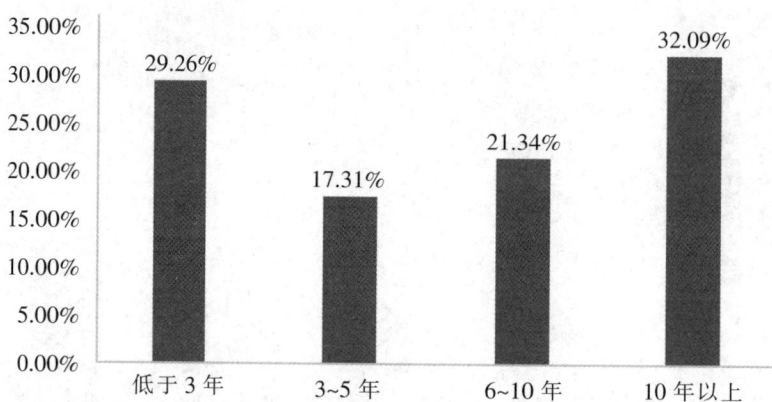

图 3.5　受访者驾龄分布情况

⑤购车时间和价格。在 670 个样本中，有 384 人的家庭用车已购买 5 年

以上，占总数的 57.31%；新车购置价格以 10 万~20 万元为主，占总数的 44.78%。

⑥投保的险种及金额。在 670 个样本中，有 298 名驾驶人每年花费 1000~3000 元投保车辆保险，214 名驾驶人每年花费 3000~5000 元投保车辆保险，共占总样本的 76.42%。从投保险种来看，96% 的驾驶人投保了交强险，90.9% 的驾驶人投保了第三者责任保险，72.39% 的驾驶人投保了车辆损失险，参与投保比例较高。

⑦投保渠道和保险公司。在 670 个样本中，47.46% 的驾驶人通过亲戚朋友购买保险，21.79% 的驾驶人在 4S 店投保，12.99% 的驾驶人通过电话进行投保，可以看出亲友推荐仍是目前主要的车险销售方式，除此之外 4S 店也是车险销售的重要渠道。

从投保的保险公司来看，在人保财险、平安、太平洋三大保险公司投保的驾驶人占总样本的 65%，三大财险公司仍占据着主要的市场份额。在保险公司的选择方面，有大约 60% 的驾驶人会考虑保费价格和理赔效率的因素；此外服务质量、保险公司的品牌口碑也是影响驾驶人选择保险公司的重要因素，分别占总样本的 47.01% 和 43.73%（如图 3.6）。

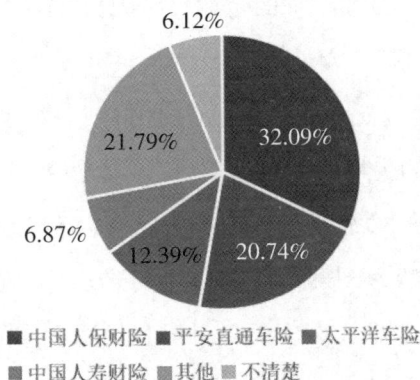

图 3.6　受访者投保的保险公司分布情况

⑧续保预期。在 670 个样本中，有 362 位驾驶人的续保预期缴费在

1000~3000 元,168 位驾驶人的续保预期在 3000~5000 元，各占总样本的 54.03%和 25.07%(如表 3.1)。

同时考虑受访者当前所缴纳的保费和未来续保愿意支付的保费额度，可以看出有大约 90%的受访者对续保保费的预期低于当前所缴纳的额度，并且有 20%左右的受访者有下调保费的期望，这说明 UBI 保险产品的价格优势可能会吸引潜在客户尝试投保。

表 3.1　受访者当前缴纳的保费与续保预期保费的关系

当前缴纳保费	续保预期保费					
	1000 元以下	1000~3000 元	3000~5000 元	5000~7000 元	7000 元以上	不清楚
1000 元以下	31	7	0	0	1	3
1000~3000 元	14	273	3	2	0	6
3000~5000 元	2	78	128	4	0	2
5000~8000 元	0	2	32	26	7	3
8000 元以上	1	2	5	8	24	6

⑨驾驶技术自评与索赔情况。在 670 个样本中,有 229 位驾驶人员认为自己的驾驶技术中等,占总数的 34.18%;有 241 位驾驶人员认为自己的驾驶技术较好,占总数的 35.97%。同时考虑性别因素,66.47%的男性认为自己的驾驶技术较好或非常好,而女性则只有 39.4%(如图 3.7)。

同时考虑索赔频率，三年无索赔的男性驾驶人占 54.71%，女性为 55.15%;两年无索赔的男性驾驶人占 19.12%,女性为 19.38%;一年无索赔的男性驾驶人占 12.35%,女性为 15.76%,由此可以看出在索赔频率方面女性略低于男性,而男性的驾驶技术自评明显高于女性,存在高估的情况。

基于驾驶人的索赔分布我们可以看出我们所调查的驾驶人的驾驶行为较好，如果能准确识别出此类低风险用户则可以利用较低的价格进行市场竞争。

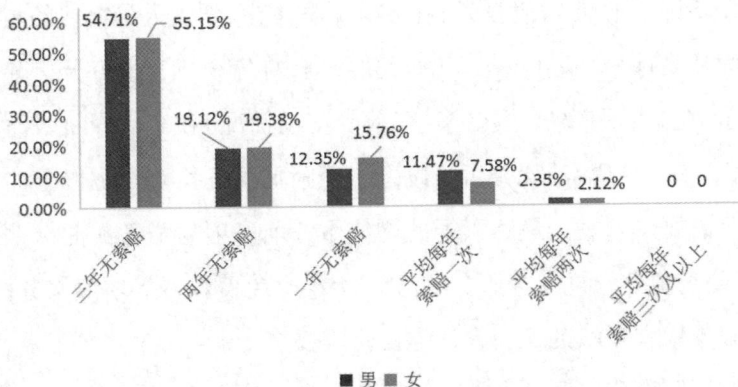

图 3.7　性别与索赔频率的关系

（2）受访者对 UBI 的了解程度与相关评价

①对目前车险的评价。在 670 个样本中,有 297 位驾驶人认为目前车险价格比较贵,有 52 位驾驶人认为非常贵,占比超过了一半,对现行车险保费的不满意说明 UBI 保险产品有一定的潜在需求。其中,有 497 位驾驶人认为目前按照车价评定保险金额的传统车险产品合理,但还不够全面。

②是否知道 UBI 保险产品。在 670 个样本中有 457 位驾驶人不知道 U-BI 保险产品,占总数的 68.21%,这说明未来推广 UBI 保险产品时还需加大宣传力度,帮助客户加深理解。

③对新型车险的态度。在 670 个样本中有 391 位驾驶人认为相比于传统车险,新型车险更有优势,占总数的 58.36%,这说明有很大一部分驾驶人对新型车险持积极态度,有利于发展 UBI 保险产品。

（3）受访者对 UBI 的接受程度

①是否愿意购买及原因。在 670 个样本中,有 496 位驾驶人表示愿意购买 UBI 保险产品,占总数的 74.03%,原因包括保单价格、理赔效率提高、有利于改善驾驶行为等方面。不愿意购买 UBI 保险产品的有 174 位驾驶人,不愿购买主要是出于担心隐私安全问题和对车险价格波动不关注两方面原因。

②需要哪些附加/增值服务。在 670 个样本中,驾驶人最需要的附加服务前三项为驾驶评分功能(记录车辆行驶数据,对驾驶行为进行分析和打分)、UGC 上报功能(可一键上报堵车、事故等交通情况)和车辆诊断服务(加速、超速警告、车体障碍、油耗分析),以上三项附加服务均有 60%以上的驾驶人认为自己需要。驾驶人最感兴趣的增值服务前三项为赠送加油卡、购物卡、充值卡、赠送免费常规保养服务、赠送 24 小时免费救援等增值服务,以上三项增值服务均有 40%的驾驶人认为自己需要。

③接受保险公司采集哪些个人信息。在 670 个样本中,驾驶人对保险公司收集自己的驾驶习惯和驾驶里程的接受度更高, 分别占 71.34% 和 65.52%;很少有驾驶人愿意保险公司收集自己的行驶轨迹,仅有 28.66%。这说明驾驶人对自己的行驶轨迹比较敏感,很难接受并信任第三方获取自己的相关信息。

④UBI 保险产品降低多少保费则愿意投保。若保费降低 20%, 则有 39.11%受访者愿意接受 UBI 保险产品;若能降低 30%,将有 68.51%的受访者愿意接受 UBI 保险产品,即驾驶人对车险价格的波动比较敏感,有价格优势的 UBI 保险产品能够吸引一部分消费者去尝试投保。

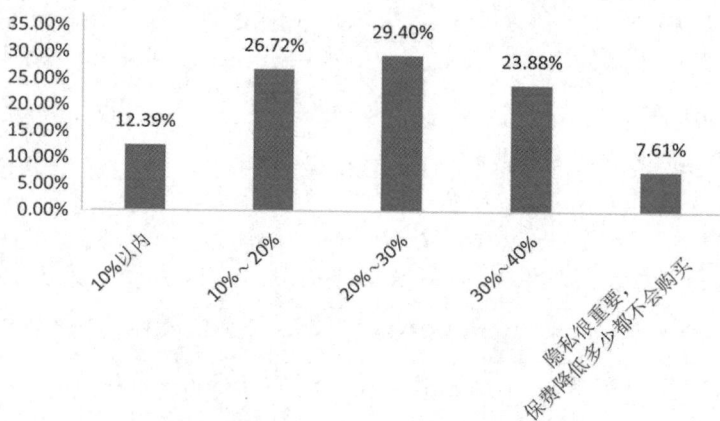

图 3.7 保费降低额度与投保 UBI 产品意愿的关系

⑤对汽车外接设备的态度。在 670 个样本中,有 180 位驾驶员能够接受安装汽车外接设备,但是其中 64 位驾驶员只愿意接受 100 元以下的安装成本,67 位驾驶员能够接受 100~300 元的安装成本;有 407 位驾驶员可以视具体功能决定是否接受安装汽车外接成本,但其中一半以上的驾驶员只能接受支付 300 元以下的安装费用。这说明,推广 UBI 保险产品所需要安装外接设备可以被大多数驾驶员所接受,但他们不愿为此负担过高的安装成本,想让消费者投入较多成本体验新型产品的难度比较大。

表 3.2　受访者对外接设备的接受程度和预期成本

接受程度	预期成本			
	100 元以下	100~300 元	300~500 元	500~1000 元
可以使用	64	67	21	11
看具体功能	126	129	49	9

(二)对营运车 UBI 保险接受程度的调查

1.调研问卷设计

本节以营运车司机/车队队长和私人司机为调查对象,与向私家车车主发放的调研问卷类似,本问卷分为四个部分,分别是受访者的个人信息、投保情况和对 UBI 车险产品的了解程度与相关评价及对 UBI 车险产品的接受程度,共 58 个问题。

(1)受访者的个人信息

该部分共有 27 个题目,分为①受访者基本信息:受访者的身份、性别、年龄、收入、学历、驾驶技术自评等;②受访者驾驶的营运车辆信息:车辆价格、车龄、车载硬件设备安装和使用情况等;③营运信息:车队规模、业务类型、业务范围、营运时间等。

①受访者基本信息:身份、性别、年龄、收入、学历等基本信息将构成受访者的基本画像,了解这些基本信息将帮助我们多维度分析受访者面临的风险程度及对 UBI 车险产品的态度。

受访者的身份包括车队的管理者、车队司机和个人司机,受访者的身份不同,所处的立场不同,了解到的营运信息类型和了解程度就不同,将不同身份的受访者分开有助于我们有针对性地了解不同群体对 UBI 车险产品的看法。

性别和年龄的差异会造成驾驶员行驶风险和规避风险的意识不同,进而影响到受访者对车险投保的态度和对 UBI 车险产品的接受程度;学历可能会影响到受访者对新产品接受意愿和理解的程度。尤其是对管理者来说,学历高的车队管理者更可能理解 UBI 技术带来的优惠以及对车队管理上的帮助;驾龄和驾驶技术自评在一定程度上能衡量驾驶员的驾驶技术和行车风险,但是驾龄高的驾驶员有可能高估自己的驾驶技术。

②受访者驾驶的车辆信息:营运车价格、车龄、常见事故类型、车载硬件设备安装和使用情况。

价格越高、车龄越短的营运车,营运车队为其购买保险的可能性越大,且价格高的营运车投保的保费金额也更高,在选择 UBI 车险得到保费折扣以后所能节省的费用就越多。尤其是对于车队来说,车队规模越大得到 UBI 折扣以后保费节省越多,UBI 产品的吸引力就越大。营运车车载硬件设备的安装和使用情况可以在一定程度上反应车队管理者对营运车安装硬件设备的态度,进而分析其接受 UBI 车险的潜在可能性。

③营运信息:车队规模、业务类型、经营区域、非车队自有车辆占比、驾驶员连续驾驶时间、夜间驾驶时间、每日总驾驶时间,通过对营运信息的调查能够刻画出车辆甚至车队的行车风险。规模大的车队管理水平可能比小规模的车队更高,更注重风险的规避,采取的风险防范措施也更加科学谨慎。业务类型、经营区域、驾驶时间的分布情况则会影响到营运车的经营风险和投保意愿。

(2)受访者驾驶车辆的投保情况

该部分共有 14 个题目,旨在了解所调查营运车辆的投保、理赔、续保情况,以此来分析营运车投保 UBI 车险产品的潜在可能性。该部分的调查内容包括车辆已经投保的险种、保费金额、投保渠道、投保公司、保险金额、理赔情况、索赔次数、影响投保选择的因素、预期续保预算等。

对营运车所购买的车险险种、购车途径、投保的保险公司进行调查,可以了解到该车队最习惯的投保途径, 对未来 UBI 保险产品的销售渠道做准备。针对续保预期、影响投保选择因素的调查,有助于了解驾驶人接受 UBI 产品的可能性和需求情况。

(3)受访者对 UBI 车险产品的了解程度与相关评价

该部分共 5 个题目,旨在了解驾驶人或车队管理者对 UBI 保险产品的了解程度和相关评价,以此来分析驾驶人或车队管理者对 UBI 保险产品的了解和评价对投保 UBI 保险产品的影响。包括对目前车险价格的评价、驾驶人员认为目前保险金额设定是否合理、车联网对驾驶人的影响、是否听说过UBI 保险产品、对新型车险发展预期的判断。

对目前车险价格不满意、认为当前传统车险保险金额设定不合理的驾驶人,更容易接受投保新型车险产品。尤其是对于营运车队而言,需要投保的车辆较多,对车险产品的选择会更加谨慎;对车联网作用和影响力评价越高的驾驶人对于新型的 UBI 保险产品的接受程度就越高, 对 UBI 车险产品会存在一定的需求; 目前已经知道 UBI 保险产品并且认为新型的 UBI 车险会比传统车险更有优势的驾驶人更有可能会最先尝试投保 UBI 保险产品。

(4)受访者对 UBI 车险产品的接受程度

该部分共 12 个题目,包括驾驶员是否愿意购买 UBI 车险产品及愿意或不愿购买的原因、驾驶人需要哪些附加服务和增值服务、允许被保险公司采集的信息种类、期望得到的保费折扣、对车载外接设备的态度及为此愿意负担的成本、对于提高驾驶安全性和提醒疲劳驾驶的硬件设备的态度等。

隐私信息的安全问题是影响 UBI 车险产品消费者需求的关键。对于营运车来说,车辆驾驶路线、驾驶时间、驾驶区域不仅涉及个人隐私,同时会涉及车队的商业信息和车队客户的隐私，因此营运车可能会更加在意信息安全，防止驾驶数据的泄露。

了解营运车允许被保险公司采集的信息种类、能否接受汽车外接设备、愿意接受的外接设备，可以调查驾驶人是否愿意向保险公司提供自己的隐私数据，以及驾驶人是否愿意付费安装外接设备并愿意为此花费的成本；因为保险公司提供附加的增值服务是以收集驾驶人驾驶行为、行驶里程等隐私数据为前提的，所以调查附加增值服务对驾驶人的吸引力，可以分析出驾驶人或车队管理者能否为了得到增值服务而放弃一定程度的营运车隐私；调查营运车期望得到的保费折扣可以了解到当 UBI 车险保费折扣达到多少才能吸引营运车投保 UBI 车险产品，同时允许保险公司采集相关的驾驶数据。

2.描述性统计

（1）受访者的个人信息

①驾驶人的身份与性别。在 170 个样本中，有 117 位受访者为个人司机，30 位受访者为车队司机，23 位受访者为车队管理者（如图 3.8）。性别方面，在 170 个样本中 70.59% 的受访者为男性，29.41% 的受访者为女性。

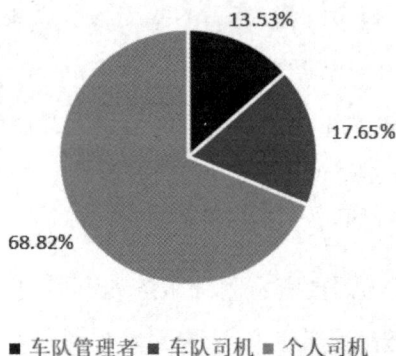

图 3.8　对营运车调查的受访者身份类型

②驾驶人的年龄与驾龄。年龄方面，15 位驾驶人的年龄在 18~25 岁，占全部样本的 8.82%；43 位驾驶人的年龄在 26~35 岁，占全部样本的 25.29%；

52 位驾驶人的年龄在 36~45 岁，占全部样本的 30.59%；57 位驾驶人的年龄
在 46~55 岁，占全部样本的 33.53%；55 岁以上的驾驶人有 3 位，占全部样本
的 1.76%。从受访驾驶人的性别和年龄层次分布中可以看出，中年驾驶员是
主要的受访者。

驾龄方面，40% 的受访者拥有 10 年以上的驾龄，29.41% 的受访者拥有
6~10 年的驾龄。由此可见，营运车的驾驶人拥有相对充足的驾驶经验，熟练
的驾驶技术有利于降低风险，从而得到更多的 UBI 保费折扣。保费折扣优惠
力度越大越有利于吸引营运车尝试投保 UBI 车险（如图 3.9）。

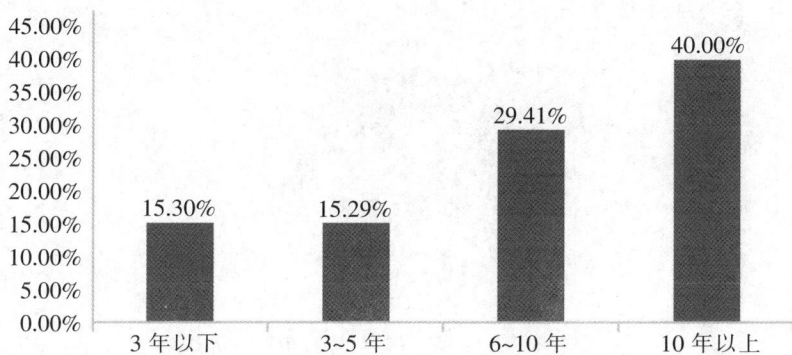

图 3.9　对营运车调查的受访者驾龄分布情况

③ 受访者的收入情况。从受访者的收入来看，车队司机的月平均收入集
中在 5000 元以下和 5000~10000 元，月收入在 10000 元以上的司机较少，只
占 4.35%。53.33% 的车队管理者的收入在 5000 元以下，但收入在 10000~
15000 元的车队管理者占到总数的 20%。个体司机的人数是所有受访者中占
比最多的，个体司机的收入分布也比较分散，月收入 5000 元以下的个体司
机有 48 人，占总数的 41.03%；月收入 5000~10000 元的个体司机有 31 人，占
总数的 26.5%；月收入 20000 元以上的个体司机有 19 人，占总数的 16.24%。
这说明个体运营的月收入差异较大，甚至存在过去三个月收入为 0 的情况，
而收入不同的群体对 UBI 车险的接受程度可能不同（表 3.3）。

表 3.3 不同类型受访者的收入情况

受访者类型	收入情况					
	5000 元以下	5000~10000 元	10000~15000 元	15000~20000 元	20000 元以上	无收入
车队管理人	16(53.34%)	7(23.33%)	6(20%)	1(3.33%)	0	0
车队司机	14(60.87%)	8(34.78%)	0	0	1(4.35%)	0
个人司机	48(41.03%)	31(26.5%)	10(8.54%)	5(4.27%)	19(16.24%)	4(3.42%)

④受访者的学历分布。在 170 个营运车调查样本中,超过 60% 的受访者取得了大专以上的学历,其中 12.94% 的受访者为研究生学历,这说明接受调查的营运车驾驶员学历较高(图 3.10)。

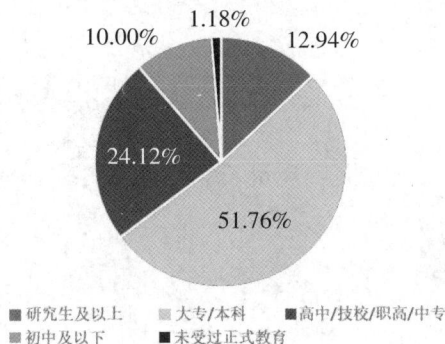

图 3.10 对营运车调查的受访者学历分布

⑤常见的事故类型与驾驶人态度。在对车队管理人和车队司机调查的 53 个样本中,根据受访者的经验,最常见的车辆事故是视野盲区碰撞事故和前车、障碍物碰撞,分别占 62.26% 和 33.96%。安装车载外接设备,利用车联网大数据,车队可以实时检测车辆状态和行车区域风险情况,做出安全预警,提高车队行车和经营运输的安全性,减少公司损失。由此,为了提高车队的管理水平,车队管理者很可能愿意尝试 UBI 车险产品。

在对个人司机调查的 117 个样本中,根据受访者的经验,最常见的事故类型同样是视野盲区碰撞事故和前车、障碍物碰撞,分别占 72.65% 和 48.72%。这表明对于运营车辆来说,无论是个体经营还是车队经营,常见的事故是一致的,投保 UBI 车险产品都有利于减少事故的发生率。

对于 170 位受访者来说，在日常运营时重点关注的是减少事故的发生和故障的维修两个方面，所以 UBI 车险产品能够帮助提高运营的安全性，有助于及时对故障车辆救援等特点有助于吸引投保人投保。

⑥外接设备的使用情况。在 170 个受访者当中，有 80% 的受访者使用了导航设备，有 68.8% 的受访者使用了违规提醒设备，这说明大多数的营运车驾驶人或管理者可以接受车载外接设备的安装和使用，这对于推广 UBI 车险产品来说至关重要。

（2）受访者驾驶车辆的投保情况

①目前购买的车险险种及保费金额。在 170 个样本中，90% 以上购买了交强险和第三者责任险，70% 以上购买了车辆损失险和车上人员责任险，年平均保费在 10000 元以下。可以看出，营运车辆对车险的需求比较旺盛，UBI 产品拥有一定的潜在市场。

②购买车险的途径。对于车队来说，最普遍的购买车险的途径是业务员/车队统一购买和在保险公司门店购买，分别占样本的 56.6% 和 37.73%；对于个体司机来说，最常见购买车险的途径是通过业务员购买或者在 4S 店直接投保。由此可见，业务员、4S 店和保险公司门店也可能成为向营运车推广和销售 UBI 保险产品的重要渠道。

③保险公司的选择和影响因素。保险公司的选择方面，无论是车队还是个人司机都偏好选择人保财险、平安财险和太平洋财险，选择这三家大型财产险公司占总数的 70% 以上，这说明大型保险公司在车险市场份额上仍然占据着主要地位，在推广 UBI 车险产品方面拥有绝对优势。

影响受访者选择保险公司的主要因素排在前三位的是理赔效率、保费价格和公司实力，这表明消费者最关注的还是价格因素以及出险后是否能够高效准确理赔。UBI 车险产品有利于提高理赔的准确性和理赔的效率，又能根据车辆风险大小提供保费折扣，有利于吸引客户投保。

（3）受访者对 UBI 车险产品的了解程度与相关评价

①对目前车险的保费和保额的态度。车险价格方面，一半以上的受访者认为目前的车险价格非常贵或者比较贵；保险金额评定方面，70%以上的受访者认为目前按照车价来评定保险金额不合理或者不全面。由于对现行车险产品的价格和保额评定方式的不认可，这一部分消费者有可能率先尝试选择 UBI 车险产品。

②是否知道 UBI 车险产品以及对新型车险的态度。64%的受访者不知道 UBI 车险产品，但是有一半以上的受访者认为相对于传统车险来说，新型车险更加具有优势，出于保险价格、理赔效率的因素，他们可能会考虑购买新型车险。对于不知道 UBI 车险产品但是更看好新型车险的受访者来说，他们接受 UBI 车险产品的可能性更高。

（4）受访者对 UBI 车险产品的接受程度

①购买 UBI 车险的意愿。在 170 位受访者中，有 120 位受访者表示愿意购买 UBI 车险产品，占总数的 70.59%，愿意购买 UBI 车险产品的理由包括保单价格便宜、理赔和续保高效等。另外有 50 位受访者表示不愿意购买 UBI 车险产品，他们担心最多的问题是隐私信息安全问题，占 46.47%。

②受访者允许被收集的信息类型。在 170 位受访者中，驾驶习惯数据的采集最能被受访者接受，占比为 62.94%（如图 3.11），而驾驶人最不愿意被保险公司采集到的数据类型是行车轨迹，这是因为行车轨迹会直接暴露运营车的全部行程，这不仅涉及个人隐私还涉及商业信息，一旦泄露会给公司和客户造成损失。

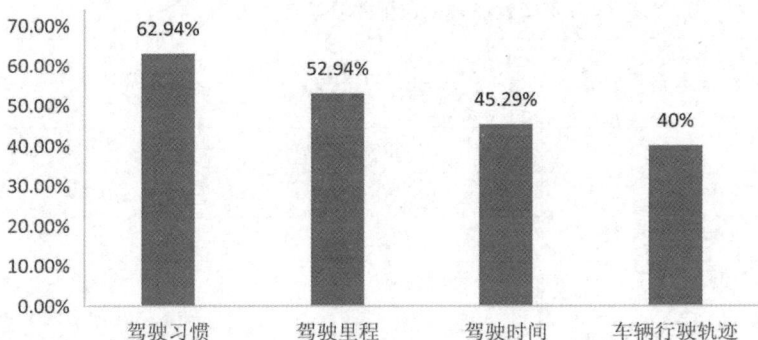

图 3.11　受访者愿意被采集的信息类型

　　③受访者对外接设备的态度。在 170 位受访者中,只有 14% 的人认为不需要外接设备,其余 86% 的受访者认为可以使用外接设备,或者视具体的功能选择外接设备。例如,若保险公司愿意免费提供能够提高驾驶安全性和提醒疲劳驾驶的设备,那么 89.41% 的受访者表示愿意配合安装。但是如果需要为外接设备的安装支付费用,60% 的受访者表示不能接受或者只能接受 100 元以下的外接设备费用支出。由此可见,在不需要负担太多成本的前提下,如果外接设备能够提高驾驶安全则大多数营运车驾驶人都愿意考虑安装。

　　在选择外接设备接口方面,OBD 接口被 56% 的受访者所选择,因此推广 UBI 车险产品时可以考虑其相关因素。

　　④驾驶技术自评与投保意愿的交叉分析。对于驾驶技术自评等级不同的受访者来说,他们对 UBI 车险产品的态度也不同。整体来看,愿意接受 U-BI 车险产品的受访者占多数, 驾驶技术自评较好的受访者愿意投保的比例更大。原因可能是对自己驾驶技术自信的受访者认为自己能得到更多的保费优惠,所以更愿意投保(如表 3.4)。

表 3.4 不同驾驶技术自评的受访者对 UBI 的态度

驾驶技术自评	对 UBI 的态度	
	愿意	不愿意
较差	9(60%)	6(40%)
中等	35(70%)	15(30%)
较好	55(73.33%)	20(26.67%)
非常好	21(70%)	9(30%)

（三）主要结论

1.UBI 保险产品有广阔的市场前景

通过前文分析可知 UBI 保险产品有一定的潜在需求。一方面,大部分驾驶人明确表示愿意购买 UBI 保险产品,并且允许保险公司收集自己的部分驾驶信息。即使对隐私安全方面有所担忧,但随着整个产品体系的建设和监管的完善,也能在一定程度上减少消费者的忧虑。另一方面,实际的保费优惠与折扣对投保人有很大的吸引力,能减少实际的保费支出。如果能在现行保费基础上下调 30% 的费用,消费者很愿意尝试投保 UBI 保险。而传统车险也会以赠送油卡等方式给投保人一定优惠, 所以 30% 的费率下调也有现实的可操作性。此外,一半以上的驾驶人认为新型车险比传统车险更有优势,这些看好新型保险的驾驶人都是 UBI 保险产品的潜在客户群体。

2.高学历的驾驶人可能成为 UBI 保险产品的主要客户

一般来说, 学历越高对新鲜事物的接受程度和理解能力也就越高。如图,随着学历的上升,愿意购买 UBI 保险产品的驾驶人占比越高。由于保险条款的晦涩难懂,又涉及互联网相关知识,在 UBI 保险产品推广初期,高学历者对相关知识的理解可能更容易(图 3.11)。同时,关于隐私信息的保护也是早期推广 UBI 保险产品的主要障碍之一, 高学历者更有可能理性看待此类产品设计,了解相关监管政策,安全有效保护自己的驾驶隐私,减少隐私泄露的可能性和对相关问题的担忧。

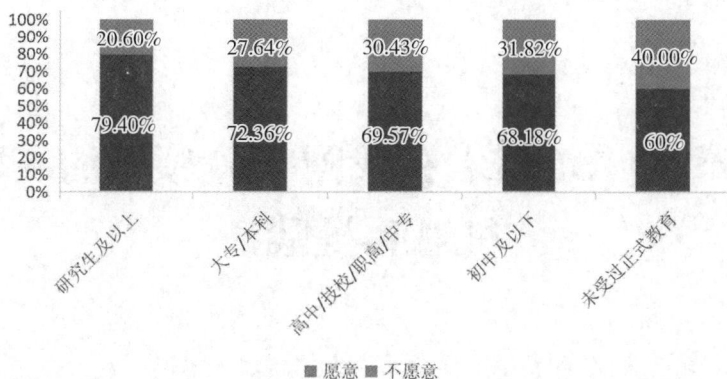

图 3.11　学历与投保 UBI 保险意愿的关系

3. 营运车对 UBI 车险的需求更大

从对营运车司机和车队管理者的调查来看，营运车 UBI 车险的市场潜力较大。营运车最常见的事故类型是视野盲区碰撞事故和前车碰撞（撞人、车、障碍物），而 UBI 技术通过大数据、人工智能的手段可以检测营运车的驾驶习惯和驾驶行为，为驾驶人提供风险预警，提高驾驶的安全性。相对于私家车来说，营运车的驾驶风险更高、事故多发，一旦发生事故除了人车损失还可能面对营运收益损失。调查发现，72.35% 的营运车受访者在日常工作运营中最关注的是不发生事故，81.76% 的营运车受访者认为车联网最大的作用就是能够提高保障。因此，增强驾驶安全的特点对营运车来说更具吸引力，可能会为 UBI 车险带来需求。

第四章 UBI 技术在我国车险领域的实践、机遇和挑战

一、国内 UBI 技术在车险领域的实践

UBI 车险的发展,离不开其中每一个环节的相应技术力量支持。本文接下来将对 UBI 技术中最具代表性的 OBD 技术、大数据分析和移动终端 APP 技术力量在国内车险领域的发展实践情况进行介绍与分析。

(一)OBD 技术在车险领域的实践

OBD 即为"车载诊断系统",是一种为汽车故障诊断而延伸出来的检测系统,一般位于车辆仪表盘下方。由于 OBD 接口在非车辆维修时间一般保持空闲状态,所以可以作为汽车动态数据的采集接口。OBD 产品最早起源于 1988 年的美国,截至目前已经历了三代更新。当前的第三代 OBD 系统能够读取车辆的发动机、变速箱等故障码和相关数据,并自动传输到管理部门。作为 UBI 保险的应用设备,OBD 终端能够采集汽车与驾驶数据并用于后续分析:从"车"方面,可以动态地分析汽车状况与安全系数;从"人"方面,可以动态地分析驾驶员的驾驶习惯与驾驶风险。数据收集完毕后,OBD 终端能够将这些信息上传到车联网的管理平台中,从而指导经营 UBI 车险的保险公司进行产品费率厘定。

作为车联网系统中的物理模块组成部分,OBD 终端主要为后装系统,安装和卸载都较为方便,所收集数据各项水平较为均衡。从 OBD 产品的功能与硬件特点上来看,美国 OBD 产品的功能主要包括 GPS 跟踪、实时提醒和

车辆诊断等内容；硬件方面则具有兼容性强、稳定性高和功耗值低等特点。国内生产的 OBD 产品和美国产品相比，在功能和硬件特征上都不存在显著差距，但是在产品推广与市场销售情况方面却有着较大差别。如中兴物联提供的 OBD 产品，在国内难以打开销售市场，但是 2016 年底在全美超过 4000 家门店、网络销售及电话推销渠道上线售卖后，2017 年的全年销售量达到将近 100 万台。OBD 产品在国内外市场销售情况之间的差距，主要是由于国内外之间 OBD 产品的相对销售价格差异所导致的。

以中兴物联提供的 OBD 产品为例，该产品在美国的标准售价为 180 美金，但由于运营商的补贴力度非常大，因此消费者最后可以享受到 48 美金的折后价。而国内该 OBD 产品在中国移动的标准售价为 408 元，并不存在额外的补贴。因此，以两国居民的消费水平作为比较标准，可以看出该 OBD 产品在国内的相对价格要更高，所以在国内市场推广方面也面临着相比美国市场更大的难度。

OBD 产品在车险领域的应用也面临着高价带来的成本问题。目前家用车商业险单均保费约为 3000 元，加上交强险后家用车车均保费约为 3700 元。而市面上在售的 OBD 设备则根据功能的多样性差异，价格从 80 元到数百元不等，其安装成本占保费的比重约为二到十几个百分点之间，这对车险承保利润率极低的保险公司来说，是一笔较大的投入成本。此外，目前市场上所运用的 OBD 设备往往无法互相通用，因此一旦投保人拒绝续保，就会造成 OBD 设备的浪费，从而加大保险公司的运营成本。虽然当前 OBD 设备相对较高的成本为 UBI 车险的推动带来了一定的阻力，但是未来随着 OBD 产品生产数量的逐步提升，销售价格的逐步降低和行业通用标准的出台，以 OBD 设备作为数据采集终端的 UBI 车险在国内仍有可能获得较为广阔的发展前景。

（二）大数据分析技术与用户画像构建

大数据具有海量性（Volume）、快速变动（Variety）、多样化（Velocity）、信息价值(Value)和真实性(Veracity)五大特征。大数据技术是指新一代对大量各样式的数据进行高速捕获、提取、分析和处理后得到数据规律,从而获取额外价值的技术。UBI 终端需要收集驾驶员每天的驾驶行为、驾驶习惯等海量数据。UBI 车险经营公司可以通过大量信息的收集、处理及建模分析,精准构建用户画像,从而实现 UBI 车险产品的合理定价,并做到在承保端精准获取客户信息、在理赔端快速理赔、在服务端提供优质服务,极大提升在车险行业中的竞争力。

用户画像(persona)这一概念由美国交互设计之父 Alan Cooper 首次提出。构建用户画像,需要首先对用户的历史行为数据进行采集、整理与归类,在形成用户的个性化标签数据后,利用自然语言处理、机器学习、聚类分析等技术将业务广泛且复杂多变的多维度用户标签融合为一体,再对其重要特征进行分析、理解和可视化,从而更精确地推断出用户的真实需求及未来行为趋势。

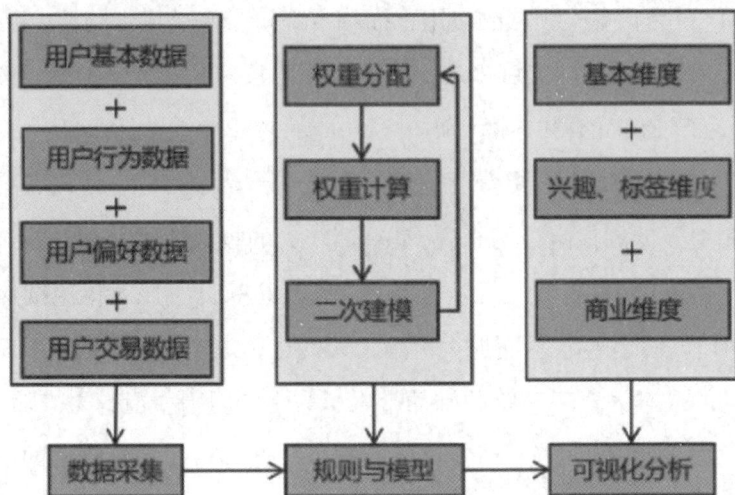

图 4.1　用户画像构建的一般流程

资料来源:《基于大数据的用户画像构建及用户体验优化策略》

近年来,用户画像构建在 UBI 车险领域也逐渐受到关注和应用。保险公司可以基于用户特质、注意力等驾驶数据,能耗分析、用车频度等汽车数据,以及活动区域、常驻地址等实时位置数据的深度分析,构建多维度用户画像模型,洞察用户需求,从而实现"一人一车一费"的最终效果。

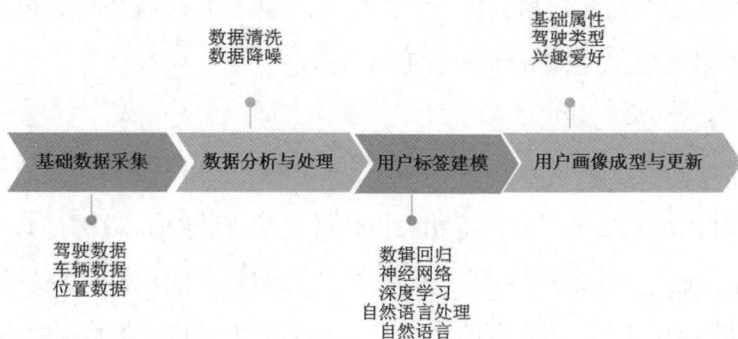

图 4.2　UBI 车险用户画像数据积累与分析

目前我国保险行业在数据收集、数据存储、数据分析、数据展现等环节已经拥有较为成熟的技术与相关人才,并产生了一些专业化的保险科技公司。这类公司提供大数据处理风控平台,具备完善的数据处理能力,从数据源头着手为保险公司提供精细化、专业化的车辆风险评估。面对海量数据,这类公司只负责处理数据而不应用甚至接触敏感信息,对外也只在具有授权的情况下输出数据处理结果,其数据处理模式包括了在数据源处部署模型、通过数据应用云端进行数据交换、数据传输过程全脱敏等一系列方式,充分保证了数据的安全性。这一模式为 UBI 技术落地的大数据处理提供了高效渠道。

在具体实践中,车联网公司利用 OBD 设备收集客户的驾驶行为数据,通过所收集的数据来分析评价不同车主的驾驶行为。之后,车联网公司将收集到的有关客户驾驶信息经处理后提供给保险公司,保险公司以此作为定价依据,从而使驾驶习惯更好的客户缴纳更低的保费。保险公司也可以借助互联网或车联网科技公司的技术力量开发大数据平台,例如阿里云曾基于自主研发的大数据平台帮助阳光保险集团建设阳光保险专有的云端大数据分析平台,全面整合了阳光保险集团多主体的业务数据,为后续商业智能分析工作的开展建立了坚实的基础。近年间陆续上市的车宝、上汽保险"优驾保"、中交兴路"优驾保"等多款 UBI 车险产品，均采取了这种车联网公司提供数据采集服务与大数据分析技术，保险公司再与车联网公司进行合作，并使用其提供的数据进行精算定价的运营模式。

（三）移动终端 APP 技术

智能手机作为独立的设备可以连接汽车系统交换车辆的大量信息，能够安装在 GPS、加速器和回转仪等相关传感器上，具有强大的数据存储功能；能够将信息传送至云端进行信息交流，不需要安装设备或是利用其他设备与保险公司进行数据连接。对于保险公司而言，通过智能手机采集数据的硬件成本较低。目前手机方案已成为 UBI 车险驾驶数据采集的主要渠道之一。

欧美国家早期进入市场的大型保险公司，均已在 2015 至 2016 年间从 OBD 硬件方案过渡至手机方案，同时自 2015 年以后，新进入 UBI 市场的公司也大部分采用的是基于手机的方案。美国市场中，如美国前进保险公司快照产品的 Snapshot Mobile APP，其不仅会收集用户驾驶时使用手机状况的信息（如通话、短信、APP 操作等），同时还会提供仪表盘信息（Dashboard）、驾驶细节（Trip Detail）、行程记录（Trip Log）、驾驶提示（Driving Tips）等功能，通过向客户提供安全驾驶教育，帮助客户获得更大优惠；美国州立农业保险公司安全驾驶产品的 Drive Safe & Save Mobile APP 有很强的教育属性，提供了随时间推移的驾驶习惯改变分析，通过与周围人群的驾驶数据比较来推动驾驶员的行为改进。欧洲市场中，法国安盛公司推出的可以与 Apple Watch 连接的 Drive Coach App 可以为所有驾驶员提供移动程序、跟踪驾驶参数，如驾驶速度、加速和急刹等，帮助他们分析和改善驾驶行为；德国安联集团推出的 Ingenium Dynamics APP 旨在通过识别、管理和降低风险来改善驾驶员行为，为驾驶员提供驾驶行为的洞察数据。

目前国内排名前 10 的保险公司中，已有至少 4 家采用了手机 UBI 方案，使用 APP 采集驾驶行为数据，这些采用了 UBI 方案的保险公司保费占市场总份额的 62%。比如人保股份的"中国人保、人保伴我行"APP 可以提供行程记录分析，通过安全驾驶赚取积分，分数可在积分商城换取各类车主权益；平安财险的"平安好车主"APP 可以提供行程概况、驾驶信用分数、改善分数指导，同时分数达到一定数值可换取各类车主权益；国寿财险的"国寿 i 车"APP 可以记录行程及驾驶行为，计算智驾指数，评估安全等级，提供行程记录分析，赚取安全驾驶积分，积分可在车主商城兑换；阳光财险的"阳光车·生活"APP 可以显示阳光指数，评估安全等级，提供行程记录分析，赚取安全驾驶收益。

图 4.3　"人保伴我行"APP

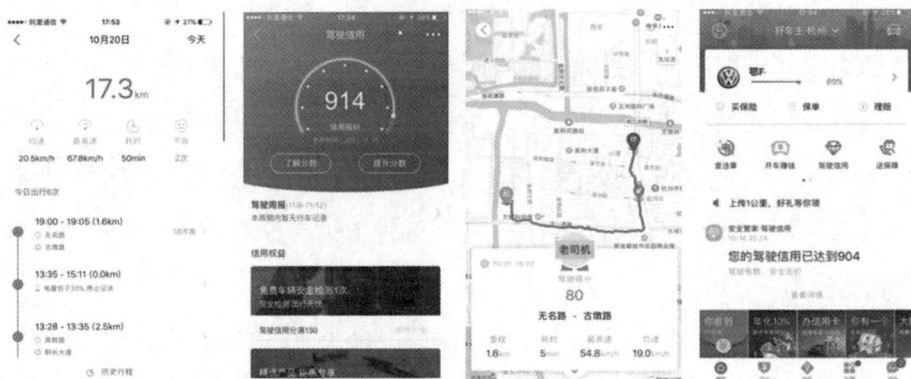

图 4.4　"平安好车主"APP

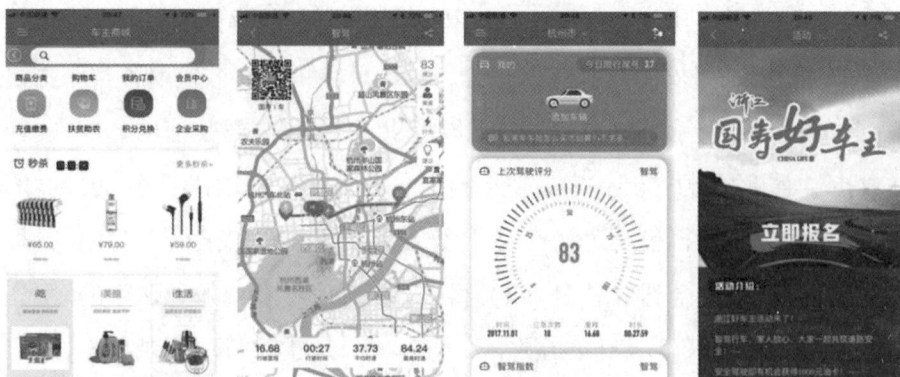

图 4.5 "国寿 i 车"APP

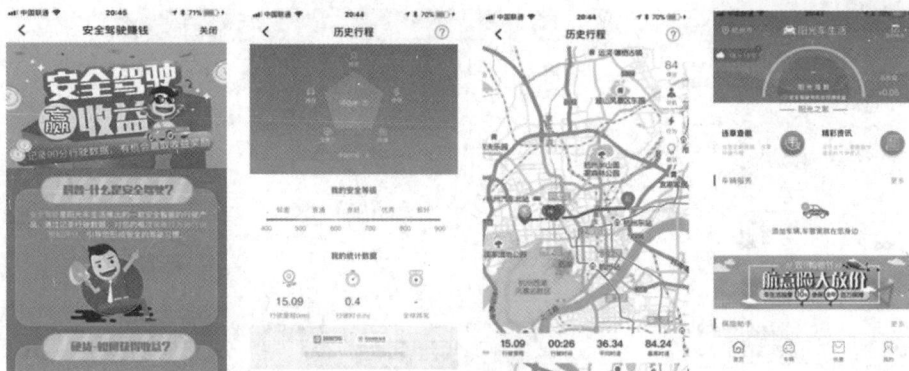

图 4.6 "阳光车·生活"APP

国内移动终端方案过去并未得到广泛应用,这主要是因为其载体智能手机存在以下缺陷:第一,大量消耗手机电池电量和手机网络流量;第二,存在大量数据冗余,难以识别有效驾驶行程;第三,智能手机仅能通过 GPS、重力陀螺仪以及加速仪间接采集到基本的加减速、转弯、水平位置变化、坐标位移等数据,不能作为全面的定价依据,驾驶数据与保费的弱相关性也只能给用户带来不具备吸引力的普通折扣。国内几大主流的移动终端 APP 在实践中所体现的共同特点为:①以提供行程记录为主,进行行程分析;②累积信用积分,评估安全等级;③通过累积的积分换取收益或商品。相比与国外较为成熟的移动终端 APP 技术,目前国内与 UBI 车险相关的移动终端 APP 技术体现的劣势主要包括:①以记录驾驶行程为主,聚焦于传统因子分析,缺少对以"人"为因素的驾驶行为的记录和分析,无法全面系统地收集有关急加速、急减速、急转弯、接听手机等驾驶因子的信息;②教育属性不明显,无法提供随时间推移的驾驶习惯改变的分析,也不能通过与周围人群的驾驶数据比较推进驾驶行为的改进,以提升驾驶人员的安全意识。同时目前国内的移动终端 APP 技术同样面临着几项关键技术的攻破问题,包括如何自动判别行程起始,如何解决电池耗能问题,如何提高判别交通工具的精准性,如何提高驾驶员和乘客的辨识率,以及如何跨越到第三代 UBI 保险计划即通过智能手机的传感器和移动互联网数据提供实时的风险画像,这些问题仍需进一步进行研究。

移动终端 APP 技术在未来的实践中还可以具有更强大和广泛的应用,诸如风险评估工具、新的客户关系工具、销售和市场营销工具、理赔管理工具等;也可以成为最有效的探测驾驶员是否分心(手机使用情况)并且给出解决方案的工具。在车险的某些高风险业务领域,如小型车队、共享汽车、网约车和摩托车的业务,将会随着保险成为其核心 APP 的一个模块而发生根本性的转变。

二、国内 UBI 技术应用于车险领域的机遇

2018 年对于我国车险行业是一个转折点。根据安永发布的《2018—2019 保险业风险管理白皮书》中的数据显示,截至 2018 年 12 月全国共有 67 家保险总公司、992 家省级保险分公司接入车险平台开展业务。从市场表现来看,车险让出了财险业承保利润率的头把交椅,2018 年车险仅实现 10.53 亿元承保利润,同比大幅减少 63.36 亿元,下降幅度高达 85.75%,承保利润率仅为 0.14%,不及保证保险和农业保险。同时,车险行业综合成本率居高不下,综合费用率以 43.2% 再创新高,全行业接近亏损,车险利润率跌至 0.1%,仅少数公司实现车险业务盈利。在此背景下,UBI 技术的强势加入对于车险领域无疑是雪中送炭,从技术研发到产品创新都将为传统车险业带来新的增长点。而影响 UBI 技术应用与推广的核心因素大概分为政策变化、底层技术发展、市场主体三大方面。

（一）政策变化

1.深化商业车险条款费率管理制度改革

我国 UBI 产品推出最大的障碍是车险费率的制定方式，即市场没有自主定价权。2015 年 2 月，商车费改的启动为这个困境打开了新局面——原保监会印发了《关于深化商业车险条款费率管理制度改革的意见》，明确提出了鼓励和引导财产保险公司为保险消费者提供多样化、个性化、差异化的商业车险和服务；要求积极稳妥地推进商业车险条款费率管理制度改革，逐步扩大财产保险公司商业车险费率厘定自主权，最终形成高度市场化的费率形成机制。而后更进一步，以《深化商业车险条款费率管理制度改革试点工作方案》为行动指南，开始推行试点改革。可以说商业车险费率市场化之后，保险公司将拥有商业车险费率拟定自主权，而差异化定价的基础则可以是消费者驾驶行为、违规记录、车辆零配件价格、维修成本等一系列因子，与之相对应的保险形式，UBI 将会是首选的创新型产品。

截止 2019 年 12 月，经过几轮商车费改，在政策大背景支撑下的 UBI 车险取得了一定的创新与发展，目前已经有部分产品得到了初步审批。2018 年 8 月，由中国保险行业协会组织的行业创新产品评审会议上，多款创新型产品已经获得初步审批，其中包括几款 UBI 产品，例如中国大地保险申报的"机动车综合商业保险附加 ADAS 特别条款"，是我国首个主动风险管理型的 UBI 产品。

此外，相关主管部门的监管态度也具有指向标的意义。以美国市场为例，虽然是 UBI 产品创新推广的起始地，但 UBI 产品渗透率却并非排名前列，很大程度是受制于各州监管体系的差异（直到 2015 年美国全部 50 个州的监管部门才都许可了 UBI 车险），使得美国 UBI 车险发展进程丧失先发优势。而在 UBI 渗透率最高的意大利，监管部门从一开始就对 UBI 车险创新持开放态度，其鼓励支持的态度促使市场主体大胆尝试、勇于创新，在全球范围内具有示范意义。

目前我国监管部门对 UBI 衍生产品的态度及制度设计也开始有了新气象。2020 年 9 月 2 日，银保监会印发《关于实施车险综合改革指导意见的通知》，明确提出："支持行业制定新能源车险、驾乘人员意外险、机动车延长保修险示范条款，探索在新能源汽车和具备条件的传统汽车中开发机动车里程保险（UBI）等创新产品。"《通知》强调，"要加大车险供给侧结构性改革力度，健全以市场为导向、以风险为基础的车险条款费率形成机制。优化条款责任，理顺价格成本结构，科学厘定基准费率，引导市场费率更加合理，促进各险种各车型各区域车险价格与风险更加匹配。"市场监管部门以文件形式表明对 UBI 车险产品的支持，释放了对这类创新产品持乐观态度的积极信号。

2.交通运输部关于货物运输管理的相关政策

党的十九大作出建设交通强国的战略部署，相继出台《数字交通发展规划纲要》《网络平台道路货物运输经营管理暂行办法》《交通强国建设纲要》等管理措施，从国家层面对交通运输行业的发展作出了顶层设计和系统谋划，为货运行业的发展指明了方向。而承担货物运输任务的大货车，正是 UBI 技术运用于车险的突破口与试行车型。

下一步交通运输部还将指导各地加快网络货运监测系统建设，进一步规范新业态运营行为。同时，继续发挥全国道路货运车辆公共监管与服务平台在强化安全监管、促进降本增效、关爱货车司机等方面的积极作用，充分利用互联网手段助推货运物流行业向高质量发展转型升级。这一系列关于交通运输行业的管理规范体系建设，都对货车相关的保险产品提出了更高的要求、更严的标准，一定程度上刺激了 UBI 技术应用的展开，也对设计更灵活的运输车辆车险产品提出了需求。

2018 年中交兴路与中国保信联合发布的首个面向保险行业风险管理应用的重载货车车联网风险评测模型，就是在此背景下为营运货车相关保险提供精准定价的解决方案。通过将保前风险识别、保中风险管理、保后理赔支持三个关键环节形成闭环,不但可以量化风险,还能识别出车辆的具体风险点,包括超速、疲劳驾驶、路口急转弯等,为营运货车相关保险赋能,形成科学、多维、准确、高效的车辆风险管控服务体系。

3.保险行业协会关于机动车保险车联网数据采集的规范

2019 年 3 月,中国保险行业协会发布《机动车保险车联网数据采集规范》,规范了机动车保险经营管理过程中车联网数据采集、交换、共享、分析等活动中所涉及的主要术语,以及车联网基础数据采集的定义、范围、类型、频率、精度等方面的内容,同时首次规定了数据有效性、合理性、真实性的校验规则,填补了车联网数据在车险经营管理使用时真实性校验的空白。

在此之前,由于行业没有一个详细的数据使用和数据采集维度的规范,数据的定义、内容、格式存在较大差异,严重制约了车险行业对车联网数据的应用。新规范出台后,为车联网数据在汽车、保险两个行业之间的交互提供了基础,有利于各方统一认识,建立对话机制,促进车联网数据在保险行业的应用;而监管部门也明确今后积极组织标准的宣传,大力推动标准落地实施,并积极跟踪跟进标准实施情况。

4.银保监会关于推动保险业高质量发展的指导意见

2020 年 1 月 3 日,中国银行保险监督管理委员会发布《关于推动银行业和保险业高质量发展的指导意见》(银保监发〔2019〕52 号),该指导意见对推动保险业高质量发展提出明确目标,对形成多层次、广覆盖、有差异的银行保险机构体系,完善服务实体经济和人民群众生活需要的金融产品体系具有促进作用。意见提出优化产品供给、深化市场化改革、保障保险业在新周期中实现量的合理增长和质的稳步提升,包括积极开发支持战略性新兴产业、先进制造业和科技创新的金融产品,充分运用人工智能、大数据、云计算、区块链、生物识别等新兴技术,改进服务质量,降低服务成本,强化业务管理,同时提出推动车险综合改革,完善车险条款和费率形成机制。目前我国巨大的车辆保有量促使车险市场具有极大吸引力，是拥有活跃参与者的广阔市场，该指导意见的提出将促进体量不同、优势不同的多个主体将在意见指导下把握市场机会，激发创新动力，而 UBI 车险也将在多元化、多层次的发展中成为市场新势力。

5.智慧交通是智慧城市的基础性工程

智慧城市的概念涵盖硬件、软件、管理、计算、数据分析等业务在城市领域中的集成服务，其得益于 ICT 技术革命带来的网络联通、数据爆炸、计算机与云端处理能力的提升和物联网技术的应用，形成了适用于基础设施、城市服务、交通管理、智能建筑、商业服务等领域的城市应用。2016 年以后，由国家部委主导的智慧城市试点项目逐渐减少，智慧城市的发展重点从概念普及转向落地实践，国家与地方政策也呈现出持续演进、系统落位的特点。国家层面上，《智慧城市技术参考模型》《智慧城市评价模型及基础评价指标》《智慧城市顶层设计指南》相继发布，智慧城市相关的国家标准体系逐渐形成；地方层面上，越来越多的地区和城市发布了与智慧城市相关的法规和条例，为智慧城市的落地实践创造了条件。

智慧交通系统是以智慧城市管理体制和运行机制进行创新性的变革为前提，打造智慧城市大交通的新模式、新体制、新常态，其可以为交通行业管理提供辅助决策支持，使人、车、路密切配合达到和谐统一，提高城市的宜居性，是智慧城市建设的基础性工程。2017 年 9 月 14 日，交通运输部印发了《智慧交通让出行更便捷行动方案（2017—2020 年）》，提出四大建设方向；2018 年 2 月，交通运输部颁布了《关于加快推进新一代国家交通控制网和智慧公路试点的通知》，提出 6 个重点方向，包括基础设施数字化、路运一体化车路协同、北斗高精度定位综合应用等；2019 年 9 月，国务院颁布了《交通强国建设纲要》，提出推动大数据、互联网、人工智能、区块链、超级计算等新技术与交通行业深度融合。

万物智联时代后，智慧交通也将引领整个智慧城市各个子模块的技术潮流和走势,为 UBI 车险提供更多技术层面的支撑。

6.智慧健康养老服务中可穿戴设备应用推广的相关政策

我国正处于人口老龄化快速发展阶段,养老服务供给不平衡、不充分的矛盾日益凸现。智慧健康养老是新一代信息技术产品与传统养老的融合,能够促进现有养老资源优化配置和使用效率提升,满足多层次、多样化的养老服务需求。近年来,国家制定出台了多项政策,对发展智慧养老作出部署,政策体系初步形成。

2016 年,工信部联合国家标准化管理委员会印发《智慧家庭综合标准化体系建设指南》,明确将居家养老作为智慧家庭的典型应用之一。2017 年,工信部联合民政部、卫生健康委共同印发《智慧健康养老产业发展行动计划(2017—2020 年)》,明确发展智慧健康养老产业的思路和措施,将推动关键技术产品研发作为重点任务,加强健康养老终端设备的适老化设计与开发。2017 年至 2019 年,工信部联合民政部、卫生健康委组织开展了智慧健康养老应用试点示范工作,共认定 117 家示范企业、225 个示范街道(乡镇)和 52 个示范基地,形成了较好的应用示范效应。同时,工信部积极指导智能终端产品适老化设计。鼓励智能家居产品普及语音控制功能,推动基于智能语音识别技术的智能音箱、智能可穿戴设备及其他智能家电产品开发,老年人可通过语音方式实现便捷化操作。

2020 年 10 月,工信部在《关于政协十三届全国委员会第三次会议第 5148 号(社会管理类 446 号)提案答复的函》中表示,将支持适老化智能终端设备的研发、升级和应用推广。下一步,工信部将持续加强标准体系建设,推动智慧健康养老产品及信息服务标准研制工作,建立统一的设备接口、数据格式、传输协议、检测计量等标准,实现不同设备与服务平台间的数据信息接入共享。持续支持智慧健康养老产品及服务推广,针对智能可穿戴设备、便携式健康监测设备、自助式健康检测设备等产品,以及居家健康养老服务、个性化健康管理服务、互联网健康咨询服务等智能化服务,组织更新推广目录,鼓励目录中产品和服务的技术研发、市场宣传推广。定期发布面向老年人群的智能终端产品便捷操作指南,为老年人群在信息化、智能化时代提供便利化服务。

可穿戴设备作为可以直接穿在用户身上,或是整合到用户衣服与配件中的便携式设备,可以采集并存储用户身体与行为的众多相关数据信息。UBI 保险作为基于客户个体情况与个人行为进行定价管理的创新型保险产品,可以借助可穿戴设备的使用为客户量身定制个性化产品与服务。工信部积极推进信息技术与健康养老领域融合,在为智慧健康养老产业开辟新的发展空间的同时,也为 UBI 技术的应用与发展提供了新的政策机遇。

7.工信部关于加快推动物联网发展的相关政策

物联网技术的兴起改变了信息世界新的走向,被认为是继计算机和互联网之后的第三次信息发展浪潮。物联网时代的到来,意味着人类将迈入更加智能的生产和生活环境。目前我国已将物联网技术上升为国家层面的战略性新兴产业来发展。近年来,国务院以及各部委公布了多项有关物联网发展的产业政策,从顶层设计的视角对物联网产业的发展作出了规划指导。

2017 年 1 月,工信部发布的《物联网"十三五"规划》明确了物联网产业"十三五"期间的发展目标:完善技术创新体系,构建完善标准体系,推动物联网规模应用,完善公共服务体系,提升安全保障能力等。2018 年工信部出台了《物联网安全白皮书》,将目前物联网安全的现状、防护策略发展方向一一进行了详细阐述。2020 年工信部发布《关于深入推进移动物联网全面发展的通知》,提出到 2020 年底,NB-IoT 网络实现县级以上城市主城区普遍覆盖,重点区域深度覆盖;移动物联网连接数达到 12 亿;推动 NB-IoT 模组价格与 2G 模组趋同,引导新增物联网终端向 NB-IoT 和 Cat1 迁移;打造一批 NB-IoT 应用标杆工程和 NB-IoT 百万级连接规模应用场景。同年,"新基建"被首次写入政府工作报告,北京、上海、江苏、广东等多省市抢抓国家加大"新基建"投资政策的风口,陆续发布了推动新基建的投资计划和实施方案,一定程度上推动了物联网各细分领域不同程度的发展。UBI 技术基于物联网、大数据、云计算、移动互联网等前沿科技得以发展,因此加快推动智能物联网快速发展的相关政策也会为 UBI 技术的发展带来机遇。

(二)底层技术的发展

国内日渐成熟的互联网产业、网络基础设施建设、信息技术,如大数据、云计算和移动通讯等都为 UBI 车险的发展奠定了坚实的技术基础,使得车险定价模型与产品设计的进一步改进成为可能。互联网技术使数据的采集、信息的传递摆脱了空间的限制,比如道路交通信息几乎可以做到实时传递和交互。从目前来看,主要有以下几类基础技术的发展进步为 UBI 技术在实践中的运用提供了强有力的技术支撑。

1. 5G 通信技术

5G 超快的传输速度、极大的流量、极短的延时和超低的功耗使得万物的互联变成可能。目前我国的 5G 研究成果在国际上已经取得领先优势,主要研究领域集中在 5G 标准以及 5G 应用场景的开发。5G 的技术优势与车联网保险高度契合,车联网将成为 5G 应用开发的重要领地,5G 的发展能够为车联网保险注入新的创造力,带来车联网的革命性变化。

5G 的核心技术是"多进多出",即能够允许多条天线在同一时刻接收和发送信息。通过 5G 网络移动终端设备能够实现时空信息的全方面采集,帮助车联网实时的传输和运算机动车方位、移动速度、位置方向,及时提供报警;获取路况和驾驶信息,采集更多样化的 3D 驾驶行为数据。平台要按照统一的数据标准才能最大限度地实现信息公开化、透明化、共享化,从而发挥其最大作用。基于 5G 的行业数据标准,实现信息资源的共享,为 UBI 车险的推广和创新发展提供网络支持基础。5G 的超低延时能为车联网保险的理赔提供可靠的判断依据。5G 能在一平方公里建立起高达 100 万个网络的链接,能够瞬间对路上的人、车、路、物进行实时数据预测和分析,使得车联网理赔更加的智能化;而减少人工参与程度,则体现了车联网保险的公平、公正、公开。

2019 年 6 月 5G 牌照的发放，标志着中国正式进入 5G 商用元年，5G 技术将为 UBI 的发展提供技术支持，大幅提高车联网内信息传输的效率，促进人、车、路、云的高度协同。2020 年 3 月，工业和信息化部发布《关于推动 5G 加快发展的通知》，其中明确提出促进"5G+车联网"协同发展，推动 5G、LTE-V2X 纳入智慧城市、智能交通建设的重要通信标准和协议，并开展 5GV2X 标准研制及研发验证。保险公司应当抓住机遇积极布局，构建出 5G 车联网保险的网络体系，包括①通过 5G 的车载智能终端，收集并且处理接收到的用户、公司、车辆的信息，并关联保险公司、交管局等相关数据平台；②开通 5G 网络信息传输通道，利用 5G 容量高、传输速度快、性能稳定等特征，开通一个稳定的、智能化的传输通道；③建立 5G 云端。充分发挥 5G 终端设备的大容量，利用移动设备对车联网数据进行收集、运算、归档、分析、挖掘，同时为用户和保险公司提供安全且海量的储存空间，以便实时对数据进行访问调取和分析管理；④信息标准化。利用 5G 建立的网络链条将采集的数据标准化，实现平台的互通，从而能够提供更加智能化的网络服务。

2020 年 7 月，国际标准组织 3GPP 宣布 5G R16 标准正式冻结，标志着 5G 第一个演进版本标准完成，面向车联网应用 R16 标准支持了 V2V（车与车）和 V2I（车与路边单元）直连通信，因此随着 5G 技术的进一步发展，5G 网络能够提高车联网在数据采集过程中的密度和精度，建立起扁平化的组织结构，统一行业标准，真正实现信息共享，同时为客户提供个性化的增值服务，帮助保险业提升整体的行业竞争力。

2. 卫星定位技术

作为北斗导航系统的垂直应用之一，UBI 技术的高速发展无疑将全方位受益于北斗的全面布局和高精度定位，实践中通过汽车（前部或后部）设备，利用射频识别北斗卫星、GPS 移动通信和无线网络等信息技术，实现在车内完成车辆运行状态、行车信息数据的集成分析，同时也可以为车主提供车况远程诊断,娱乐系统、车况判断等服务功能。对外,可以实现车与人、车与周围环境之间的互通互联,打造智能网联的汽车驾驶环境。

2020 年是北斗导航系统全球组网的收官之年, 北斗卫星导航系统是中国自主建设、独立运行的卫星导航定位系统。2020 年 6 月 23 日,北斗三号最后一颗全球组网卫星"嘉星"成功发射,意味着北斗全球组网星座部署将全面完成。作为世界三大导航定位系统之一,北斗系统是目前全球唯一能够把全球星座和区域星座融合为一体的导航系统,提供亚太地区、甚至全球的单点高精度定位。任意一台接收机在任意一个地方可以达到米级,乃至分米级水平的定位精度,能够确保亚太地区用户的标准精度服务达 5 米,同时北斗系统已建立起相应的集芯片、模块、板卡、软件、终端和运营服务为一体的北斗产业链,并初具规模。美国曾明确提出 2015—2019 年将智能网联车和自动化两大主题作为发展目标,实现互联。同时,目前中国也在以北斗服务作为智能交通提供服务的关键核心的数据和服务的基础设施,通过互联网+空天信息+智能交通实现交通资源的全时空动态感知和交通工具的全过程运行管控。北斗系统的全面投入将为世界提供更多的中国技术和中国方案,UBI 技术也将因 5G 和北斗的融合在实践中得到持续改善和强化应用。

3. 人工智能技术

人工智能技术的运用可以将司机驾驶行为习惯结合实际道路环境下司机对不同情况的反应处理进行风险评估考量, 更加注重对驾驶实时环境的数据监测,为后 UBI 时代打开新的发展局面。其主要的核心技术体现在①边缘计算:在靠近物或数据源头的一侧,采用网络、计算、存储、应用核心能力为一体的开放平台,就近提供服务。其应用程序在边缘侧发起,能够产生更快的网络服务响应,满足行业在实时业务、应用智能、安全与隐私保护等方面的基本需求。②机器学习:人工智能的核心,是使计算机具有智能的根本途径。机器学习常见算法包括决策树,支持向量机,随机森林,神经网络等。③广义线性模型:通过联结函数建立响应变量的数学期望值与线性组合的预测变量之间的关系。其特点是不强行改变数据的自然度量,数据可以具有非线性和非恒定方差结构,是线性模型在研究响应值的非正态分布以及非线性模型简洁直接的线性转化时的一种发展。④计算机视觉:用摄影机和计算机代替人眼对目标进行识别、跟踪和测量等,并进一步做图像处理,让计算机处理成为更适合人眼观察或传送给仪器检测的图像,下表为人工智能在 UBI 车险中的应用分布。

表 4.1　人工智能在 UBI 车险中的应用分布

应用场景	应用任务	相关技术	应用剖析	应用公司
基于车载数据的 UBI	驾驶行为监控	广义线性模型、机器学习、神经网络边缘计算	对驾驶行为建立统计模型,通过驾驶行为等数值或影响数据等自变量进行函数映射获得风险系数,以此作为精算模型的输入之一或是作为个性化优惠价的依据。在车载系统或手机应用上进行本地数据初步处理,得到阶段性数据和风险判断,避免将原始数据通过网络传递,提高风险警示的时效性及增强隐私数据的安全性	Allianz、AIG、AXA、Progressive、StateFarm、众安保险、鼎然科技、平安科技
	车辆行驶监控	广义线性模型、机器学习、神经网络边缘计算	对车辆行驶里程进行车辆风向统计建模,从而获得针对里程的风险系数	Mertomile
基于辅助驾驶系统/无人驾驶系统的 UBI	行车环境监控	传感器技术、边缘计算	利用传感器技术进行路面情况和驾驶员监控分析。常见的有环视系统(多路摄像头)、防擦碰系统(超声波传感器)、道路偏离预警(摄像头)、前碰预警(摄像头、雷达)、驾驶员疲劳驾驶检测、异常行为检测(如吸烟、长时间打电话、玩手机等)。通过对路面情况和对驾驶员的监控综合评价驾驶员行车的风险系数,而非单纯考虑驾驶行为	Waveleng、好好驾驶、双髻鲨科技

资料来源:机器之心研究所,自行整理

　　2015 年以来人工智能在国内获得快速发展,国家相继出台一系列政策支持人工智能,推动中国人工智能步入新阶段。2019 年 3 月,《2019 年政府工作报告》将人工智能升级为智能+;2019 年 6 月,人工智能治理原则首次被提出,发布了《新一代人工智能治理原则——发展负责任的人工智能》政策;2020 年 4 月,国家发改委首次明确新型基础设施的范围,人工智能是新基建的一大主要领域。此外,在 2020 年 6 月的全国人大常委会中提及人工智能相关法律法规问题,提到要加强立法理论研究,重视对人工智能、区块链、基因编辑等新技术、新领域相关法律问题的研究。随着人工智能在我国的逐步发展,UBI 技术在实践中也将借此迎来新的发展机遇,如风险侧重差异化、产业链数据完整化、定价监管智能化等。

（三）市场主体沿产业链积极布局

从 UBI 产品设计与运用的市场主体来看,OBD 硬件厂商、地图信息厂商、互联网保险公司、定价模型公司以及传统保险公司都在积极创新,产业链各环节都有产品雏形逐步推出,市场竞争十分活跃。如保险公司成立相关创新事业部,探索和研究国外先进经验,与产业链上下游合作拟推出部分 U-BI 产品。第三方数据公司作为产业链中不可缺少的一部分,掌握 OBD 核心硬件及第一手的路跑数据,通过车辆的安装和路测积累足够多的数据后进行整合分类,通过精算师的分析和设计做出可供保险公司和用户选择的 UBI 产品。数据是此类公司的核心竞争力,掌握了数据就掌握了产业链的关键点。

从车联网的角度来看,UBI 作为其全价值链中的金融服务环节,占据价值制高点,随着车联网概念走向高潮,越来越多的保险、车厂、科技巨头都瞄准了这块市场。

三、国内 UBI 技术应用于车险领域的挑战

（一）风险因子有待进一步完善

目前国内针对 UBI 车险驾驶行为因子和风险相关性的研究尚不完善,一方面现行的 UBI 车险定价模型"从人因子"仍然相对较少;另一方面存在驾驶行为特征提取简单的问题。当前的定价模型在驾驶行为方面考虑了行驶里程、行驶时间、刹车或超速事件的数量等风险因素,但尚未转向更丰富和详细的数据,缺乏深层次细分,如对驾驶环境（即道路类型和状况、交通模式）等的考虑,定价模型中的风险因子还有待进一步完善。

以往中国的私家车较少,大部分车辆为单位用车,所以驾驶人员具有不确定性,因此保险公司在车险定价中较少采用"从人因子"。但是随着国内私家车数量的不断增加,车辆驾驶风险中与人有关的因素将越来越丰富。为了适应这一情况,UBI车险的定价系统中要更多地考虑"从人因子",除性别、年龄、驾龄、驾照类型等较为容易收集的定价因子外,还应更多地考虑职业、常用行驶路线、银行信用等级等新的"从人因子",获取更多的变量和数据,进行更加精准、有针对性的建模与定价。

此外,在之后的发展中还需要产业链各方建立长效合作研究机制,引入地图天气等新数据,夯实研究数据样本,规范数据处理流程,通过新型的大数据分析技术对UBI车险的定价风险因子进行补充完善。

(二)前期成本投入较高

UBI车险的推行需要投入大量的技术成本。这些成本包括了数据采集设备的研发、制造和改造成本,数据传输成本、数据存储成本、数据分析成本等。这种巨大的投入不是任何单一保险公司或车联网平台能够承担得起的。而UBI车险落地必需加装的外部设备成本较高,并且没有统一的标准,这也一定程度上加剧了其推广难度。目前国内UBI设备的价格根据功能的多少在80~200元人民币左右,功能越全价格越高。国外的UBI设备一般为10~30美元, 成本最高的甚至接近100欧元。目前家用车商业险车均保费约为3000元,加上交强险后家用车车均保费约为3700元左右。即使安装最便宜的UBI设备,其成本也占保费2个百分点以上,对承保利润率极低的保险行业来说设备投入成本偏高。更特殊的是,国内UBI车险运作公司为了保证其唯一性,防止客户取得该公司UBI设备后转到其他公司投保,所以设计出的软硬件设备在不同的公司均不能兼容, 在设备生产上至今仍然没有一个统一的行业标准,如果客户流动就会带来设备的浪费。

保险公司目前正在探索允许移动设备(如手机)传输远程信息数据的技术,解决包括电池的使用,以及知道手机是和司机还是乘客在一起等问题。如果能找到解决办法,保险公司将为每个用户节省购买监控设备的成本。由于目前的监控设备只是在有限的时间内放置在汽车上，移动设备的使用增加将改善数据收集，因为它在客户的保单期限或生命周期中无限期地与投保人捆绑在一起。这种潜在数据的增加对于保险公司评级结果的准确性是至关重要的。

（三）产业链尚不完善，各方合作仍有难度

UBI 车险涉及产业链上下游的众多参与者。从欧美市场来看，英国是由电信运营商来主导整个产业链的建立和运行；美国是由保险公司来作为车联网保险商业模式的主导，并制定参与者的游戏规则。目前国内 UBI 技术产业链的构成情况较为复杂，产业链每一个参与者都有不同的诉求，因此很难达到统一协调的状态。例如汽车厂商掌握着前装设备的权利，不同的车辆有不同的协议接口，一方面是处于汽车本身安全系统的角度考虑；另一方面是其更愿意独占自身数据资源的优势，不愿与保险公司及其他参与者共享。再例如，我国车联网开发的第三方企业有数千家，但由于其软硬件的标准不统一，各公司研发的技术解决方案的数据接口和信息传输协议也不同，使得信息在不同终端系统的汽车之间进行成为难点。总之，我国目前还没有一方能够作为产业链主导者的角色来进行整合，形成 UBI 保险完善的生态链、模式的闭环运作都还需要时间，在整个产业链环节里 UBI 车险如何盈利、盈利后收益如何分配、每个环节的相关成本如何承担，由谁来承担等问题也都还没有得到解决。此外，产业链各参与方所在行业思维习惯、行事习惯的差异，也会影响彼此间的协调配合。

（四）法律端的数据告知和保护风险

UBI 车险运行模式中车联网应用提供商的加入，使既往保险法律关系中投保人与保险人二元博弈的主体架构发生了改变，由此产生了法律上数据告知和数据保护的困境。一方面，UBI 技术在实践中面临着与告知义务规则冲突的问题。保险人具备同车联网应用提供商谈判的能力，可集成地获取大批量数据信息，无论其所获得的是数据采集端的原始数据，还是经过数据模型加工的处理数据，保险人都占据着更为有利的信息优势。这表明对于 UBI 车险而言既有告知义务规则的正当基础已不复存在,继续遵循"询问告知"义务的履行模式并不具协助投保人的真实利益。由此保险人的定价信息基本可实现对驾驶里程、时间、行为等真实风险要素的覆盖,使保险人得以利用信息优势影响合同履行或保费定价,甚至实现不当获利。

另一方面,UBI 技术在实践中存在数据失真和安全隐患的风险。目前的运行模式中驾驶数据通常由 OBD 终端设备或移动终端 APP 获取,经车联网应用提供商分析,最终提供给保险人,多环节的流通过程使每一环节的数据传递均存在数据传送失真的可能性,而各车联网应用提供商商誉、资质参差不齐的现实问题,以及保险人通常并不具备对车联网数据进行审查的能力,使得实践中会面临缺少公平公正的第三方对车联网数据真实性提供定论的困境,无论对保险人还是投保人而言都是潜在的交易风险。同时由于 UBI 技术产业链的多方主体都有可能成为数据获取端,投保人还将面临隐私信息泄露的隐患,而与信息安全隐患相对应的是相应法律规则的疏漏,现行的监管体系缺乏具体的程序性规范,仅笼统地要求车联网应用提供商、保险人事先获取投保人的授权或同意,这不仅会使投保人的隐私数据无法获得相应制度、技术和救济的全面保障,保险人、车联网应用提供商以及其他主体违法获取用户信息行为也会因无明确的规定而无法定责。

(五)用户参与热情不高、黏性差

一方面,政府推动力不足,虽然已逐步放宽保险公司自主厘定费率的权力,但缺少鼓励宣传以 UBI 车险为代表的车联网保险的相关政策,中国车主对 UBI 车险尚缺乏了解;另一方面,UBI 技术在实践中面临着数据告知和数据安全的问题,首次购买者抱有一定的困惑和观望等待的态度,根据计算机世界研究的一项调查显示,用户对驾驶行为进行数据采集的接受度远低于保险公司和车联网公司的单方意愿。受限于研发成本,车载设备报价高且全部由用户承担,提高了尝试 UBI 车险产品的成本,进一步降低了用户参与热情。而安装了 UBI 设备的大部分用户在开始的一段时间还对这种保险运作模式有一定的好奇心，但在用过一段时间后没有感受到切实的好处和设备存在的意义，导致用户体验感较差，从而降低续保意愿。因此如何提高 UBI 技术的认可度以及适用性是未来实践中面临的棘手问题，需要兼顾各方利益，打造健康的 UBI 技术发展环境。

(六)汽车风险的发展与变化

智能网联汽车，是信息通信、互联网、大数据、人工智能、道路交通等行业加速跨界融合变革的新兴产物。它在为汽车行业带来机遇的同时，也带来了汽车风险的变化，主要体现在以下四个方面：

1.技术缺陷或恶劣天气带来的风险：虽然智能网联汽车可以大大减少人为失误，但其传感器、零部件以及网络系统会受技术缺陷影响或恶劣天气干扰，也存在安全隐患。

2.人机切换风险：智能网联汽车的"人机共驾"模式，存在驾驶人员与智能驾驶的相互交接问题，若驾驶人员对智能辅助生疏，相关操作缺乏配合，在人机切换时就可能发生交通事故。另外，智能网联汽车的各种便捷功能较多，尤其通信、娱乐等功能可能会吸引驾驶人员的注意力，导致因注意力分散造成事故。

3.数据安全风险：智能网联汽车配载的传感器会生成大量数据，这些数据对行车方向、车速，尤其是高精度地图生成具有关键作用。如果与这些数据紧密关联的配套设施发生问题，就可能使数据传输延迟，从而造成交通事故。尤其是人员乘驾智能网联汽车，会产生个人隐私方面的数据，存在该数据泄露风险。

4.黑客侵入风险：黑客从与智能网联汽车相关联的技术漏洞侵入，会获取汽车的控制权，破坏系统的可靠性与稳定性，甚至远程控制汽车，造成一系列严重后果。

随着新一代智能网联汽车发展而产生的新型汽车风险也对 UBI 技术在

车险领域的应用带来了一系列新的挑战。比如在数据安全方面,智能网联汽车产生的数据将比当前普通汽车上搭载的 UBI 设备所产生的数据更加丰富, 从而使得车联网公司和经营 UBI 车险的保险公司承担更高的数据泄露风险。

第五章　我国 UBI 车险产品的实践探索与发展

一、我国 UBI 车险产品发展现状

(一)我国 UBI 车险市场基本情况

2015 年商车费改以来,保险公司开始在车险的条款和费率方面拥有了一定程度的自主性。随着车险费率改革的不断深入和车联网技术的发展,近年来我国的 UBI 车险产品进行了一系列的实践探索,目前已经有 30 多家保险公司涉足到了 UBI 车险领域,自主开发或与第三方公司合作开发 UBI 产品。

我国的汽车保险市场逐渐进入成熟时期。从整体市场规模来看,2019 年财产险市场原保费规模为 11649 亿元,其中车险市场规模达到 8188 亿元,占比超过 70%。如图 5.1,2019 年车险原保费收入占财产保险保费收入比重虽有微小回升,但是较 2016 年仍下降了 3.47 个百分点。这意味着我国的财险市场逐渐趋向均衡发展,传统保险市场规模增长乏力,为开发 UBI 保险产品带来了新的动力。

从车险业务占比来看,近年来车险业务原保费收入占财产险保费收入比重呈明显下降趋势。从三大龙头险企来看,2019 年人保财险、平安财险、太平洋财险的车险保费收入分别为 2588.09 亿元、1817.67 亿元、879.67 亿元,同比增长 3.89%、6.6%、8%。而三大龙头险企的财产保险保费总收入分别为 13076.37 亿元、5037.05 亿元、5702.84 亿元,同比增长分别为 8.69%、8.89%、5.98%,这说明险企"老三家"非车业务增长势头明显。

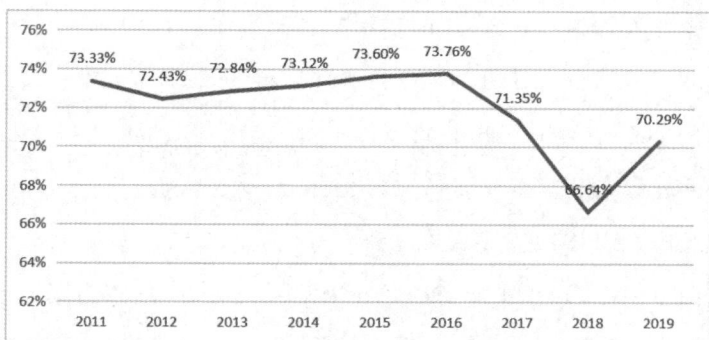

图 5.1　2011—2018 年全国车险保费收入增长率(%)

从保险公司的 UBI 车险业务来看,如表 5.1,2017 年国内保费规模前 10 大的保险公司中至少有 4 家已经采用了手机 UBI 方案,通过手机 APP 采集车主的驾驶数据。

表 5.1　2017 年部分保险公司 UBI 车险产品开发情况

公司	2016 年保费规模 (亿元)	市场占比	是否使用 手机 UBI 方案	APP/UBI 方案
人保股份	3104.5	33.5%	是	中国人保/人保伴我行
平安财险	1779.1	19.2%	是	平安好车主
太保财险	960.7	10.4%		
国寿财险	597.4	6.4%	是	国寿 i 车
中华联合	385.9	4.2%		
大地财险	319.6	3.4%		
阳光财险	283.9	3.1%	是	阳光车·生活
太平保险	181.8	2.0%		
天安保险	138.7	1.5%		
华安保险	100.3	1.1%		

数据来源:公开数据,作者整理

随着车险保费收入增长放缓而非车险业务快速发展,可以预见未来车险在整个财产保险市场的占比或将进一步下降。保险公司将更加重视并加大对非车险业务的投入,财产保险市场结构更加合理且均衡地发展,而车险业务则可能进入到瓶颈时期,车险独大的地位有可能发生改变。为了优化整体业务结构,促进车险业务的良性发展,保险公司开发推广 UBI 车险产品或将是未来的趋势之一。

(二)我国 UBI 车险产品探索过程

整体而言,我国 UBI 车险市场仍处于发展的初期。尽管市场上多种多样的产品落地,但大多处在试点阶段,没有一个完整的产品体系,也没有一个市场份额相对较大的明星产品。

自 2013 年起,中国人保就开始与第三方公司开展合作进行 UBI 项目的测试,开启了国内保险公司涉足 UBI 车险领域的先河。2014 年中国保险信息技术管理有限公司成立以后,保险行业数据逐步标准化。2015 年 2 月 3 日,原保监会印发《关于深化商业车险条款费率管理制度改革的意见》,商业车险费率市场化逐步推进,保险公司开始拥有了一定程度的费率定价自主权。2015 年 3 月平安产险与航天科技开展车联网保险合作项目,旨在完善产品技术模型、了解市场需求情况。车联网、人工智能、大数据、云计算等技术的不断应用和发展,为我国 UBI 产品的探索提供了良好的空间。

2016 年 10 月,平安产险将旗下好车主 APP 聚焦"用车助手安全管家",平安基于该手机 APP 建立了 UBI 车险产品的新型定价模式,根据车主的风险评价制定个性化费率。2016—2017 年间,开发 UBI 车险产品的政策环境越来越好,部分中小财险公司相继开始了 UBI 产品的开发,"车宝"等新产品不断落地,UBI 产品市场出现了竞争格局。

2018 年至今,保险公司、互联网公司、汽车厂商等全方位的合作,为 UBI 产品发展提供了大量的行业企业资源,UBI 产品的认可度和市场份额不断提升,少数 UBI 产品公司在行业中脱颖而出。

二、我国 UBI 车险产品的典型模式及实践案例

如前所述, 从国际 UBI 车险产品的发展和车联网技术的演进来看,UBI

车险产品可以分为三代。第一代是按里程付费的车险产品（Pay as you drive），这种产品需要依靠车载信息系统的硬件设备。在定价方面主要考虑的是行车里程，用里程来代替传统车险风险暴露的基础"车年"，用行驶里程的多少来划分客户风险；第二代是按驾驶行为付费的车险产品（Pay how you drive），这种产品主要依靠 OBD 硬件设备。在定价方面主要考虑的是对行车安全有影响的风险因素，通过精算建模分析得到有区别的保费费率；第三代是按管理驾驶人的驾驶行为付费（Manage how you drive），这种产品需要新一代的车联网 ADAS、前装车网联设备和后装智能化 OBD 设备。在车险领域中，这是保险公司与客户的一种全新的互联模式，这种产品可以主动进行风险管理、干涉车主的驾驶行为、降低行车风险，这一定程度上有利于保险公司规避风险。

目前我国现行的 UBI 车险产品还以第一代和第二代为主。一般为保险公司、车联网平台、客户三方参与，由车联网平台提供 OBD 硬件并采集相关数据；保险公司根据车联网平台提供的数据作为定价依据，为客户提供 UBI 车险产品；客户购买该产品后，车联网平台免费为客户提供并安装 OBD 设备。具体可以总结为以下几种主要运营模式：

（一）保险公司与车联网平台合作的运营模式

车联网公司为投保的车主免费提供 OBD 设备，利用 OBD 设备收集客户的驾驶相关数据，通过数据分析来评价不同车主的驾驶行为。车联网平台将收集到的有关客户的基本驾驶信息和其他驾驶习惯相关的分析数据提供给保险公司，保险公司以此来作为定价依据，驾驶习惯更好的客户所需要缴纳的保费更低。在收集客户驾驶信息数据的同时，车联网平台还能够利用所收集的信息为客户提供道路救援、油耗统计、驾驶导航等相关的附加服务。

1.车宝 UBI 产品

车宝是国内第一家直接打出"UBI 车险"旗号的第三方车险平台，其推出的安全驾驶智能 OBD 盒子是国内首次将车辆网与大数据结合的智驾盒子。

只需将"车宝"OBD盒子装在车上,手机下载"车宝APP"即可实现数据采集和对驾驶员的驾驶行为评估。

(1)车宝OBD盒子所获取的数据

为了准确分析驾驶人的驾驶行为,车宝APP会收集包括车速、驾驶里程、驾驶时长在内的多种驾驶数据,通过大数据建模来分析和评估驾驶人的风险程度,为保险公司的车险定价提供依据。同时,将驾驶安全与客户的收益挂钩,车主安全驾驶得到的收益可以直接冲抵保费,实现每一个车主的保费动态化管理。

车速:车速可以用来评估发生交通事故的风险概率。在驾驶员的全部驾驶数据中,统计每次行车的最高速度,如果系统判定有超速行为,说明驾驶风险相对提高,那么会影响驾驶员的驾驶行为得分。

三急行为:三急行为包括紧急转向、紧急加速和紧急制动,驾驶中出现较多的"三急行为"会增加发生交通事故的可能性,影响行驶的平稳性。所以驾驶员出现"三急"行为越多,则驾驶行为的得分就越低。

驾驶时长:驾驶时间越少,出险的概率也就越低。同时,收集驾驶员的出行时间段,夜间行车或长时间行车更可能造成驾驶员的疲劳驾驶,容易引发交通事故,驾驶行为的得分会更低。

(2)UBI车险的运营方式

车宝平台与其他保险公司合作的核心即保险公司向车联网平台购买客户的驾驶数据,同时可以将其APP平台作为自家车险产品的销售渠道。车联网平台对客户的驾驶行为评价以后,会为车主提供小礼品或者其他现金收益,客户在车宝APP累计获得的收益可以用来抵扣下一年的车险保费或者提取现金。客户的驾驶行为越安全,可以得到的收益就越多,也就是说下一期可以抵扣的保费就越多,车险价格越便宜,以此激励车主安全驾驶。

(3)车宝UBI车险的产品特点

第一,使用便捷性。对于车主来说,只要在手机上安装车宝APP就可以得到相应的服务，了解自己的驾驶数据，随时掌握自己的用车情况。车宝 APP 在安卓系统和 IOS 系统均可以运行，操作简单，客户无须负担高额成本，接受程度较高。

第二，产品趣味性。在车宝 APP 中设计了闯关升级的模式，只要安全驾驶就能逐渐升级并获得相应的奖励，提高了 APP 应用的吸引力和趣味性。

第三，服务多元化。互联网的发展给生活带来了更多的可能性，不断满足人们在汽车驾驶方面的智能化需求。除了驾驶数据的收集分析，激励车主安全驾驶等功能，车宝 APP 还与多家保险公司合作，为客户提供车险保价、比价等相关服务。此外还提供相关增值优惠服务，例如加油优惠充值等。

2.上汽保险"优驾保"产品

"优驾保"是由斑马智行负责技术方面的运营的 UBI 车险产品，属于第二代 UBI 产品，按照驾驶行为来计算保费。

（1）经营主体

斑马信息科技有限公司是一家专门的互联网汽车技术服务商。斑马信息科技有限公司旗下的"斑马智行"是由上汽集团与阿里巴巴集团共同打造的智能出行 APP，可以通过手机 APP 获得用户的车辆信息、行驶信息和运营活动，包括车辆的远程控制等，同时还为车主提供了智慧加油等附加服务。

（2）产品介绍

斑马智行 APP 的核心功能包括：①途记：客户可以通过 APP 沿途记录，随时给朋友分享美好景色。②远程车辆控制：通过手机 APP 对车辆进行远程操控，控制车辆开关、控制车灯、控制空调座椅。③车辆报警：在车辆进入危险区域时，系统将会实时发送手机消息，以提醒车主注意车辆安全。④道路救援：在行驶过程中，如果车辆发生故障或其他突发情况，手机 APP 可以实时定位，并提供相应的道路救援服务。

上汽保险"优驾宝"的模式为上汽乘用车+斑马智行+上汽保险。在客户相关数据获取方面，客户基本数据由斑马智行提供，斑马智行可以直接由阿里账号登录,登录后可以识别客户的个人基本信息;车辆基本数据由上汽乘用车主机厂商来提供;驾驶行为数据由斑马智行提供的 OBD 硬件来采集,保险公司来对数据进行计算。

对车主的驾驶行为评估由斑马智行来承担,斑马智行为整个产品系统开发提供科技支持,通过对 OBD 设备采集的数据进行建模分析处理,评估车主的驾驶风险,再由保险公司来提供保险服务。

3.中交兴路"优驾保"

2019 年 12 月,中交兴路信息科技有限公司联手平安保险发布了国内首款 UBI 货运保险即"优驾保"UBI 网络货运物流责任险。

(1)开发背景

长久以来,我国的公路货运行业市场份额始终处于高度分散的状态,尤其是专线和整车市场,行业前八名的市场份额分别为 1%和 0.3%。在这样的状况下,交通运输部与国家税务总局联合出台了《网络平台道路货物运输经营管理暂行办法》,这预示着网络货运平台、车联网+将是未来的货运产业新业态。

由此,为了保证网络货运平台的责任保险需求,基于车联网、人工智能大数据的 UBI 货运保险应运而生,成了网络货运平台必不可少的保险产品。

(2)产品介绍

中交兴路的优驾保产品是互联网、车联网不断发展的背景下催生出的"保险+科技"的新险种,这是一套为网络货运平台提供保障的安全保障体系。

与传统保险不同,在投保之前保险公司可以对投保人进行风险评级,得到智能保费报价。这不仅提高了投保效率,也能得到更加科学、准确的保费费率。应用车联网大数据技术,中交兴路保险系统可以将保险对接到整个货运平台当中,实现实时投保、高效出单。在投保之后,一旦投保车辆发生事故,中交兴路能够利用智能引擎,通过分析车辆行驶轨迹,利用科技手段来辅助判断赔案的可信度,提高理赔准确性和理赔效率。

与此同时,投保"优驾保"UBI 网络货运物流责任险以后,平台将会实时记录投保车辆的行驶轨迹,一旦车辆进入危险区域、偏离原定货运路线或出现其他异常驾驶情况,平台会做出提醒,提高货运行驶的人车安全,同时也能防范货物丢失。对于事故高发路段、危险天气等平台也会发出预警。通过投保 UBI 货运险来帮助精细化管理整个运输过程,有助于提高货运行车的安全性。

对于驾驶人运输过程的跟踪,能够及时了解不同驾驶人的驾驶习惯,对其行车风险进行评估,实现督促驾驶人员安全驾驶的目的。

中交兴路已经与人保财险、平安财险、太平洋财险、国寿财险、阳光保险等将近二十家保险公司进行合作,逐步推进"优驾保"业务发展。

(二)保险公司、车联网平台、互联网平台合作的运营模式

车联网公司提供 OBD 车载诊断和保养等服务,互联网公司提供互联网平台、APP 和大数据分析服务,保险公司根据所得数据为客户提供 UBI 保险产品。

1.鼎然科技–路比 UBI 模式

(1)经营主体

深圳鼎然科技有限公司(下称"鼎然科技")于 2014 年在深圳成立,是一家以车险推广和提供车联网平台服务为核心业务的科技公司。鼎然科技是目前国内唯一一家 UBI 精算定价模型、风险管控能力、运营服务能力和数据分析能力均得到多家保险公司、车联网公司、车厂及行业协会认可的企业。2016 年,鼎然科技完成了 A 轮融资,成了国内 A 轮融资额最高的 UBI 车险创业公司。

通过与保险公司进行合作,鼎然科技为保险公司提供完整的 UBI 车险产品实施方案,在 UBI 产品综合领域占据了领先地位,旗下创新保险产品包括里程保、天天保、优驾保等。为了 UBI 车险产品的顺利运行,鼎然科技建设了自己的 UBI 保险平台,该平台分为数据交互、运营管理和前端应用三大核心,打通了各方数据通道,依托于中保信全量车险承保理赔数据,提供 UBI

保险产品需要的各类驾驶数据。

鼎然科技与世界 500 强瑞士再保险达成亚洲区 UBI 车险独家合作,与 TOP10 的保险公司进行多个项目深度合作,推出创新型的保险产品,为驾驶行为更安全的车主提供更加实惠的车险产品。同时,鼎然科技在前装车厂、后装车联网渠道、互联网渠道等多个平台落地了 UBI 车险产品,成为行业的标杆。

(2)产品介绍

路比是鼎然科技旗下的 UBI 车险互联网平台,通过路比车载硬件可以采集到驾驶人数据,利用鼎然科技精算模型技术的优势,可以设计出 UBI 车险产品方案,实现动态化车险费率。

一方面,与人保财险、太平洋、瑞再、大地、阳光等保险公司合作,推出"天天保""优驾保"等 UBI 保险产品,还有 UBI 创新保险"里程保"(如表 5.2)。另一方面,路比 UBI 平台也与百度地图平台建立合作关系,可以通过百度地图车险平台帮助销售 UBI 保险。同时,由于未来互联网地图平台更可能掌握使用者的驾驶数据,所以二者的合作也为未来进一步研发和推广新产品提供了资源和技术的支撑。

表 5.2　路比 UBI 车险产品介绍

	里程保	天天保	优驾保
产品特色	行驶里程越短,保费越低;保障全面	按天收费,全年保障	驾驶行为越好,保费越低,所得服务越多
产品设计	作为一款创新车险产品,以驾驶人的行驶里程作为保费定价的依据。产品有封顶里程,里程越短,费用越少	将车险由年缴费转为按全年天数划分,按天收费,每天对应一份保额,使车主按天付费也能得到同等保障	以车主的驾驶行为作为车险保费定价的依据,将驾驶里程、时间、路线等因素通过大数据建模分析,评价车主的行驶习惯。行驶习惯越好的车主,驾驶也就风险越低,评分越高,得到的收益也就越多

(3)运营模式

路比 UBI 的运营模式是实现与保险公司和互联网互连,三方共同合作,其中路比平台负责整个产品体系的建立,实行精算定价,同时对接互联网公司获得相关数据,对接保险公司进行承保。一般的车险公司缺少 UBI 产品的实际经验,也没有能够对车联网大数据进行深度处理的能力,需要专业的平台为其提供相应的技术服务。与此相应,互联网平台与保险公司和路比平台进行合作可以为产品进行推广。

系统对接方面,路比 UBI 设计了三方共用的标准接口。在与其他企业共享数据时可以通过标准的接口接入,进行数据传输和代码使用。对接成功以后平台将会按照要求来提供相应的数据, 路比可根据数据实际情况选择将数据直接传输给公司,还是进行一定程度的处理后再传送给公司。

数据采集方面,UBI 产品通常借助外接的硬件设备来采集客户的驾驶数据,但是考虑用户的意愿和硬件的安装维护成本,逐步将数据收集方式由外接硬件转变为手机 APP 的采集方式。尽管,手机 APP 采集数据相对来说会损失一些精度,但是有利于提高客户的接受程度,便于 UBI 产品的推广。

定价建模方面,科学地选取数据指标,建立准确可靠的精算模型是 UBI 产品精算定价的关键。路比车险的数据维度选取了十几个常规变量,包括行驶时间、地点、行程以及行驶过程中是否有急转弯、急加速减速等行为,以此来区分驾驶风险的高低。

产品获客方面,路比平台与主机厂商、百度等平台进行合作,平台的流量将会极大地缓解获客压力。目前,传统的车险营销渠道还是集中在 4S、电话营销等方面,保险公司想通过线上获客有一定的难度。在与互联网平台进行合作以后,平台方负责产品的推广以及产品使用教育,可以更高效的推动 UBI 产品为广大车主所接受。此外,互联网地图厂商在未来将会更多地掌握驾驶行为大数据,这对 UBI 产品数据采集与产品推广至关重要。

(三)保险公司与第三方互联网平台合作模式

互联网平台拥有大量资料信息,综合利用客户的职业、信贷情况、消费习惯、收入水平等基本信息,可以为车主的驾驶习惯精准画像,从而评价其行驶风险特征。蚂蚁金服推出的车险分就是典型的保险公司与第三方平台合作开发 UBI 产品的模式。

1.车险分

2017 年 5 月,蚂蚁金服宣布推出车险领域首个"车险分",利用平台的大数据资源和数据分析优势,帮助保险公司更准确地识别客户风险,为保险公司的保费定价提供参考。

(1)经营主体

蚂蚁金融服务集团(以下称"蚂蚁金服")起步于 2004 年成立的支付宝。2013 年, 支付宝母公司——浙江阿里巴巴电子商务有限公司宣布筹建小微金融服务集团(以下称"小微金服"),小微金融成为蚂蚁金服的前身。2014年,蚂蚁金服正式成立,其核心业务版块包括支付宝、余额宝、招财宝、蚂蚁花呗、芝麻信用等。

(2)产品介绍

类似于支付宝的芝麻信用,车险分的评分依据是车主的驾驶行为。通过综合分析客户的驾驶数据, 为车主的驾驶行为画像并对其驾驶风险进行评价, 最后将其量化得到 300~700 不等的分数, 分数越高的车主驾驶风险越低,交通事故概率越低。与此同时,蚂蚁金服还会综合考虑车主的职业、收入水平、消费状况等个人特质。

保险公司可以与蚂蚁金服达成合作, 在得到客户认可的情况下查询到自家车险客户的车险分;或者利用蚂蚁金服平台的数据,根据本公司精算部门的模型得到客户的车险分,并以此为不同风险程度的客户进行定价,提供不同的保费折扣。车险分作为一项服务,不但可以为保险公司提供定价的参考,还能保证客户的隐私安全,降低保险公司的综合运营成本。

2017 年,蚂蚁金服已与人保财险、太平洋财险、国寿财险、大地保险等18 家保险公司达成合作,日均被调用数据频次达到 100 万次,并持续与多家公司开展对接合作。①

---

① 数据来源:《蚂蚁金服:从 Fin 向 Tech 转型》http://www.100ec.cn/detail--6446100.html?clicktime=1575957670

（3）创新模式

从一定意义上来说，车险分是 UBI 车险产品的创新。蚂蚁金服自 2004 年由支付宝起步成立，在市场上积累了多年的客户基础信息、购物消费、信贷消费等数据，可以利用平台的大数据优势，通过建模全方位为客户进行画像。与传统的车险保费精算不同，车险分的精算模型将投保人个人特征、生活习惯等因素纳入其中，对投保人风险的刻画更加精准。同时降低了保险公司精算建模过程中对数据体量的要求，缓解了中小公司体量小、数据不足的问题，有利于小公司在市场上开发并推广 UBI 保险。

车险分与保险公司共享数据以后，通过整合平台的客户数据和保险公司的理赔数据，不仅能识别用户风险，还能为不同客户进行个性化的定制，以满足消费者的需求。此外，利用蚂蚁金服平台的技术，保险公司与平台合作可以提高运营效率，在一定程度上降低销售成本、理赔成本。例如，一方面勘察定损人员可以将现场勘测情况上传平台，投保客户即可通过蚂蚁金服平台进行自助理赔，从而优化客户体验。

2."车慧达"大数据平台案例

（1）经营主体

北京金州世纪信息技术有限公司（车慧达）专注于车险领域，在车联网大数据行业具有领先的数据挖掘能力，能够提供车辆驾驶风险识别等相关技术服务，降低车险赔付率。公司成立 2 个月获得了首轮近千万融资，目前已经和大地保险、中华保险等多家保险公司联合开展 UBI 车险业务，其业务范围覆盖了全国大多数省份的商用货车和商用客车。

（2）产品介绍

如图 5.3 为车慧达大数据平台的运营模式，由车慧达对商用客车和商用货车数据进行大数据分析，包括车辆驾驶安全分析、车辆驾驶安全管理等方面，并将分析数据结果传输给保险公司。

在服务费用收取方面，对于综合实力不高的中小型保险公司或者需要提供车联网数据分析技术支持的企业提供免费服务，为的是得到更多的车辆数据，提高自身的技术水平和服务质量。对于实力雄厚的大型公司，为其提供更加精细化的定制服务可以收取相关费用，同时也能得到大量的车辆数据信息。

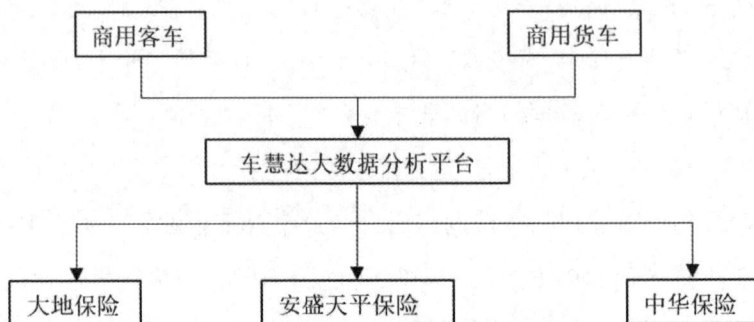

图 5.2 车慧达大数据平台运营模式

（3）经营情况

车慧达大数据平台的主要成本结构包括：①平台的建设成本。大数据分析技术首先需要大量的基础数据支撑。在前期平台数据量不足的时候，平台可以购买阿里云的服务，利用其大数据平台进行数据分析。从长远来看，为了获得稳定发展，仍需建立自己的大型数据平台，这就产生了购买服务器、租用网络设备、雇佣计算机技术人才等方面的成本。②人力成本。大数据平台的建设需要大数据分析和计算机相关的技术支持，对于公司发展的初期需要花费一定的人力成本来招募合适的技术人才。

车慧达大数据平台的业务收入主要包括：①提供数据分析服务的收入。面对大型物流公司和车队，车慧达公司通过对所得到的车辆数据进行分析，帮助物流公司及车队提高车辆驾驶和人员的安全性，同时也能降低车队的货运损失风险。基于此可以收取一定的信息处理及服务费用。②与保险公司合作的收益。车慧达大数据平台为保险公司开发 UBI 保险提供技术支持，并由保险公司支付相关的费用。同时，车慧达的数据分析技术能够为保险公司的核保、核赔提供支持,降低保险公司的综合赔付率,并向保险公司收入服务费用。

(四)保险公司自主经营模式

我国 UBI 车险产品的经营模式以保险公司与其他第三方公司合作为主,保险公司自主研发推广的 UBI 车险产品屈指可数。由平安保险和众安在线联合开发的"保骉车险"是其中的典型案例。

1.保骉车险经营主体

保骉车险是由众安在线财产保险股份有限公司(下称"众安保险")和平安保险联合推出的互联网车险品牌,是我国首个以 O2O 合作模式推出的互联网车险,也是商车费改以后第一个"互联网+"典型案例。

众安保险是由腾讯计算机系统有限公司、阿里巴巴电子商务有限公司和平安保险集团共 9 家公司共同发起的互联网财产保险公司,于 2013 年 9 月 29 日获原中国保监会同意复批开业,注册资本 10 亿元。由于发起者腾讯公司、阿里巴巴公司和平安集团都是业内顶级企业,拥有大量的客户资源、金融资源和国内最大的电商平台,因此众安保险从成立之初就备受关注,其核心业务包括与互联网交易直接相关的企业/家庭财产保险、货运保险、责任保险、信用保证保险;机动车保险,包括机动车交通事故责任强制保险和机动车商业保险等相关业务,旗下拥有保骉车险、好医保等互联网保险产品。2019 年,众安保险总保费收入达到了 146 亿元,同比增长 30%;全年服务用户 4.86 亿,总保单突破 80 亿单。

2.产品介绍

2015 年,平安保险联手众安保险合作推出国内首款 O2O 合作模式的 U-BI 车险品牌——保骉车险。该产品吸收了平安保险和众安保险的优势,既有众安保险大数据分析方面的技术支持,即从驾驶行为、驾驶地点等多个维度为产品进行合理精算定价,为消费者提供诸多的附加服务,同时又可以利用平安保险强大的客户销售渠道大力推广产品。

3.经营情况

从保费收入来看,保骉车险的保费收入波动比较大。2017 年 3 月、9 月、12 月的保费收入超过了 1500 万元,5 月、6 月、7 月、8 月、10 月、11 月的保费收入在 1000 万~1500 万元之间,1 月和 2 月保费收入没有超过 500 万元。3~6 月,保骉车险的保费收入波动剧烈,环比增长差距达到 80%以上,这说明作为刚起步的互联网保险公司,保骉车险还处于发展的初级阶段,面临着很多不稳定因素。与此同时,近年来对于 UBI 产品的监管政策尚不健全,加之整个车险市场业绩下滑,都会影响保骉车险的保费收入。

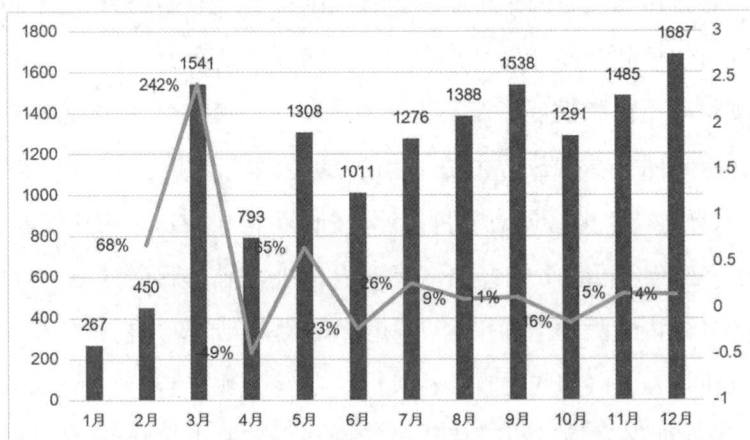

图 5.3　2017 年保骉车险保费收入(万元)及增长率(%)

分地区来看，目前保骉车险的经营范围基本覆盖了除港澳台以外的各个地区。保骉车险虽在我国大部分省市经营业务,但是各地区的发展严重不平衡。如图 5.4,保骉车险在广东、河南两省的保费收入可以达到 1000 万元以上,在重庆、河南环比增长在 100%以上,而北京、天津、黑龙江等地保费收入却不足 300 万元且环比大幅度下降。由此可见,保骉车险的地区发展呈现不平衡的特点,运营状况不容乐观。

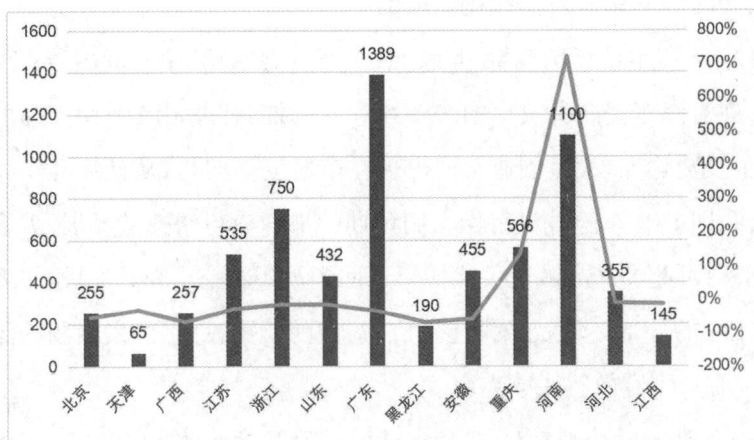

图 5.4　2017 年保骉车险部分地区的保费收入情况（万元）

从经营渠道来看,保骉车险与多个互联网平台达成了合作,有一定的客户资源优势。如表 5.1,众安在线平台仍然是保骉车险销售的最主要途径,占其总业务量的 58%,其环比增长速度达到了 350%。而滴滴出行、小米占比不高,共计 31%,并且仍在收缩。

表 5.2　2017 年保骉车险合作渠道情况

渠道	已推出业务平台地区			其他地区		
	保费(万元)	占比	环比	保费(万元)	占比	环比
滴滴出行	87.4	9%	−65%	97.9	58%	−12%
小米	223.6	22%	−43%	47.6	29%	68%
众安在线	616.8	58%	350%	7.8	5%	73%
其他项目	177.5	18%	75%	19.6	12%	106%

保骉车险的发展是我国保险公司自主开发运营 UBI 保险产品的一次实践和探索,从其发展过程中我们可以看出,其当前处在 UBI 车险产品的发展初期,存在着不稳定不平衡的特点。总体来说,"保骉车险"的开发符合互联网、大数据发展的趋势,未来发展潜力巨大。

三、我国 UBI 车险发展缓慢的原因

2015 年,资本市场围绕着"互联网+汽车生态"掀起了一场轰轰烈烈的投资热潮,面对商车费改释放出的改革红利,一时间开发 UBI 车险产品的专业公司成了投资热点,大量创业公司出现在市场上。但是,从此后几年发展实践来看,我国 UBI 车险并没有像人们预期的那样获得快速的发展,大多数传统保险公司对此类产品减少关注或者退回到观望状态。究其原因,主要是发展 UBI 车险的外部环境及条件还不成熟,如前所述,许多的发展制约因素或困难并没有得到有效解决或克服。

(一)由于当时外部环境不完善使得监管层对推广 UBI 车险持谨慎的态度

2016 年 10 月按照国家统一要求,面对国内互联网风险的升级,原保监会联合 14 个部门下发了《互联网保险风险专项整治工作实施方案》,《方案》重点针对保险机构与不具备经营资质的第三方网络平台合作开展互联网保险业务的行为、非法经营互联网保险业务的互联网机构进行整治,监管的拳头直接指向第三方互联网平台。同时,监管在一定程度上提高了处于起步阶段的互联网创业公司的门槛,也对创新方面提出了更多的要求。

2017 年,原保监会又发布了《关于整治机动车辆保险市场乱象的通知》,该《通知》明确指出"财产保险公司可以委托第三方网络平台提供网页链接服务,但不得委托或允许不具备保险中介合法资格的第三方网络平台在其网页上开展保费试算、报价比价、业务推介、资金支付等保险销售活动。"在"严监管"的政策环境下,各地保监局纷纷收紧尺度,各个保险公司也不敢"掉以轻心",这在很大程度上让 UBI 车险产品迅速降温,资本热捧造成的泡沫化繁荣开始破灭,创业公司数量开始大幅度减少。

保险业是金融三大支柱之一,为全社会提供风险保障,充分发挥着社会稳定器的作用,这也意味着保险监管必须保持谨慎,牢牢守住不发生系统性风险的底线。相对于传统保险业来说,互联网车险在风险积聚和风险扩展方

面的特质更为明显，UBI 车险不但改变了传统车险的定价模式，甚至可能打破原有的市场格局，监管部门必然要考虑到客户隐私的保护、市场竞争秩序和定价风控管理等方面的问题。其中，隐私保护也当属监管部门和车险消费者最关心的问题，保证隐私安全是 UBI 车险产品推广的必要前提。在 UBI 车险的运营过程中，保险公司或第三方平台不仅要获得消费者全方位的个人基本信息，还要取得客户的行车数据，包括行车时间、行驶路线、驾驶里程等。由于我国目前还没有相关法律对这种创新型的 UBI 车险做出额外的限制，即使客户的个人隐私遭到泄露也难以诉诸法律来维护其合法权益。从保护消费者利益的角度考虑，在防范客户隐私泄露的制度、技术和措施健全之前，监管部门不会贸然放开 UBI 车险产品进入市场。

（二）在市场层面上大型保险公司缺乏大力推进 UBI 车险开发的积极性

UBI 车险费率厘定基于驾驶人的驾驶行为，驾驶习惯越好的消费者得到的保费折扣越高，保险价格越低。由于大型保险公司有更好的经营基础，也占据着大部分市场份额，其拥有的低风险优质客户更多，这些客户如果转而投保 UBI 车险会得到更低的保费费率。将传统车险产品向 UBI 车险转型以后，拥有大量优质客户的大公司的总保费收入将会短期骤降，面对营业收入波动的风险，大型保险公司在决策时自然会更加慎重考虑。

在 UBI 车险的开发和运营方面，大型保险公司和中小公司一样没有成熟的 UBI 产品实践经验，一旦发力创新型 UBI 车险产品，二者处于同一起跑线，大公司未必占据优势。如果继续经营传统车险产品，大型保险公司在传统车险产品上具有明显的竞争优势和品牌效应，保持现状即可保证车险业务的持续稳定，所以不具有开发新产品的动力。

UBI 车险发展的整个市场环境受三家大型财险公司的影响程度颇深，若大型保险公司的创新动力不足，那么将不利于优化市场发展环境，也不利于促进 UBI 车险产品的可持续发展。

此外，专注于 UBI 车险数据的公司、第三方互联网保险平台在与保险公司合作时也会考虑到公司的市场占有率、保险精算能力和用户的品牌认知度等因素,而中小公司在这些方面很难达到和大公司一样的水平。因此依靠中小公司难以推动 UBI 车险在我国的发展。

(三)技术层面

大数法则是保险业得以建立和发展的基础,而 UBI 车险目前尚无体量足够和质量较高的数据,也没有成熟的精算建模技术来支撑产品的开发。数据的合规性与权威性就是 UBI 的基础,只有拥有了海量的数据才能够开辟依据消费者习惯研发产品的路径。

一方面是数据采集的问题。数据采集主要通过两种方式达成,一种是通过手机来采集数据,这是以保险公司为主导的数据采集方式,但是手机收集数据存在一定的道德风险问题,不能作为主流的数据采集方式;另一种是以主机厂为主导的前装车联网模式,前装设备的数据稳定性较高,可能成为未来车险数据采集的发展方向,但数据采集设备对用户来说不是刚需,全部车险用户都主动安装这些设备的难度较大,这在一定程度上加剧了数据采集的难度。

另一方面是数据标准化和模型搭建的问题。精算建模需要获取大量历史数据,而以往的数据维度较小,很难利用保险公司目前所拥有的历史数据来为车主进行行为画像,评价车主的驾驶风险。在数据标准化方面,由于数据采集的维度和选取的标准不同,UBI 车险产品发展的初期尚无行业统一标准的划分,保险公司之间、互联网平台之间、保险公司和互联网平台之间的数据标准都有差别,数据的有效性和精准度不统一,很难实现信息之间的交互使用。

由于 UBI 车险产品在国内实践经验不足,产品开发技术也不成熟,保险公司对专业的 UBI 车险公司开发能力不够认可,考虑经营风险等问题,对待 UBI 车险产品的态度也比较保守,这也是 UBI 车险产品没有迅速发展起来的原因之一。

目前,我国 UBI 车险发展虽出现一定困境,短期内很难取代传统车险产品,但是伴随着 2020 年车险综合改革的正式启动,监管政策释放出了积极信号,物联网、移动互联、大数据、云计算等相关技术也都有了新的突破,UBI 车险已经踏入了破局的前夜,一个新的 UBI 车险时代即将来临。

第六章　UBI 保险方案设计

目前我国 UBI 车险虽经过几年的探索与实践，在社会上引起了一定的关注，但是从总体上看，不仅一度发展缓慢，而且依然处于不成熟状态。因此，如何进行 UBI 保险的设计这一课题，无论是在理论上还是在实践上依然具有十分积极的探索意义。下面我们就以 UBI 车险为例，就 UBI 保险方案设计中的诸多问题进行讨论。

一、UBI 保险方案设计的内容

(一)UBI 保险的设计理念

结合汽车所具有的移动、封闭的环境特点，消费者对于 UBI 车险的主要诉求主要表现为以下几个方面：安全、便捷、经济。

1.安全

安全是消费者最关心的一点，根据调查问卷数据显示，UBI 保险的安全性问题主要包括两个方面：操作安全和隐私安全。

(1)操作安全。目前我国的 UBI 保险相关产品基本都采用 OBD 盒子作为数据采集工具。OBD 端口是政府强制要求的可以作为直接进入原车通讯网络的端口，为应用程序提供了快速调取原车信息的可能。OBD 盒子一般分为 1.0 代和目前的 2.0 代。1.0 代的 OBD 产品只读取温度、速度等信息，不会将信息写入原车通信网络中。2.0 代的 OBD 既可通过 OBD 端口读取数据又能向行车电脑发出指令，如发动汽车、控制温度等。同时，OBD 在车辆熄火后还会持续工作使车辆的网络始终处于唤醒状态。OBD 盒子与车辆系统不断地进行数据交流以及持续工作还会影响车辆的电瓶以及本身系统的稳定,这引起了消费者的担心。所以,我们在设计 UBI 保险时,一定要以消费者的安全为第一考量。

(2)隐私安全。根据问卷调查数据显示,消费者最担心的问题是 UBI 保险的隐私保护,其整体占比达到了 50.78%。因为消费者一旦参加了 UBI 保险项目,保险公司就会采集他们的驾驶里程、驾驶时间、车辆行驶轨迹和驾驶习惯数据,他们担心保险公司会泄露其隐私数据,同时也担心第三方如通信商获得他们的隐私数据。所以我们在力争提供产品和服务的同时,还要善用用户数据,保护好用户隐私。

2.便捷

便捷也是影响消费者做出消费决定的重要因素。目前我国所谓的"U-BI"保险基本都是采用 OBD 盒子作为数据采集工具,采集数据需要用户或者 OBD 服务商的专门人员进行安装, 甚至有一些产品还需要在安装之后跟手机进行绑定。很多消费者都不知道车辆 OBD 接口的位置,在安装的时候也是一知半解。大部分年龄较大的消费者更是对绑定的操作一窍不通,需要专业人员讲解教导。因此,便捷是保险公司在设计 UBI 保险时必须考虑的,仔细分析采用何种数据采集工具,或者针对不同的用户群采用不同的 UBI 方案。

3.经济

经济因素更是消费者决定是否消费的最重要因素。UBI 保险对于消费者而言,经济性主要是三方面的因素:保险折扣、设备费用、使用奖励。调查问卷数据显示, 在 UBI 保险提供更大的保费折扣时,80%的消费者愿意参加 UBI 保险。因此,保费折扣是保险公司吸引更大用户量的关键因素。设备费用方面, 根据调查问卷数据可知, 有 38.96%的消费者希望保险公司能够赠送 UBI 保险数据采集工具, 即 OBD 设备。使用奖励也是吸引消费者的因素之一。因此,保险公司在设计 UBI 保险时,应当充分分析消费者的心理需求,尽可能选择成本更低的数据采集工具,一方面设置奖励吸引消费者,另一方面积极发展自身的精算团队,为消费者提供更优惠的保险折扣。

4.互动

社交互动是能让消费者觉得锦上添花的因素。社交互动一方面能让保险公司与消费者更多地进行沟通,帮助保险公司获取更多消费者的使用反馈与偏好信息;另一方面也能满足消费者的消费心理,让消费者在获得更多优惠的同时,还能分享给其他的消费者,既满足了消费者的虚荣心,又能让保险公司获得更多的用户量。

(二)UBI 保险的费率设计

1.影响 UBI 保险费率的因素

影响UBI 保险费率的因素主要包括车辆本身、驾驶员和环境因素,保险公司要获得预期的利润,就需要对不同的人、车和驾驶环境制定不同的费率。

(1)车辆风险因素。影响车辆安全的因素有很多,但目前定价系统会考虑的车辆风险因素主要包括:车辆种类、车龄、车辆用途、生产厂商型号、行驶总里程等。依据车辆类型进行定价是现行车辆保险定价的主流方式,因为车辆类型能够最直观地反映出车辆的维修成本, 故在与车辆维修相关险种(如车损、盗抢等)的定价中起了主导作用。

(2)驾驶员风险因素。Rothengatter(专业调查机构)对汽车事故的研究表明,大约 88%的汽车事故与驾驶员的行为有关。据《中国交通年鉴(2009)》的数据显示, 事故率的 90.68%影响因素是机动车驾驶员行为, 死亡率的92.33%是机动车驾驶员行为。不当行为中,超速驾驶、疲劳驾驶、违章并线、违章转弯、酒后驾驶等行为尤其突出。除酒后驾驶为违法行为以外,其他不良驾驶行为主要是交通陋习,比如驾驶员随意变换车道、不按指示牌行驶等行为都对自身或者第三方安全造成威胁,造成严重的社会和经济负担。所以在考虑人的风险因素时还需要考虑性别、驾龄和历史出险次数等因素。在定价模型中,驾驶员因素又被称为"从人因素",在车险定价中"从人因素"的核心在于各种不良的驾驶行为所占据影响定价因子的比例。

(3)环境风险因素。环境因素分为地理环境和社会环境,所谓地理环境风险因素一般包括地貌、地形、路况和气候等;所谓社会环境风险因素一般包括治安环境和司法环境等。环境因素在现行的车险定价模型中被定义为"区域因子",该因子是在充分考虑了地理环境和社会环境因素后给出的。

2.UBI保险费率的厘定模式

UBI车险费率厘定模式又称为基于驾驶行为的车险差异化费率厘定模式。其在车险费率厘定模式上属于"从车+从人"的综合车险费率模式。除了参考传统车辆因素和驾驶员因素之外,还要引入驾驶员的驾驶行为表现,开车越安全,其保费越低。具体厘定过程如下:

首先,通过车联网的车载OBD终端收集并分析驾驶员的行车数据,包括车辆行驶里程、速度、油耗、疲劳驾驶、急加速、急减速、急转弯、违章驾驶次数等。然后,依托大数据挖掘技术分析评估驾驶员的安全驾驶状况。接着,将该驾驶员的安全驾驶状况进行量化评分。其中,评分越高,其驾驶行为越安全;反之,其驾驶行为越危险,驾驶风险越高。最后,将该驾驶行为评分应用到车险费率厘定中去,真正实现每一位车主车险费率的动态化、差异化。

综上,在车险费率厘定时除了参考驾驶员的驾驶行为表现,还需要参考机动车辆和驾驶员的一些自然属性因子,如机动车辆的车龄、车型、出产地、价格以及驾驶员的性别、年龄、驾龄等传统费率因子。

因此,UBI车险费率厘定模式不仅参考了传统的从车因子和从人因子,还引入了驾驶员的驾驶行为表现,使得车险定价真正实现个性化和差异化。具体UBI车险费率厘定模式流程图,如图6.1所示。

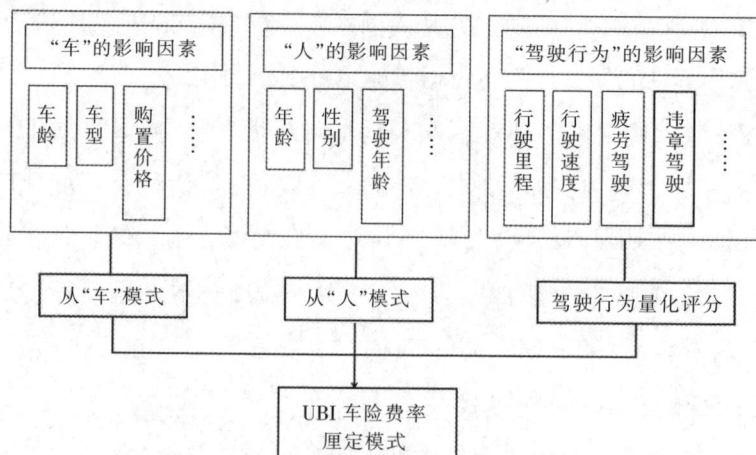

图 6.1　UBI 车险费率厘定模式

3.UBI 保险费率的厘定方法

UBI 车险费率厘定方法应用了总平均费率厘定法、分类风险费率厘定法和个体风险费率厘定法中的一些思想和方法，将车险费率分为基础费率和费率调整系数两部分。基础费率参照传统费率厘定方法进行厘定，费率调整系数是与驾驶员的驾驶行为评分进行挂钩联动机制来厘定。最后将两部分结果进行相乘得到最终车险费率。其厘定流程如图 6.2 所示。

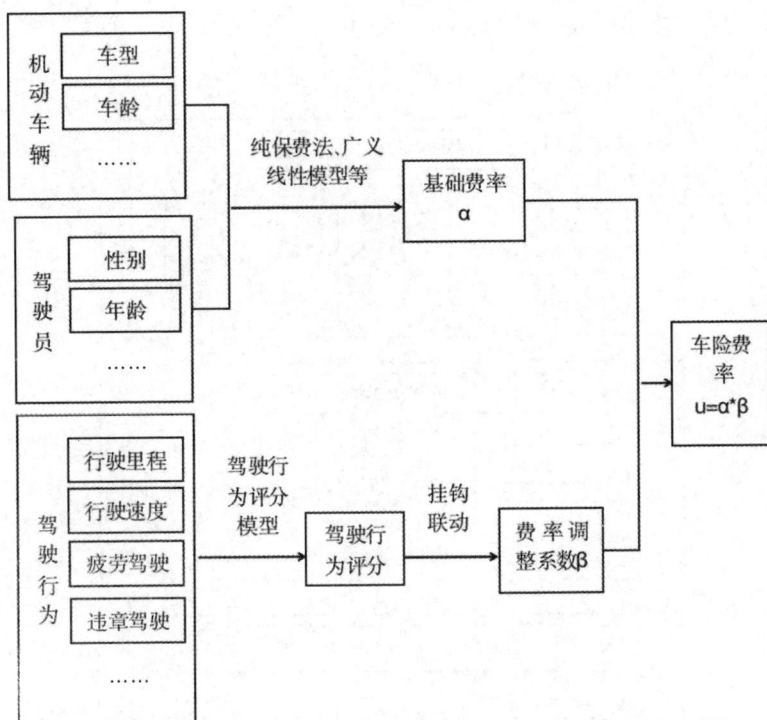

图 6.2　UBI 车险费率厘定方法

（1）基础费率。基础费率由保险监管协会统一厘定，一般是根据传统的费率因子，如机动车辆的车龄、车型、出产地、价格等，驾驶员的性别、年龄、驾龄、身体状况等，利用传统的车险费率厘定方法，如纯保费法、广义线性模型法等方法厘定车险的基础费率。

（2）费率调整系数。车险费率调整系数的确定包含两个步骤：一是建立基于 UBI 的驾驶行为评分模型；二是将驾驶行为评分与费率调整系数进行挂钩联动。

①基于 UBI 的驾驶行为评分模型

驾驶行为评分模型是 UBI 车险费率厘定的核心。通过车联网车载终端 OBD 所采集的驾驶行为数据可以建立驾驶行为评分模型，得到驾驶员的驾驶行为评分。驾驶员的驾驶行为评分反映了驾驶员的驾驶风险情况。一般驾驶行为评分越高,则驾驶风险越低,出险事故率就越低;反之亦然。关于驾驶行为评分模型建立的具体流程步骤如图 6.3 所示。

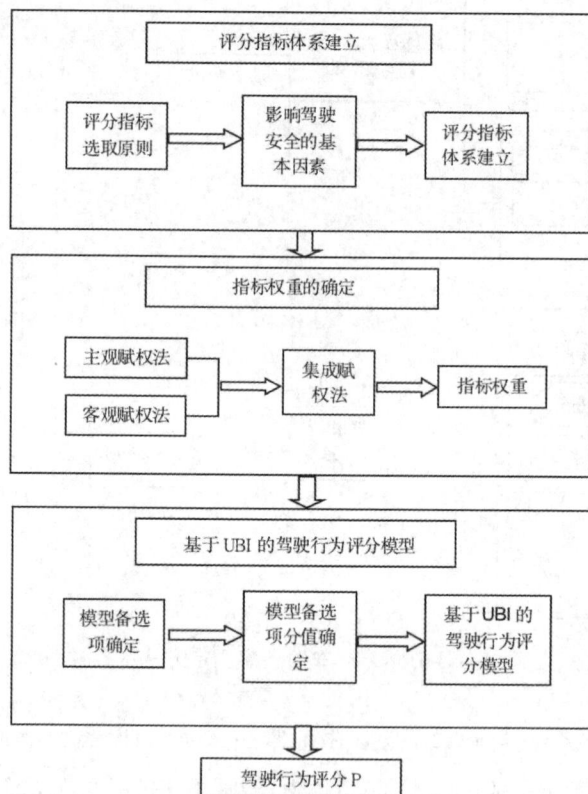

图 6.3　驾驶行为评分模型建立流程

②车险费率与驾驶行为评分挂钩联动机制

在驾驶行为评分模型的基础上，将驾驶员的驾驶行为评分与费率调整进行挂钩联动,得到驾驶员的费率调整系数。具体步骤如下：

a)确定基准安全评分分值及基准评分区间

基准评分分值是衡量驾驶行为是否安全的临界点，基准评分区间是在基准分值的上下±c 的基础上确定的。一般而言,在大数据样本的基础上,利用数据挖掘中的特征分析方法建立驾驶行为评分与事故率、赔付率的关联关系,再根据大数原则确定基准评分分值和浮动分值 c。

b)确定评分分值区间 $P_i(i=1,2\cdots\cdots)$

评分分值区间的确定是挂钩联动模型的关键。一般而言,在大样本数据的基础上,利用数据挖掘中的聚类分析方法挖掘并分析事故风险与驾驶行为评分的关系,把具有风险相似的驾驶行为评分归为同一类,以此确定评分分值区间。

c)费率调整系数 $\beta_i(i=1,2\cdots\cdots)$

一般地,基准安全评分区间的费率调整系数为1,然后根据评分分值区间在费率调整系数浮动范围内给予对应的费率调整系数。一般而言,在大样本数据的基础上,通过数据挖掘中的关联分析方法、多元统计分析方法建立评分区间与费率调整系数的关联关系,以此来确定费率调整系数。

费率调整系数浮动范围以原保监会印发《深化商业车险条款费率管理制度改革试点工作方案》中费率调整的相关规定为例,费率上下调整幅度应在15%范围内。因此,费率调整浮动区间为 $0.85 \leqslant \beta_i \leqslant 1.15$。

d)费率调整系数表

在驾驶行为评分模型的基础上,建立车险费率与驾驶行为评分的挂钩联动模型,得到费率调整系数如表6.1所示。

表 6.1　费率调整系数

驾驶行为得分	费率调整系数
$0 \leqslant P < P_1$	1.15
$P_1 \leqslant P < P_2$	β_1
……	……
$(P_0 - c) \leqslant P < (P_0 + c)$	1
$(P_0 + c) \leqslant P < P_i$	β_i
……	……
$P \leqslant P_n$	0.85

驾驶员的最终车险费率等于基础费率与费率调整系数的乘积，计算得到不同投保人的个性化、差别化的车险费率。

(三)UBI 保险数据采集工具设计

保险行业是以数据为中心的，但是远程信息处理给保险公司增加了大量额外的数据处理压力。从成千上万的车辆上采集数据、处理数据、分析数据是远程信息处理必不可少的环节。远程信息处理设备通常每秒钟产生一条包含重力、日期、时间、速度、位置、累计行驶里程、油耗等数据的记录。不同的远程信息采集设备采集的数据质量、范围和精度都各不相同。我们的最终目的是把采集到的司机和车辆的数据与保险理赔数据相关联，分析得出哪些变量是与司机增加的风险和赔付支出相关的。从保险人的角度来看，无论采用何种远程信息采集设备，特定的一些信息都是评定驾驶员驾驶行为的关键信息。

我们在设计 UBI 保险时既要尽量避免成本投入过大、投入产出周期过长，又要防范化解消费者隐私保护、费率监管等品牌风险，同时还要考虑中国车主的驾驶习惯等，选择数据采集工具时也要遵循这些标准。

1.智能手机方案作为初期推广

从消费者角度讲，那些年轻的司机，特别是那些出生在 1980—2000 年的客户，他们对于手机的使用程度非常高，对社交网络十分熟悉。他们乐于接收新技术，对于能提供驾驶评分，且能够减少车险保费的智能手机软件反应十分积极。保险公司还可以利用智能手机社交优势，在用户交互方面进行创新。交互功能与驾驶评分比拼游戏可以影响年轻驾驶员的驾驶行为，鼓励他们更安全地驾驶，同时也提高了驾驶者自身的驾驶技术。因此，通过智能手机采集远程车辆数据的方案近年来越来越受到保险公司的关注，虽然通过智能手机采集远程车辆数据存在很多限制因素，但采用智能手机采集信息作为 UBI 保险项目初期的方案有更多的益处：

一方面，通过智能手机采集数据完全消除了 OBD 硬件设备的成本。无硬件设备可以使保险公司在 UBI 发展初期节省许多成本，减少了硬件设备的研发、制造、测试费用，也使得 UBI 保险项目能够快速投产。智能手机解决方案所具有的成本效益优势，为 UBI 保险项目的实施提供了良好开端。

另一方面，智能手机也能很快地让用户接受，易推广，可以迅速做到扩大用户基数的效果，为保险公司积累客户数据提供更快更好的渠道。同时智能手机作为沟通工具，在宣传方面也能够达到很好的效果。

此外，智能手机目前普遍被看作是 UBI 保险的未来。对比 OBD 盒子，智能手机拥有 GPS、重力感应器、陀螺仪以及加速传感器，同样可以获取车速、急加速、急刹车等驾驶习惯方面的数据，一旦智能手机收集到的数据能被标准化且其他限制因素能在一定程度上被克服，以智能手机为基础的远程信息采集方案将成功地占领 UBI 市场。同时，通过智能手机向司机推送数据分析结果并提供建议也是一种相对自然的方式，通过手机收集和传送数据并不会引起使用者反感。但其缺点是由于人、机、车的独立和分离性，不能保证这三者数据的一致，从而不能准确获得车辆、驾驶行为的全部关联数据，因而如果使用纯粹基于智能手机开发的 UBI 保险产品时需要考虑这些信息采集数据的偏差。

2.OBD 盒子方案作为可选项

OBD 盒子采集到的车辆速度、引擎转速、油耗、整体行程数据等信息准确可靠，还能有效监测到被保险人关掉设备以及与车辆断开连接的情况。OBD 盒子在目前 UBI 保险市场上被广泛使用，是最常见的车辆远程信息采集工具。同样从消费者角度看，年龄较大的消费者可能没有智能手机，或者他们可能更喜欢内置 OBD 设备，也不喜欢任何的交互活动，这时 OBD 方案可能就可以作为他们的选择。OBD 盒子或者智能手机作为采集数据的工具，从 UBI 保险定价目的上来说都是为了获取"从人"数据。而每个人的驾驶习惯都是个人的特性，只需要获取足够长的时间内的数据即可，因此 OBD 盒子数据回收可以参考美国前进保险公司的方案，采取一定的数据采集期，期间让用户将 OBD 盒子安装在投保车辆中采集数据。采集期间结束之后让用户送回或者寄回 OBD 盒子,保险公司即可根据收到的数据进行分析,对客户进行安全驾驶评级,再给予客户相应的保费折扣。OBD 盒子回收政策使 OBD 盒子可以重复利用,这将极大降低保险公司发展 UBI 保险的初始成本。

同时 OBD 盒子传输数据也可以分为两种情况,一种是通过 OBD 盒子中安装 SIM 卡传输数据,优点是能与云端数据库建立更安全稳定的信息连接,实时采集数据,缺点是实时传输数据需要付给移动运营商数据传输费用,成本较高;另一种是在 OBD 盒子中安装内存,将收集到的驾驶数据储存于 OBD 盒子的储存模块中,数据采集结束后,由用户送回或寄回 OBD 盒子,优点是不需要支付移动通讯费,缺点是需要支付储存模块成本,且回收数据比较麻烦。因此如果我们选择了数据采集期政策,根据我国目前阶段移动通信费用相对昂贵的特点,安装内存而不是 SIM 卡的 OBD 方案将更适合作为保险公司发展 UBI 保险的可选项。

在使用 OBD 盒子时,UBI 保险产品有两种实现模式,对此我们就两种实现模式分别进行了设计。第一种模式是在车辆出厂前,即在车辆内部安装固定硬件设备,通常安装位置比较隐蔽、拆卸难度较大,这种模式由于设备变动成本高、难度大故数据采集最可靠、最全面,可以做到数据的高度真实性。但这种模式的缺点是成本较高且需要专业人员进行操作,目前这种安装模式在英国、意大利等国家使用较为广泛。这种设备除了在承保端可以用于衡量保费的多少,在理赔端也可以用于进行出险瞬间车辆状态分析,类似于飞机的"黑匣子"功能,可以有效避免保险欺诈行为的发生,减少车险理赔时的道德风险。

第二种模式是客户通过 OBD 接口自主安装设备,这种设备比较轻巧便利,Snapshot 就是这种产品的代表。Snapshot 是车辆保险界最先推出的一款基于 OBD 端口数据采集和信息通信的无线设备,其可由客户自主进行安装并上传行驶数据,保险公司依据这些行驶数据来调整保险费的部分调节系数。欧洲和美国对OBD设备安装后的要求有所不同,欧洲保险公司一般采用固化安装, 即安装后不进行卸载;美国保险公司的设备则具有更多自主权,这与美国的文化有很大关系,即在我不想别人知道我隐私的时候我有权选择不对外公开我的信息,所以在美国OBD设备往往可以随意插拔,正是由于这种随意性使车主存在逆选择的可能,即车主如果存在超速行驶或者违规驾驶行为之前可能会自行拔下OBD设备, 造成保险公司信息采集数据的失真。当保险公司发现这些问题的时候也可以通过一系列的手段进行管控,如规定设备在线时间超过一定数值的时候所采集的数据才有意义, 才能购买这种UBI保险产品等。

3.OBD盒子与手机混合方案作为进阶方案

OBD盒子与智能手机的混合方案也是当下市场中很流行的一种获取远程车辆信息的方案。该方案需要一个OBD盒子和用户的智能手机,智能手机作为该项目的数据发送工具,通过蓝牙连接到OBD盒子。该方案虽然对于用户来说增加了一定的操作难度,但却同时兼具了OBD盒子和智能手机的优势。一方面有OBD盒子作为数据采集工具,数据稳定准确;另一方面蓝牙传输数据给手机,设定手机只有在连接WiFi时才能自动将数据传输给远程信息中心,减少了数据的储存和传输成本;此外还能通过智能手机向用户提供更多更丰富的增值服务,可谓是一举三得。

4.UBI数据采集工具选择总结

当前汽车系统配置不断发展,不再简单只具有交通工具的功能,而是向着功能更加全面的移动交互平台发展。汽车系统可以自动给保险公司发送车辆行驶数据来获得更高的保险折扣, 同时通过保险公司反馈的实时驾驶数据来提高驾驶安全度。随着通信技术的不断发展,包括保养提醒、社交互动、天气和道路交通信息等服务质量会不断提高。目前,OBD盒子方案和混合方案在UBI保险市场中占据了主要的市场份额。然而对于数据采集,智能手机方案满足了市场的特定需求, 若在不断发展中的智能手机方案能够突破现有的一些技术障碍,凭借其"无硬件、零成本"的优势必将快速占领市场。

目前阶段,保险公司在发展 UBI 保险时应针对不同的用户情况采用不同的数据采集方案,可先采用一个初级的、易于实现的智能手机解决方案来吸引客户免费使用,等试用期结束后,再升级到更永久性的 OBD 型或混合解决方案。

(四)UBI 保险收费模式设计

1.基础保费+里程计费

基于使用量来付费比较符合消费者的日常习惯,如家用的水、电、煤等,我们在车险中也应该尝试创新基于使用量付费的标准。绝大多数车主的年平均行驶里程在 20000 千米以下,因此在大数据技术和智能硬件的支持下,按里程来计算保费,并根据车主实际驾驶里程划分风险等级,是对差异化保费的一次有益的创新。具体操作中还能设置"充值"概念,即用户在保险期间的行驶里程快要接近投保的里程数时,用户可以进行续充,购买一定量的里程数。

2.一次性整体折扣

一次性整体折扣相对更适用于初期推广阶段。保险公司可以对于采用智能手机方案的消费者给予一次性整体折扣,当然初期的折扣应当相对较小。对于安装 OBD 盒子的用户,在数据采集期结束,数据分析得出相应的驾驶评分后,也可以给予一定程度的一次性整体折扣。

3.初始折扣加上调整折扣

初始折扣加上调整折扣适用于 OBD 盒子方案和混合方案。续保或首次投保给予初始折扣有利于吸引消费者;后续用户的数据采集和分析完,得出驾驶评分后,再给予用户相应的调整折扣,有利于巩固消费者群体。

(五)UBI 保险折扣奖励设计

1.折扣制定计划

保费折扣是 UBI 保险吸引优质消费者的主要因素。根据调查问卷分析结果,80%的受访者在保险折扣超过10%时会考虑购买此保险产品。因此保险公司应当在采集足够量的用户数据之后，分析制定相应的折扣吸引更多的消费者。建议折扣如下:

(1)无事故折扣:上一个或几个投保期间未出险则给予相应的续保优惠折扣。

(2)防盗折扣:车辆拥有防盗设备或设施的给予一定程度的保费优惠。

(3)参加安全驾驶课程折扣:建立安全驾驶培训课堂,对于参加安全驾驶培训的客户,在获得相应的测试成绩之后给予一定的保费折扣优惠。

(4)多车折扣:同时有多辆车投保给予一定的保费折扣。

(5)家庭折扣:家庭成员都参加本公司的车险项目则给予家庭折扣。

2.奖励制度

一定程度的奖励制度有利于吸引消费者参加UBI保险项目，因此保险公司可制定如下的相关奖励制度:

(1)首次投保奖励:首次投保UBI保险项目给予奖励,吸引用户前来投保。

(2)注册礼:成功注册成为保险公司UBI项目会员的用户给予一定的奖励,比如投保优惠券等。

(3)安全驾驶奖励:对于参加UBI保险项目,并且驾驶评分优良的消费者给予一定的安全驾驶奖励,如返现、加油卡积分等。

(4)停驶奖励:对于长时间不行驶的投保车辆给予停驶奖励,奖励类型可多样化。

(5)连续登陆奖励:对于积极使用UBI保险客户端或者积极参加推广活动的用户给予一定的奖励。

(六)UBI保险增值服务设计

UBI车险除了给予车主保费的折扣优惠外,还可以提供其他个性化增值服务来提高客户投保UBI车险的积极性。例如意大利UnipolSai UBI车险为用户提供紧急报警的增值服务,美国Metromile UBI车险为用户提供查看油耗情况、检测汽车健康状况、最优导航线路、汽车定位、贴条警示、一键寻找附近修车公司等服务，并且每月会通过短信或者邮件对车主的相关数据进行总结。国外 UBI 车险的增值服务极大地提高了用户投保的积极性，助力了 UBI 车险的推广。我国 UBI 车险增值服务应借鉴国外经验，并考虑中国消费者的消费偏好，设计一系列符合中国消费者需求的 UBI 车险增值服务。

根据《中国乘用车 UBI 市场专题研究报告 2015(简版)》对国内车险消费者的调查，中国消费者更偏好赠送加油卡、充值卡，提供汽车保养等增值服务。因此保险公司在提供 UBI 车险优惠活动时，应依据保险公司的经营状况、中国消费者的消费偏好，并融合国外增值服务项目的优秀案例，为中国消费者提供更多的选择方案，例如"保费优惠+加油卡充值""紧急道路施救+保费优惠"等活动，进而丰富国内 UBI 车险增值服务的内容，满足多元化的客户需求，让更多消费者享受 UBI 车险带来的好处，促进客户的投保积极性，扩大客户群体，增强规模效应，分散保险公司的风险，增强 UBI 车险盈利能力。

(七)UBI 保险营销模式设计

1.电话营销

电话车险营销是指保险公司车险销售人员通过专用的电话营销号码联系客户，完成保险产品咨询、推介、报价、销售的营销过程。中国平安保险公司最早在 2007 年开始使用电话营销车险业务。随后，国内的各大保险公司纷纷开展了车险电话营销。截止到目前，电话营销模式已经成为最有效的车险营销渠道之一，也是保险公司车险业务的主要利润增长点。保险公司如若推出 UBI 保险，电话营销车险是必不可少的营销方式。

2.互联网营销

互联网车险营销是一种以互联网为媒介和平台的车险营销模式，具体是指保险公司在互联网上设立专门的门户网站，通过网络的便捷性与身份隐蔽性吸引客户在保险公司的网站按照流程提示完成在线车险业务咨询、投保、支付等一系列活动。目前,车险网络营销在美国、英国等发达国家已经比较成熟,但是在我国仍然属于新型的营销渠道。

UBI 保险作为互联网、大数据的产物,应该充分利用互联网渠道,利用大数据更精准地找到客户,再加上 UBI 车险差别化定价功能,为消费者量身定制个性化的保险产品。UBI 保险加互联网渠道可以使投保以及理赔等服务更加便捷和透明,销售误导和理赔难等车险难题将会随着互联网营销模式的流程化和标准化而逐步得到规范,最终实现双方利益获得的最大化。

3.微信营销

微信作为一个社交软件已经覆盖了 90% 以上的智能手机,是人们必不可少的日常使用工具,微信营销是一种高性价比的营销手段。与传统营销方式相比,微信营销建立了一个涉及产品、销售渠道、市场、品牌、客户关系等的高效营销链条。保险公司可以通过微信来进行 UBI 保险产品营销,主要的手段如下:

(1)开放平台接入与朋友圈分享

微信自 4.0 版本推出以后就拥有开放平台功能,保险公司可通过微信开放平台接口接入自身第三方应用,让微信用户可以方便地调用保险公司的应用。同时保险公司可以通过微信朋友圈投放广告。微信端登陆的用户可以通过手机应用、PC 客户端等快速查看自己的保单情况、行车数据评分等,也可以将自己的优秀驾驶技能分享到朋友圈中,让更多的用户看到。

(2)微信公众平台互动营销

微信公众平台营销渠道更加细化和直接,是微信营销的核心。保险公司可以通过公众平台一对一的关注和推送,为客户提供包括业务信息服务,如业务介绍、在线投保、在线报案、保单查询、理赔查询等;优惠活动,如预约保养、兑换积分、网点查询等;特色信息服务,如车辆诊断情况、行驶评分、违章查询等,甚至能够在公众平台增加一系列的抽奖、游戏等,吸引用户与公司积极互动。保险公司还能通过公众平台对用户进行分组和地域划分,实现精准的消息推送。

（3）二维码扫描折扣

二维码发展至今其商业用途越来越多，保险公司可以通过微信端扫码关注有礼、推荐好友有礼、朋友圈转发有礼等活动来增加用户基数，通过扩大宣传面来增加潜在客户。

4.客户端营销

各大保险公司目前均拥有自己的移动车险营销客户端。车险客户端通常具有在线投保、保费计算、保费支付、保单查询、违章查询等功能。新客户在客户端投保一般要经过下载车险客户端、注册、登陆并填写自身信息和车辆信息、系统制定个性化的车险方案、支付车险保费、系统出具电子车险保单等步骤。老客户续保，则只需输入身份信息即可快速完成整个投保流程。移动客户端的车险营销模式克服了地区差异和变量较多带来的困难，可以最终实现精准的车险报价和投保。

结合 UBI 保险，保险公司可以设计制作专门的 UBI 保险客户端。用户打开客户端首先进行注册填写身份信息，再根据提示选择车辆信息，或根据保单自动生成车辆信息。进入客户端，保险公司应根据 UBI 保险的特性在上述客户端的基础上设置驾驶数据、数据分析、驾驶评分、驾驶建议、车况详情等模块，并提供分享渠道方便消费者分享自己的驾驶得分。保险公司还可以设置一定的奖励，鼓励消费者使用客户端。

（八）UBI 保险设计重点

从 UBI 保险的设计理念分析，消费端安全、经济、便捷三大因素中的经济、便捷等方面均可以由上所述的智能手机方案或者 OBD 盒子方案解决；安全因素中的操作安全方面也可以通过技术手段得到改善，唯有安全问题中的隐私问题得不到解决。隐私问题是消费者比较关心的问题。根据调查问卷显示，有 50.78% 的消费者在选择购买 UBI 保险时会担心隐私问题。对于有隐私要求的消费者，我们可以参考美国的 Pri PAYD 构架，为消费者提供隐私解决方案。这也是保险公司 UBI 保险实施的重点和创新点之一。

1.隐私方案设计内容

隐私解决方案应当参考 Pri PAYD 构架，将数据的收集与处理集中在 OBD 盒子中完成。处理完的数据再转换成保险公司定价所需的最小数据包，包括里程数、驾驶时间、驾驶路段、车速以及保险公司制定的费率等，其中保险公司的费率因子可以在安装时上传到 OBD 盒子中，以后再通过远程上传更新费率因子。

用户某段时间的保费在 OBD 盒子中被计算出来，该保费金额会在 OBD 盒子加密之后通过移动数据网络或者短信的方式发送给保险公司。站在消费者的角度考虑，为了确保保险公司没有通过某些暗箱操作偷偷将数据发送给他们内部，在设计时可以将 OBD 盒子的存储介质设计为一个可插拔的 U 盘。存储在 U 盘内的数据都经过 OBD 盒子的加密，因此只有保单持有人才能解读数据。数据的解密需要两个密钥，OBD 在加密数据时一个密钥发送给保险公司，一个储存在 U 盘中。U 盘设计可以借鉴银行的 U 盾，将密钥显示在 U 盘的外壳显示屏上。保单持有人需要通过保险公司的保费账单获得另一个密钥来解密数据。同时，保险公司也需要通过收到的密钥来破译保费金额、保单类型、用户代码等数据。这是一种简单的互相约束机制。整个过程中保险公司不会得到最终保费金额数据之外的其他数据，消费者也可以充分相信保险公司没有得到他们的隐私数据。

考虑得更周全些，我们应该确保过去的位置信息能够被我们轻易地删除。因此，隐私方案中位置信息智能存储在用户所用的 U 盘上，确保用户能够删除或者破坏 U 盘来确保隐私信息不泄露。同时，为了在保险公司记错费用时不至于没有证据，用户可以把 U 盘中的数据在自己的电脑中备份。

另外一点，当 GSM 网络向保险公司传输数据时，虽然数据本身并不包含隐私信息，但是在 GSM 网络中注册的车载 GSM 通信单元会因为访问沿途的网络基站而泄露行程数据，因此在实际使用中必须确保设备在不传输数据时 GSM 是完全处于关闭状态的。技术允许的话,也可以在设备的地图系统中设置相应的"家"的概念,只有当车主回家时,系统才会传输相应的数据包。

2.隐私模式成本与前提

成本方面,隐私模式需要 OBD 盒子具有一定的信息处理和分析能力,这方面可以借鉴目前市面上的各类导航仪,因此在 OBD 硬件成本上几乎没有任何增加;其他成本还包括 GSM 通信费,由于隐私模式传输更少的数据,所以通信费用上会比普通的 OBD 盒子方案更节省。综上,隐私方案在现实中是完全可行的,除了一点:保险公司需要拥有有效 UBI 数据库。OBD 盒子自主计算保费的前提就是根据 OBD 盒子采集得到的数据匹配出相应的驾驶行为得分,这就需要保险公司有充分的数据量来提前进行精算处理,再简化成相应的数据表。因此,隐私解决方案必须作为保险公司发展 UBI 保险产品的后期选项。

二、UBI 保险方案的实施过程

(一)建立 UBI 保险产品准入备案制度

产品准入前,应当要求保险公司将精算方法、数据分析、目标客户、数据采集和使用范围等形成产品运营方案向监管部门备案,防止车联网风险因子成为公司间变相打折和争抢业务的依托;监管部门有权因车险公司未执行报备方案、违规行为、扰乱市场行为等终止其产品销售。

(二)车联网精准对接 UBI 保险产品

互联网技术和概念深入到各个行业中,打破了各个传统行业的稳定性,迫使传统行业努力变革创新寻求新的发展点。车险也不例外,车险通过互联网平台来实现车联网保险。2018 年 6 月份,工业和信息化部与国家标准委联合印发了《国家车联网产业标准体系建设指南》,其中提到要逐步地建设跨行业、跨领域且适合我国产业发展和技术开发的国家车联网标准体系,进一步地满足研发、测试、示范、运行等一系列的产业发展需求,从而推动我国车联网产业规范发展。到 2020 年,基本建成我国的车联网产业标准体系。

互联网技术的飞速发展保证了车联网平台系统的实现，也使得车险的改革变得更为迫切。开发互联网车险产品的数据来源于汽车的电子智能设备，通过汽车车载的内部电子设备可以采集到与车辆和驾驶者相关的动态信息，之后提供给保险公司对车险产品进行开发和研究。当前传统的数据收集和信息处理方法已经不能适应如此大量的数据样本采集工作，十分需要新型的互联网大数据平台技术比如云计算来支撑该项工作。数据的多样化和复杂程度也对开发车险产品的大数据平台提出了更高的要求，所以建模方式和算法的优化也同样重要。与此同时，不断更新的汽车智能化设备也为发展互联网车险产品提供了动力。随着我国新一轮车险费率改革的启动，我国的车险保费厘定也越来越科学化、差异化、精细化，同时也期待能够提供越来越多的保险增值服务来满足消费者日益多样化的需求。

UBI 保险的实施离不开互联网技术的发展，车联网、大数据技术是 UBI 项目实现的重要支撑。UBI 的定义中已明确车辆保险的价格是基于使用者的驾驶行为确定的，即以动态、持续而稳定的驾驶习惯数据为评价，实现根据车主的驾驶行为习惯确定其车险价格。"持续而稳定的驾驶习惯数据"的获取技术，就是依靠车联网这一新兴技术，即"车辆 OBD 终端+智能手机 APP+实时后台数据云计算"的形式实现数据交互和大数据的统计。

UBI 保险是一种创新型的车险产品，其核心理念是驾驶行为表现较安全的驾驶员可以获得保费优惠，而 UBI 产品设计实施的关键在于如何更精确地掌握并分析驾驶行为数据。车联网本质上是物联网的一个分支，它的应用范围更广，通过车联网所搜集到的车辆信息更加全面。所以说，车联网对接 UBI 保险实质上是通过车辆网这个载体获取数据信息，进一步进行数据分析、定价的过程，这个过程有 2 个核心要素：一是数据采集部分应当是全集和子集的关系，即车联网采集的数据应当涵盖 UBI 保险所需要的数据；二是统一的数据交换标准，即车联网平台提供给 UBI 保险平台的数据应当能被后者准确识别。

（三）UBI 保险方案实施的三要素

车联网这一新兴技术,是以"车辆 OBD 终端+智能手机 APP+实时后台数据云计算"的形式实现数据交互和大数据的统计的,其中所涉内容被称为车联网的三要素。

第一要素:车辆 OBD 监测终端器

1.OBD 设备的发展

OBD 即"车载诊断系统",一般位于车辆仪表盘下方,车主在进行车辆维修的时候常用到这个系统接口,用于和电脑相连接读取车辆状态,这个接口读取出来的信息展现在终端可监控系统故障。当发生系统故障时,同时 OBD 系统会将故障信息存入存储器, 通过专业的设备可以以故障码的形式读取相关信息从而迅速定位和维修。OBD 接口一般保持空闲状态, 便于数据采集,且 OBD 接口可以自行供电,带动小功率设备,这解决了接口设备的续航力问题。

从 20 世纪 80 年代起,外国知名汽车品牌开始在其汽车上配备 OBD 接口,OBD 接口一开始是作为车辆检测的接口,而知名品牌汽车一般都配备专业软件设备来方便维修工人进行故障定位。从 20 世纪 90 年代开始,OBD-II 出现了,与第一代产品的最大区别是该接口具有自检功能,OBD-II 的技术参数和标准规范是由美国汽车工程师协会制定的, 遵守该行业规范的主要包括美、英、日等汽车生产厂家,从 20 世纪 90 年代末期开始,美国汽车行业协会要求进入美国市场的汽车都必须按照 OBD-II 标准设置 OBD 接口。

OBD-II 发展到后期在标准上实现了统一, 比如统一诊断座形状为 16PIN,每个针座都有统一的作用,如:发动机代码返回、变速箱代码返回等;规范了各种返回代码的含义, 使不同类型的汽车可以在相同软件平台上进行故障定位;规范了数据传输接口,使车辆在与外部平台进行数据交换的时候更加便捷。

虽然 OBD-II 对监测汽车排放十分有效,但驾驶员接受不接受警告全凭"自觉",因而 OBD-III 产生了。OBD-III 比 OBD-II 更加先进,其产生于 2010

年前后。OBD-III 主要目的是使汽车的检测、维护和管理实现一体化,以满足环境保护的要求。

OBD-III 系统可以渗入到汽车的每一个部件,能够详细分析车辆每个部位的运转信息,与 OBD-II 系统最大的不同是 OBD-III 具有强制数据传输的功能,它可以利用汽车的无线数据传输功能,将车辆的各项数据发送给管理部门,以便能够动态监控汽车的维修保养、尾气排放、交通违章等信息。

2.当今 OBD 设备的主要分类

除汽车生产厂商及汽车维修器材厂商生产制作的专业 OBD 信息采集及检测设备外,随着 OBD 标准统一和微电子技术发展,目前已发展了三类 OBD 信息采集设备,分别是简易 OBD 信息采集设备、GPS 定位及 GPRS 数据传输型 OBD、OBD 行车电脑三类。

3.OBD 信息采集种类

通过 OBD 设备,可获取油耗、转速、速度、油量、机油、电量等车辆情况信息及车辆标准故障代码,并可记录车辆驾驶信息。配合 GPS 定位等设备,可获取车辆运行轨迹和定位信息。部分 OBD 设备还可提供震动报警、车辆移动报警灯功能。通过读取并分析车辆的数据,可获取汽车故障、能耗、行驶状态等车况信息,并分析出驾驶者的开车习惯。

4.部分 OBD 终端厂商的产品及信息采集功能

我们调查了两家有代表性的 OBD 终端厂商的产品,一种是基于 OBD-II 的简易终端,一种是基于 OBD-III 与车辆电子控制单元通过控制器局域网总线相连的较复杂的终端。

(1)A 车联网公司 OBD-II 简易终端

①设备介绍

A 车联网公司终端采用 16PIN 标准接口(OBD-II),数据通信方面支持 OBD-II 协议和 CANBus 协议,在无线通信方面配有 CDMA2000 1X 接口,内置 GPS 天线,支持 GPS 北斗卫星定位,内置三维运动姿态传感器,可以灵敏地检测到汽车的运动轨迹和行驶状态。

②A 车联网公司 OBD-II 简易终端的功能

驾驶优化功能：通过配备的手机 APP 可以实时监测驾驶员的不良驾驶行为并进行提示(比如急刹车、急转弯、发动机转速异常、超长时间行驶、频繁加减速等)，手机终端 APP 可以通过各种报表展现驾驶员的驾驶行为，比如车速超过 80 千米/小时占比、连续行车 N 小时占比、每百千米急刹车次数等，并将这些数据分析后汇总提出驾驶建议。

车辆防盗：在手机 APP 上可以设置车辆防盗功能，当车辆被非法移动时，手机可以马上收到警报，同时也可以设置撤销防御功能。

行驶轨迹：通过 APP 来查看车辆历史行驶轨迹，主要是用于车辆出租或外借的情况下动态检测车辆的位置、轨迹等信息。

监测油耗：通过一段时间的监测，可以反映出车辆的综合油耗情况，同时 APP 还能给出最佳行驶速度建议。

远程呼叫：通过云计算中心，车友服务社区具有专业的呼叫中心平台，为用户提供行车秘书、信息咨询、业务办理等一对一个性化服务。

道路救援：万一车辆发生了碰撞或侧翻，云计算平台后台会主动与客户取得联系，并配合相关救援机构协助救援。

保养记录：通过记录车辆保养的项目及时间里程，云计算平台会定时提醒您将爱车送去维护、保养。

故障定位：APP 可以连接汽车 OBD 端口，对汽车状况进行扫描，并且可以实时定位车辆的故障信息。

增值服务：通过云计算平台，车友服务社区定期向您推送汽车用品、配件、洗车等电子优惠及免费券。让您更省时、更省钱。

(2)B 车联网公司 OBD-III 复杂终端

①设备介绍

B 车联网公司终端(名称为 GID)采用车辆 ECU 通过 CAN 总线相连技

术,具有以下几个特点:一是自带传感器,支持车速、行驶状态改变的自动异常数据感知功能;二是支持车辆的远程调试、维修,通过无线网络联入 GID 系统,检测车辆故障,可以修复 400 多种常见简单故障。

GID 支持多种数据通信协议,具有车联网车辆的唯一标识("网络身份证")。通过唯一的数字标识,车辆在 GIS 应用、车联网维修保养、车辆大数据互联等方面大有用武之地。

②B 车联网公司 GID 复杂终端器的功能

GPS 的轨迹智能算法:一是利用 GPS 轨迹优化算法,将车辆行驶轨迹进行优化,使重现的车辆行驶轨迹更加贴合车辆的实际情况;二是通过加入人工智能的方法,智能识别出优化线路,如避开堵车线路、立交桥优化路线等。

远程车辆故障诊断、协助:使用者可以利用 GID 的远程分析功能将车辆的故障进行传递,同时支持诊断车辆运行状况、分析驾驶员行为;在不同的状况下利用大数据分析平台给出驾驶员合理的故障应对措施和应急措施。

CAN 数据采集:通过 CAN 传输数据到设备,设备通过无线传输到大数据平台,大数据平台具有海量数据存储功能,从而能够长时间地保存车辆状况数据,这些数据在日常用车的时候看似作用不大,但是在车辆出现未知状况时却可以用来进行分析,这有点类似于人类的体检,每次体检都会形成一份报告,将这些报告进行存储和分析即可得出人类从出生到死亡的历程表。

车辆核心数据计算:通过 CAN 采集的数据可以获得车辆发动机等核心设备的各种参数,经过对这些数据的分析和计算可以得到车辆的耗油量、平均时速、碳排放量等数据,而且精准度很高,这些数据可以用于解决车辆耗油过大、排放不达标等问题。

碰撞信息采集:通过 GID 内置的传感器,可以检测到来自各个方向的碰撞以及碰撞的程度。这些数据实时传送给车辆维修单位,以便能在第一时间确定车辆的施救和维修方案。

急加速、转弯、刹车行为统计:通过智能算法对 GPS 数据、智能感应数据进行分析,得出车辆"三急"行为的报告,这些数据对于保险公司、车辆维修单位意义重大。

第二要素:智能手机 APP

车联网中的数据通过手机终端 APP 表现出来,方便车辆使用者和管理者随时查看和管理车辆。一般的手机终端 APP 具有以下功能:

1.远程故障检测:在车联网智能 APP 问世之前,车辆如果出现故障,客户需要主动到检测维修机构进行检测,但车联网的问世完全颠覆了这种模式,通过前面讲述的 OBD 设备,远程服务机构可以全天候监控车辆运行状态,一旦遇到可能影响客户驾驶的故障,就可以通过手机应用给予提醒。

2.保养服务:目前 4S 店和车辆维修机构是通过时间来判断客户是否需要保养的,但这种判断方式往往不够精确,比如存在客户长时间不开车或者在一段时间内开车距离很短的情况,这种时候就不需要提醒客户去保养。有了车联网 APP 软件,就可以准确地获取客户的行驶里程,精准地定位客户,从而提升高效服务客户的能力。

3.油耗统计:目前很多车辆都带有油耗统计功能,但最大的问题是一般只有当前耗油量、累计耗油量,无法精确统计一段时间(如本周、本月)的油耗信息,有了车联网 APP 软件,车主可以多维度、全方位了解车辆油耗情况,同时可以对车辆进行横向比较,比如同类车辆的油耗、哪些路段耗油量大等。

4.实时车况:通过 APP 车主可以实时监测到车辆的状况。

5.行车记录:APP 可以记录车辆的行驶轨迹,同时配有行车记录仪的车辆还可以将行车记录信息上传到云端。

6.一键救援:当车辆遇到紧急情况需要救援时,APP 提供一键救援功能,同时还可以设置更为精准的救援方案,如:设置不同的专业救援公司对不同的事故进行救援,可以为电瓶亏电、油箱缺油、爆胎等情况设置不同的救援公司;设置根据救援好评率来选择救援服务提供商;设置优先选择保险公司提供的道路救援;设置免费救援优先等。

7.一键报险:APP 支持客户一键报险,根据保险公司的要求,对于损失额度小、责任明确的事故可以通过该 APP 直接上传事故信息,具体操作如下:客户首先在 APP 中设置保单信息(包括客户车辆、被保险人等信息),出险时 APP 会指导客户进行现场拍照(远景、近景各 5 张),同时照片可以传送到保险公司后台。

8.查勘车追踪:此服务功能类似于目前较为流行的订餐软件查看配送人员的轨迹信息。客户出险后拨打报案电话,保险公司受理后对案件进行调度,指派查勘车进行现场查勘,手机 APP 可以实时显示查勘车的行驶轨迹,包括:车号、查勘人员联系方式、距离和到达时间等内容。这种做法可以有效缓解客户长时间等待的焦虑心情。

9.车友朋友圈:APP 提供车友朋友圈功能,方便车友交友和互动。

第三要素:后台数据云计算

1.必须要有超大容量的大数据平台

车辆行驶信息数据是一组连续的、复杂的数据,每辆车每年产生的这种数据大约为 1G,如果我们假设需要搭建一个有 100 万辆车数据的平台,那这个平台每年会产生 1000T 的数据。这对于一般的应用来看属于一个海量数据,但对于互联网时代的云平台来说存储还是可以解决的。

2.必须要支持与保险公司核心系统对接来创新服务

云计算平台必须能够与保险公司的核心系统快速对接。对于第三方云计算平台来说,需为保险公司开放数据、服务接口,以方便保险公司调取数据。保险公司原有核心系统、收付费系统、财务 ERP 等系统,都可以通过特定的接口与服务和云计算平台后台对接。此外,云计算平台还需要具备大数据挖掘和分析能力,以支持海量数据的分析。

(四)UBI 保险应分阶段实施

由于目前监管部门尚未放开车险费率市场化,因此不能直接以 UBI 保险的数据进行费率差异化定价,但我们可以通过数据采集对已有客户进行差异化管理,增加客户黏性。

基于以上前提,我们把 UBI 保险分为三个阶段:

第一阶段开发 OBD 端口与信息平台,抢占客户车辆上的 OBD 端口,培养客户使用 OBD 端口的习惯,收集客户稳定的、动态的驾驶行为数据。先利用 OBD 端口设备进行少量目标客户群体(例如英大财险在系统内推行的电网职工车险)投保绑定推销;同时增加事故数据分析功能,判断出险车辆瞬时状态,判断事故责任,并兼设防欺诈功能。

第二阶段随着车险费率市场化放开,尝试推出各种不同类型的 UBI 定价车险产品,增加对客户的吸引力。如针对上班族推出"闲时-忙时"车险产品、针对自驾旅游族推出短期高保额车险产品等。

第三阶段打造持续稳定的客户关系平台,使优质客户长期续保以创造长期价值。在这一阶段平台可根据积累数据进行筛选,一方面对于优质客户提升增值服务项目;另一方面对于产品进行升级改造。

(五)UBI 保险应分步实施

1.搭建平台

(1)接入层

系统的接入层主要提供 OBD 接入设备、智能手机和其他业务系统三种接入方式,是系统数据采集的重要途径,也是未来系统业务扩展的基础。

接入层通过 4G 网络、互联网等载体进行数据传输。OBD 终端内置 SIM 卡,自带 GPS 北斗定位系统,能够实时将数据传送到业务应用系统。智能手机设备通过 wifi 或 4G 网络联入业务应用系统,用户可以实时观测到车辆使用情况,同时安装后的 APP 还可以作为数据采集终端,如:在线投保、在线互动交流和远程查勘服务等。其他业务系统接入作为数据采集层的主要包括:交通违章情况、车辆维修情况等。

OBD 终端可以选择腾讯公司推出的腾讯路宝盒子:路宝盒子带有 OBD 接口,通过该接口可与汽车相连,同时该设备本身具有蓝牙传输功能,用于

和手机相连接。结合路宝盒子,手机端需要配置相关 APP 对数据进行展现和分析,该 APP 主要有以下功能:

定位和导航:打开软件,即可定位手机的位置。在目的地输入框中输入所要到达的地方,即可为客户规划到达目的地的各种路径,选择其中一条线路后即可开始导航,该软件就如同一台导航设备。使用 OBD 盒子连接智能手机进行导航与普通导航最大的区别在于能够规划出更合理的导航路径,比如传统导航不具备更安全、更省油等优化的导航功能。

驾驶评分:软件通过蓝牙获取驾驶员的行驶信息,通过数据分析(主要分析行驶速度、"三急"次数等驾驶习惯)对驾驶员进行评分,并给出改良建议。驾驶员评分可以通过微信等社交软件进行展示,好友间可以进行排名,形成良好的规范驾驶氛围。

(2)应用层

应用层包含两大部分内容,一部分是与现有公司核心业务系统进行对接的部分子系统,第二部分是对外提供服务的外部应用系统。

对接现有系统部分:现有核心业务系统(承保部分)报价规则来源于两方面的数据,一是行业协会的平台数据(包括基准纯风险保费、历史出险次数等);二是光博报价平台(包括根据车型等信息返回的渠道系数等),应用层的数据分析子系统应返回根据驾驶员信息所确定的核保系数信息。

对接外部应用系统:外部应用主要包括为客户提供增值服务的供应商(如:车友俱乐部)、汽车维保商(4S 店)等。这些合作厂商主要关心客户的用车习惯、车辆维保状况等,从 OBD 提取的数据恰恰涵盖这些信息,所以为外部系统开放部分数据接口也是平台子系统的一部分。开放此部分数据将对供应商合作起到积极的促进作用,也更有利于增强客户的黏合度。

部分子系统功能介绍:

①数据采集子系统

数据采集子系统可用来接收来自 OBD 终端的数据,并对数据进行存储。其核心在于数据通信帧的设计。不同类型的数据报文是通过帧头进行区别的，比如 OBD 报文以"CS"开头的表示实时车速信息，以"SJ"开头的表示三急信息等。

②数据分析子系统

数据分析子系统是 UBI 保险平台建设的核心组成部分，该系统充分利用 IaaS 平台提供的基础设施，是一套完整的云计算平台数据管理体系。利用分布式文件系统、NOSQL 数据库、关系型数据、内存计算、负载均衡等多种技术，实现海量数据存储、分析与管理，数据分析子系统实时接收外部请求信息，实时反馈分析结果。

数据分析子系统分为在线分析与离线分析两种类型。在线分析主要面向关系型数据库，离线分析主要面向 HBase 等非关系型数据库的数据分析。数据分析的主要功能包括对数据的筛选、分组、统计、排序等。

（3）数据层

数据层是整个业务平台的数据支撑，为业务层提供了数据支持，是接入层数据汇总和分析的依据。数据层包含业务数据存储和业务数据管理两大模块的功能。系统的数据包括：系统采集的基础数据（车辆行驶数据）、业务应用数据、中间件数据等，通过应用软件的加工还可以实现数据的分层发布，对于不同类型的数据进行分级别分类共享。数据层为系统提供了基础的数据支持。由于整个系统的数据资源非常庞大，使用传统的关系数据库（比如 Oracle）已经不能满足日常性能的需求，即使使用了高性能的机器（比如 IBM 小型机），也不能解决大数据分析和大数据碰撞的需求，可能一次大数据碰撞或者分析就能把整个小型机的性能耗完，造成不能再响应其他正常请求的情况，严重影响数据的使用。

因此要采用分布式的存储方式来存储这些数据，使用分布式的计算方式来处理大数据的分析和碰撞。目前可以使用 Hadoop 中的 Hbase 表存储传统关系数据库中表中的数据，一方面 Hbase 是一种列式存储技术，根据

rowkey 检索数据非常快,支持几百亿数据的检索;另外一方面 Hive 可以提供 HSQL 的方式查询 Hbase 中的数据,为数据的统计分析提供简洁快速的通道。

(4)硬件层

系统硬件层是系统的运行保障层,包括各类网络基础设施和相应的硬件设施。硬件层为系统提供存储、安全等基础功能,该项目是基于原有保险公司核心系统进行搭建的。

2.选择目标客户

平台搭建完成后要有足够多的客户群体对该平台进行测试以改进平台功能。如何选择目标客户,如何让客户接受(涉及将一个设备安装到客户私家车上),需要制定一个方案,完成一次对精准目标客户群的营销。

为了让客户更容易接受 OBD 终端的安装,可以向客户宣传安装后的好处和"免费"这一优势:

(1)需要强调 OBD 盒子可以实现的功能,包括:车辆体检、油耗提示、胎压检测、道路导航、违章统计、三急驾驶等。车上装 OBD 盒子,手机装 APP,时时互联,动态提醒。

(2)良好的行驶习惯可以换取礼品,向客户宣传如将良好的行驶习惯进行上传可以定期换取礼品。

(3)向客户宣传安装盒子后可省掉盗抢险,向客户宣传盒子具有全程GPS跟踪功能,每年可节省盗抢险费用支出。

(4)向客户宣传盒子可免费赠送。

3.改进和推广

在完成平台的搭建和目标客户的选择后,需要对收集到的数据进行测试分析和改进,主要包括以下内容:

(1)分析驾驶员评分结果和历史数据进行比对

为了验证前述驾驶员评分模型是否合理,在数据采集量足够大以后我们需要使用模型评分结果和该驾驶员历史出险的数据(包括出险率、赔付率等数据)进行比对分析。在数据分析子系统里具有数据比对模块,该模块可以对导入的出险数据和评分数据进行分析:首先选定几个基准,如评分在 80 分以上的驾驶员的历史出险次数为 0~1 次,评分在 70~80 分的驾驶员的历史出险次数为 1~2 次,依此类推。通过对历史数据的比对和分析,不断改变评分系统中各项目的占比权重。

(2)精确核定自主核保系数的上下限

评分体系与驾驶员的历史出险数据吻合后需进一步分析驾驶员行为所决定的系数的上下限比例(即满分驾驶员不可能使得该系数为 0,0 分驾驶员也不能使该系数无限大)。

(六)开展精准营销

1.营销宣传方案

由于目前国内对 UBI 车险了解和接受度不高。在推广之初,可以向客户免费进行 OBD 终端的安装服务。并在推广时,将 OBD 盒子可以实现的功能和优惠政策进行大力宣传,宣传方案如下:

(1)OBD 终端能够实时监测车辆状态,针对油耗、胎压进行实时反馈,智能手机上的 APP 能够与 OBD 盒子进行实时的数据互联,从而实现动态提醒和阶段性统计。

(2)安装了 OBD 终端后,有 GPS 的定位功能,因此可以每年省去几大主险中"盗抢险"的保费费用。

(3)根据统计的数据,驾驶行为评分高的客户可以有更优惠的保费折扣,驾驶行为好而累积的奖励积分能定期换取奖励礼品等。

2.制定差异化营销方案

在营销时可以制定个性化、差异化的营销方案。这其中包括:

(1)不同类别的客户对应不同的费用率。通过 OBD 系统可以划分出哪些客户是驾驶行为习惯优良的,这类客户出险概率低可判定为优质客户。

针对这类客户可以通过更优惠的折扣,利用低费用率去抢占。

(2)营销时差异化的险种搭配方案。根据 OBD 系统可以更加了解客户驾驶的风险程度和风险高点,从而为客户量身定做合适的险种搭配,更好地满足客户需求,有依据地为客户提供更精准的保险服务。

(3)营销时差异化的保额选定。单一险种有不同的保额范围供选择,这时可以依据驾驶员的行为习惯数据给出更为合理的选定依据。以第三者责任保险为例,若某一个客户的驾驶行为习惯评分较低,且经常在道路风险水平高的路段行驶或经常在高速中行驶,那么应选择保额较高的第三者责任保险,这样在出险时才能保证有足额的赔付力。

(七)简化投保流程

目前的车险购买都需要向保险公司提供相关资料,保险公司出具投保单与客户确认购买的险种与保费价格,保险公司验车完毕后由客户支付保费完成购买。而 UBI 车险可以简化这一投保流程,UBI 车险是通过 OBD 终端上传到车联网平台,通过大数据分析每一辆车的费率因子而得出保费,客户完全可以通过智能手机 APP 选择按照平台根据车辆和驾驶员数据分析推荐的险种搭配和保额,也可以自主进行选择,一键生成保费计算结果。

(八)提升续保率

众所周知,对于一个公司来说培养一个新客户远比培养一个老客户的成本要高得多,于是客户的忠诚度成为保险企业相当重要的一个指标,不仅代表其品牌影响力,也是其成本管控的重要因素。

对于保险公司而言,车险的续保率高低代表着客户对于保险公司车险产品和服务水平的认可度,也是客户忠诚度的一个重要指标。而优质业务的续保率高低,更是直接关系保险公司的业务结构和品质情况,因此保险公司通常会耗费大量精力与成本用来提高公司的续保率。而 UBI 车险能大大降低这种成本并且提升效率。除了差异化的费率政策让优质客户续保时拥有更低的价格,即保费到期前保险公司可以通过手机 APP 提醒客户续保,还可以通过绑定银行卡等方式实现自动续保,从而防止脱保的情况发生。UBI 车险能够为保险公司带来一个完整的续保管理体系,针对不同品质的业务制定不同的续保政策,从而推动保险公司健康、持续地发展。

三、UBI 保险方案实施的目标

(一)社会目标

1.为公民创造更安全的道路交通环境

在设计 UBI 保险方案时将保费与里程联系起来,为消费者减少驾驶里程提供了强大的动力。驾驶里程越少意味着道路上的汽车越少,道路拥堵越少,基础设施成本越低,整体燃料消耗和车辆排放量越低。此外,保险公司使用 UBI 数据来评估驾驶行为,这极大地鼓励了更安全的驾驶习惯,减少危险驾驶、四急行为(急刹车、急转弯、急加速、急减速),从而减少交通事故的发生频率,给社会带来一个更安全的道路交通环境。

2.减少公民的生命财产损失

UBI 保险方案设计的核心机制是减少损失和降低风险。通过风险分类体系,UBI 保险可以通过对低风险行为的激励和对高风险行为的抑制,向消费者提供经济反馈,从而促进生命财产损失的减少。对于使用 UBI 车险的客户来说,原来只能通过传统渠道获取保险公司的服务,现在可以通过在智能手机上装载的 APP 来获得。车联网技术可以随时随地地为客户提供车况报告、天气情况、出行路线规划、实时交通信息等服务,以便让车主在出行前做好充足的应对措施和准备。而车载终端设备能够对车辆进行远程诊断和防盗追踪,更为有效地保障了客户的生命财产安全。

3.促进社会环境保护

UBI 车险又被称为绿色保单。这是因为车辆的行驶里程数、驾驶时间、急加速等高耗油的驾驶习惯都会被计入 UBI 车险的保费厘定因子中,这将会在一定程度上使得一些驾驶员减少汽车的使用频率和时间,从而在社会学的范畴上起到减少汽车尾气污染物排放、降低能源消耗、缓解全球变暖等作用。

4.减少社会资源消耗

在设计 UBI 保险方案时将保费与里程联系起来，激励消费者减少驾驶里程。据调查显示,更少的车辆行驶里程会按比例减少燃料的消耗。同时资料显示,减少车辆行驶里程将使汽油消耗量按比例减少 8%,并减少 126 吨的碳排放量。燃料消耗量的减少将使我国的石油消耗大大减少,这不仅减少了社会资源的消耗,同时也支持了我国的国家安全政策。

5.推动科技创新

随着 UBI 车险的推广和渗透,社会对于车载信息技术、车联网技术、网络平台水平都会形成更大的反向需求，这种需求将会成为社会科技发展的强大推动力,从而促进物联网技术、大数据存储技术、远程通信技术、智能手机应用技术等新型高科技的创新。

(二)保险公司目标

1.开发更精准的风险评估和定价的方法

对于保险公司而言,UBI 车险产品一个最大的优势就是较高的定价精准度。传统的保险公司拥有的数据都是独立且静态的,保险公司只能掌握车主的基本信息,每部车的年出险次数和理赔额度等。关于汽车和驾驶员的动态信息则一无所知,即每台车的行驶里程、行驶环境和禁驶行为等。UBI 保险产品的定价因素包含驾驶行为和驾驶环境等信息,相比传统定价因子:年龄、性别和车龄等,它们与驾驶员的风险有着更加直接的关系。依据驾驶员的驾驶行为和驾驶环境等信息,保险公司在识别驾驶员的驾驶风险的时候就可以更加精准。将驾驶行为和驾驶环境等因素引入到 UBI 产品定价中,能够有效地提高定价准确度。

2.提高市场竞争力

在"从车主义"的车险定价模式下,决定保费定价的风险因素选择较为单一,风险的分类不够细化,车险精确定价难以深入,无法精准化地对接到具体个人,车险费率与风险水平无法挂钩,难以实现定价方式的差异性;而且在保费商业化改革之前，监管机构给予车险公司保费定价自主权较小，使得保费价格缺乏弹性，无法针对客户特征设计出个性化车险产品，也使得车险公司的保险产品趋于一致，产品同质化严重。车险公司采取价格优惠来吸引消费者，最终使各保险公司陷入价格战的泥潭，市场竞争力无法体现。

而 UBI 车险则能达到动态的"从车"和动态的"从人"。保险公司借助车联网掌握了精确合理的定价技术，保险公司和精算师能够根据车联网提供的大数据分析去更好地调整保费厘定的因子和公式，保费的厘定变得更加的科学与合理，从而吸引更多的车主选择和购买 UBI 产品。在确保利润和符合市场规定的情况下，对低风险的优质客户实行积极的市场扩张战略，降低优质客户的流失率，同时吸引其他公司的优质客户前来投保，进而扩大保险公司的市场份额、优化保险公司客户结构，使得保险公司具备明显的竞争优势。

3.降低赔付率水平

当车辆出险时，传统的车险理赔方式更多的是依靠保险公司的查勘人员，凭借其自身的专业水平和经验来还原现场事故过程、判断责任归属、核定损失金额，这样不但对保险公司的查勘人员来说是极大的考验，而且人为因素影响大，难以有可以量化的客观依据。而 UBI 车险项目让保险公司以低成本方式二十四小时地对车辆实行风险管理，通过车辆装置的 OBD 盒子准确还原事故时的车辆驾驶状态与行驶轨迹，为责任的划分、定损核赔提供了强有力的证据，并且能够作为案件诉讼仲裁的依据。总之，UBI 车险项目能够提升保险公司的风险管控手段和核赔水平，有效提高识别虚假赔案和保险诈骗能力，降低赔付率，提升承保的利润空间。

4.增强客户满意度和黏度

保险公司应用 UBI 产品和投保的车主建立了一个全新的平等、互信的关系体系。不同于传统电销平台和网销平台，而是创造了一个保险公司与客户能够直接接触的平台。车主的汽车接口有 OBD 终端设备,又能通过智能手机 APP 与保险公司实现高频互动,UBI 车险真正实现了客户的主动关联,增强了客户的满意度和黏度,再加上大数据能够提供的各种增值服务,最终能够形成目前保险公司难以达到的强有力的经营模式。

(三)客户目标

1.保费更加合理

根据车险消费者现状与需求情况的调研问卷显示,仍有很多车险消费者对于车险的保费价格合理性不满意。而 UBI 车险在保费厘定因子上加入了动态变化因子进行优化,能够为保险公司提供前所未有的多样化精准数据,极大程度地提升了保单厘定的科学性和合理性。"高保低赔"和"低保高赔"等不合理的现象将大大减少,有效降低车险定价中存在的信息不对称等问题,消费者缴纳的保费将更加合理。

2.车辆使用更加安全

装在车辆中的 OBD 终端能实时地反映车辆的安全性,提醒客户进行检修和保养。当车辆的使用安全性低于设定值时,进行报警甚至主动干预。这样能提高车主主动进行车辆定期检修的频率,从而减少因车辆性能问题造成的交通隐患,提高客户使用车辆的安全性。

3.驾驶习惯更加良好

UBI 车险差异化定价的特征是驾驶习惯优良可得到更优惠的保费折扣。这样的差异化价格优势会促使车主自主进行筛选,进而吸引更多的优质客户使用 UBI 车险。而那些驾驶行为习惯不好的,价格的差异化会驱使和引导他们不断地改变驾驶行为习惯,并根据 UBI 车险提供的驾驶行为改进报告来针对性地对驾驶方式进行改善。越来越多的车主将重视良好交通驾驶习惯的养成,从而形成一种良性循环。

四、UBI 保险方案实施可能出现的问题及解决措施

(一)UBI 保险方案实施可能出现的问题

1.智能手机数据质量问题

UBI 保险是以数据为中心的保险，数据采集与数据分析是 UBI 保险不同于传统保险的关键部分，本文提出了综合采用三种不同数据采集工具的方案。其中，OBD 盒子方案是目前国内外 UBI 保险普遍采用的数据采集方案。虽然 OBD 盒子具有许多不可忽视的缺点，但其可行性已经得到了实践。智能手机具有使用方便，无硬件成本的特点，因目前还存在诸多的技术障碍，故将其作为保险公司发展 UBI 保险的初期推广方案。但是保险公司可能会担心智能手机作为数据采集工具的可行性、采集数据的有效性以及可能发生的道德风险等问题。

如今的智能手机配备有灵敏的传感器、快速的处理器和强大的沟通能力，使得智能手机作为 UBI 保险数据采集工具成为可能。但是，智能手机采集驾驶者数据必须确保智能手机在行驶的车辆中是相对静止或者说是固定的状态才能确保数据的有效相关。现实中，许多驾驶者时常在驾驶途中使用手机，这对 UBI 保险来说是不小的干扰。因此有必要对智能手机采集的数据进行校准。

2.各个方案用户识别问题

用户识别是 UBI 保险的另一大难题，能够显著影响 UBI 保险的道德风险。OBD 盒子方案能够绑定固定的车辆，但是无法确保驾驶车辆的司机身份，也就丧失了 UBI 保险"从人"定价的目标；智能手机方案一定程度上绑定了用户身份，但是无法绑定被保险车辆，也不能做到"从人"与"从车"相结合，况且智能手机用户也很有可能只是车上乘客，这样一来"从人"因素也就失去了意义。

(二)UBI保险方案实施可能出现问题的解决措施

1.对智能手机采集的数据进行传感器融合

国际上对于智能手机采集的数据进行处理的常规手段就是传感器融合。传感器融合是指结合多个传感器,如GPS、加速计、地磁仪以及陀螺仪,相互弥补各自弱点,有效的填补空白数据和数据响应,使得数据结果更接近真实情况的技术。

校准方案主要分为三个步骤:稳定性检测、相关性评估和重新定向。稳定性检测需要三轴陀螺仪的旋转角速率和欧拉角度;相关性检测需要GPS、地磁仪和加速计数据;重新定向需要加速计的数据和智能手机地图数据。行程控制模块控制三个步骤的进行,当行程开始时,稳定检测开始,一旦检测到手机是稳定的状态即进行相关性检测;当手机处于不稳定状态时,相关性检测使用稳定状态时的数据。行程结束,所有检测结束。

2.应用5G网络

5G超快的传输速度、极大的流量、极短的延时和超低的功耗使得万物的互联变成可能。目前我国的5G研究成果在国际上已经取得领先优势,主要研究领域集中在5G标准以及5G应用场景的开发。5G的技术优势与车联网保险高度契合,车联网将成为5G应用开发的重要领地,5G的发展能够为车联网保险注入新的创造力,带来车联网的革命性变革。

5G的核心技术是"多进多出",即能够允许多条天线在同一时刻接收和发送信息,通过5G网络移动终端设备能够实现时空信息的全方面采集,帮助车联网实时的传输和运算机动车方位、移动速度、位置方向,及时提供报警;获取路况和驾驶信息,采集更多样化的3D驾驶行为数据。平台要按照统一的数据标准才能最大限度地实现信息公开化、透明化、共享化,从而发挥其最大作用。基于5G的行业数据标准,实现信息资源的共享,节约费用,为UBI车险的推广和创新发展提供网络支持。5G的超低延时能为车联网保险的理赔提供可靠的判断依据。5G网络每平方米可支持高达100万个网络的链接,能够瞬间对路上的人、车、路、物进行实时数据预测和分析,使得车联网理赔更加的智能化,从而减少人工参与程度,体现出车联网保险的公平、公正、公开。

我国 2020 年将启动 5G 商用模式,保险公司应当顺应潮流积极布局,构建出 5G 车联网保险的网络体系。这其中包括:①通过 5G 的车载智能终端,收集并且处理接收到的用户、公司、车辆的信息,并关联保险公司、交管局等相关数据平台。②开通 5G 网络信息传输通道,利用 5G 容量高、传输速度快、性能稳定等特征,开通一个稳定的、智能化的传输通道。③建立 5G 云端。充分发挥 5G 终端设备的大容量,利用移动设备对车联网数据进行收集、运算、归档、分析、挖掘,为用户和保险公司提供安全且海量的储存空间,以便实时对数据进行访问调取和分析管理。④信息标准化。利用 5G 建立的网络链条将采集的数据标准化,实现平台的互通,从而能够提供更多智能化的网络服务。因此,随着我国 5G 技术的进一步发展,5G 网络能够提高车联网在数据采集过程中的密度和精度,建立起扁平化的组织结构,统一行业标准,真正实现信息共享,并且能够为客户提供个性化的增值服务,帮助保险业提升整体的行业竞争力。

第七章　UBI 保险的发展展望

一、UBI 模式对保险行业发展的影响

（一）物联网对财产保险发展的影响

互联网保险之后，接踵而来的将是物联网保险。物联网作为下一个重大经济活动形态，虽然还没有全面到来，但其商业模式的核心要素已经显现，即"社群经济""终身用户""社会化的创业平台"等的实现和发展。而新的商业模式的生成，必然促成新的商业保险形态。

时代的变化会导致商业模式的改变。以双边市场或多边市场为代表的互联网时代的商业模式，颠覆了工业时代的商业模式。物联网时代的商业模式定然与之前的商业模式不同，这种不同表现在逻辑上、指导理念上、催化结果上等。在市场竞争中，工业时代商业模式靠品牌取胜，互联网时代商业模式靠平台取胜，物联网商业模式将靠终身用户取胜。

1. 物联网时代的发展特征

物联网时代的发展特征主要表现在以下几个方面：

（1）社群经济是物联网时代的最基本条件

所谓社群经济，就是依据每个人的需求，向其提供场景服务。社群经济要将企业员工与用户需求相结合，这是物联网时代商业模式的一个必须具备的最基本条件。用户需求千差万别，即便看上去相同的需求也会有微小而具体的差异。基于社群经济的物联网商业模式却能补足服务不足的短

板,通过员工与用户零距离接触,将其服务触角延伸至全网客户,从而实现客户质量的提升、客户结构的优化。

(2)感知用户场景是物联网时代的主要特征

互联网时代商业模式的主要特征是用户可以在线上随意挑选产品。物联网时代商业模式的主要特征是不需要用户选择,企业就能够依据用户的情景而感知其有什么需求,将所需的东西送上门。因此,物联网时代是基于情景感知的个性化定制的体验时代。围绕用户体验而创新是物联网发展的灵魂。在物联网时代,企业竞争的是终身用户。

(3)创客经济是物联网发展的核心动力

搭建社会化的创业平台,通过网络创造用户价值,通过"价值矩阵"将创造的价值传递给用户,这就是创客经济的形态。创客经济不是以出产品为主,而是以出创客为主。创客会带来新的创意,新的创意会带来许许多多新的产品。创客经济的市场竞争目标并非争第一,而是拼唯一,即在普遍没有意识到的领域创造出新的价值,突破众所没有而获得独有。创客经济依托社会化创业平台进行理念创新、业务创新、应用创新,成为物联网时代商业模式发展的核心动力。

(4)共享平台打造物联网的价值矩阵

物联网时代商业模式带来的一个重大变化是利益共享,即共享经济的构建。技术支撑的共享平台改变了企业与顾客二元关系的价值链,形成了参与者都受益的价值矩阵。共享平台能够提供很多资源,这些资源既可以满足用户各种各样的需求,又可以使企业获得丰富的消费者需求信息。用户还可以通过平台与其他用户之间实现交互,共同分享方便、快捷、便宜的消费体验,成为企业的隐形代理人,进而汇聚起巨大的用户群,让商业空间不断扩大。

(5)以人的价值为中心是物联网的本质

物联网时代商业模式的本质是以人的价值为中心,其宗旨就是要充分发挥人的价值，让人的价值最大化。企业可以在运营层面整理用户的一些信息，整合重构做深度开发，使企业与用户利益绑定，即为用户提供最好的服务的同时，充实、强大企业自身。

2. 物联网时代对于保险行业的影响

物联网时代商业模式对保险业的影响将具有一定的颠覆性，将冲击现有的经营理念、经营领域、经营方式，将有可能突破原有保险产品设计，改变作业流程，开辟新的领域，展现新的风险管理状态。从发展趋势看，保险消费者行为的变化和保险科技的应用将会重塑一个与以往大不相同的保险市场。

第一，定制保险产品发展潜力巨大。物联网时代是基于情景感知的个性化定制的体验时代。在社群经济发展的背景下，风险单位呈现出微型化及细分趋势，原有的大而全的保险产品必然要随之变革，个性化定制将催生出新的产品提供方式和保险服务方式。个性化定制保险，首先要做的就是分解、细化原有保险产品，从全时型向短时型转变，从突出多功能向突出专一功能转变，从面向多方位朝着面向单一方位转变，并且预测、估算风险要更加精确。其次，要无缝对接各消费平台、消费场景，直接获取用户行为和场景数据信息，尤其要了解碎片化消费可能带来的风险。再次，运用保险科技高效筛选并精确分析市场需求数据，准确判断用户需求，及时为客户推送保险产品和服务。

第二，保费定价更加精准。随着物联网保险服务的深化，用户投保后可以依据实际情况对重要的保险参数进行调整（诸如免赔额等），进而对保费做出调整。保险公司利用信息技术手段可以使投保时间精确到秒，实时计算、结算保费。

第三，保险产品与用户的匹配性更高。新兴技术使保险公司不再需要烦琐的用户信息，资料的录入、查寻等。保险公司通过大数据和人工智能等技术的辅助，可以便捷且充分地获得个性化的保险报价信息，再依据个性化的报价信息进行用户方案分析,提高保险产品与用户的匹配性。

（二）智能家居对家财险发展的影响

随着人工智能、5G、IPv6 技术、物联网技术的快速发展和生活水平的日益提高，智能家居产品被更多的消费者所青睐和使用，成为越来越多消费者装修新家和购买家居的首选，智能家居正日益成为现代生活方式的潮流。

1.智能家居的概念

智能家居是以住宅为平台,利用综合布线技术、网络通信技术、安全防范技术、自动控制技术、音视频技术将和家居生活有关的设施集成,构建高效的住宅设施与家庭日常事务的管理系统,提升家居安全性、便利性、舒适性、艺术性,并实现环保节能的居住环境。智能家居是指使用人工智能技术、云计算、红外无线识别、物联网技术和智能产品设备等集成一个能够通过 app 控制、智能控制、语音控制等的居住环境,实现居住的舒适、安全、便捷、智能、节能的综合生态系统。

2. 智能家居基本分类

智能家居,分为家庭自动化、家庭网络、网络家电和信息家电四大类。其中,家庭网络又可以分为有线家庭网络和无线家庭网络。只有了解智能家居种类,才能够更加明确智能家居产品的信息和其对家财险的具体影响。

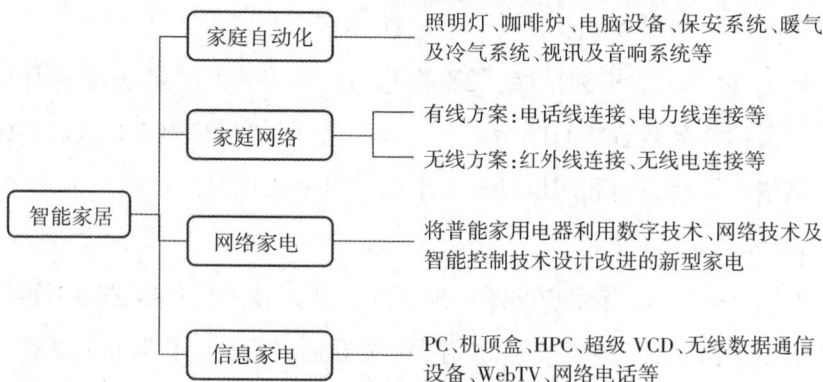

图 7.1 智能家居的基本分类

（1）家庭自动化

家庭自动化指利用微处理电子技术集成或控制家中的电子电器产品或系统，例如：照明灯、咖啡炉、电脑设备、保安系统、暖气及冷气系统、视讯及音响系统等。家庭自动化系统主要是用一个中央微处理机接收来自相关电子电器产品（外界环境因素的变化，如太阳东升或西落等所造成的光线变化等）的信息后，再以既定的程序发送适当的信息给其他电子电器产品。中央微处理机必须透过许多界面来控制家中的电器产品，这些界面可以是键盘，也可以是触摸式荧幕、按钮、电脑、电话机、遥控器等；消费者可发送信号至中央微处理机，或接收来自中央微处理机的信号。

家庭自动化是智能家居的一个重要系统，在智能家居刚出现时，家庭自动化甚至就等同于智能家居。目前，它仍是智能家居的核心之一，但随着网络技术在智能家居领域的普遍应用、网络家电/信息家电的成熟，家庭自动化的许多产品功能将融入新型智能家具产品中去，使单纯的家庭自动化产品在系统设计中越来越少，其核心地位将逐渐被家庭网络/家庭信息系统所代替，这些产品将作为家庭网络中的控制网络部分在智能家居中发挥作用。

（2）家庭网络

首先要把这个家庭网络和纯粹的"家庭局域网"区分开来，它是指连接家庭里的 PC、各种外设及与因特网互联的网络系统，它只是家庭网络的一个组成部分。家庭网络是在家庭范围内（可扩展至邻居，小区）将 PC、家电、安全系统、照明系统和广域网相连接的一种新技术。当前在家庭网络所采用的连接技术可以分为"有线"和"无线"两大类。有线方案主要包括：双绞线或同轴电缆连接、电话线连接、电力线连接等；无线方案主要包括：红外线连接、无线电连接、基于 RF 技术的连接和基于 PC 的无线连接等。

（3）网络家电

网络家电是将普通家用电器利用数字技术、网络技术及智能控制技术设计改进的新型家电产品。网络家电可以实现互联,组成一个家庭内部网络,同时这个家庭网络又可以与外部互联网相连接。可见,网络家电技术包括两个层面:首先就是家电之间的互联问题,也就是使不同家电之间能够互相识别、协同工作;第二个层面是解决家电网络与外部网络的通信问题,使家庭中的家电网络真正成为外部网络的延伸。

(4)信息家电

信息家电应该是一种价格低廉、操作简便、实用性强、带有 PC 主要功能的家电产品。信息家电是利用电脑、电信和电子技术并与传统家电(包括白色家电:电冰箱、洗衣机、微波炉等和黑色家电:电视机、录像机、音响、VCD、DVD 等)相结合的创新产品,是为数字化与网络技术更广泛地深入家庭生活而设计的新型家用电器。信息家电包括 PC、机顶盒、HPC、超级VCD、无线数据通信设备、WebTV、网络电话等,所有能够通过网络系统交互信息的家电产品都可以称之为信息家电。音频、视频和通信设备是信息家电的主要组成部分。信息技术与传统家电的融合,使传统家电功能更加强大,使用更加简单、方便和实用,为家庭生活创造了更高品质的生活环境,比如模拟电视发展成数字电视,VCD 变成 DVD,电冰箱、洗衣机、微波炉等也将会变成数字化、网络化、智能化的信息家电。

3.智能家居的应用场景

现阶段,智能家居的主要应用有智能社区、智能家电、智能睡眠、智能影音、智能安防、智能门窗、智能门锁、智能照明等方面。

表 7.1　智能家具的部分应用场景

应用场景	介绍
智能社区	根据每个用户不同的生活习惯连接家庭与社区,当用户开启安全防护后,小区物业公司能及时掌握家庭安全情况,真正地做到事故前的防范
智能家电	电视机、洗衣机、空调等传统家电是大家接受度比较高的智能产品
智能睡眠	监控呼吸频率、心跳,发现异常及时报警,保障用户身体健康,并在次日提交完整且详尽的睡眠报告,帮助用户改善睡眠状况
智能影音	智能影音家庭娱乐设备能够自由切换有线电视信号、卫星电视信号、DVD、无线网络等信号源,能够智能切换不同的音源,能够智能切换娱乐模式、家庭影院、网络游戏等场景状态
智能安防	网络摄像头、门磁、红外探测、燃气报警、烟雾报警等家庭安全设备,通过 APP 随时监控家庭情况,离家后自动启动安全布防模式
智能门窗	智能门窗正逐渐被用户所接受,成为用户最喜爱的智能家居产品之一
智能门锁	现存有指纹、感应式 ID 卡、防泄漏密码、临时手机验证码、应急式钥匙插孔等多种开门方式,还可根据需求定制开发
智能照明	可通过 APP 远程操控,结合 RGB 灯带 DIY 任意场景模式,万种颜色随意切换

4.智能家居对家财险的影响

一方面,智能家居设备可以帮助保险公司降低或转移损失,提高风险识别度和精准定价的水平,包括:更好地识别风险,潜在的危险因素以及灾害;通过细分风险提高定价的精确程度;预防或转移风险;通过原因探测提高理赔精确度。

另一方面,智能家居设备从产品管理及服务、承保、定价、损失预防和理赔等多个维度重塑房屋保险行业的价值链。从产品管理和服务角度来看,消费者可以获得更为个性化的产品,可以扩展保障范围;从承保角度来看,由于智能家居设备降低了损失的频率和严重程度,因此保险公司可以对客户进行更精准的风险分类,可以根据房屋的具体情况进行定价,而非仅靠预估的数据;从定价角度来看,用户使用智能家居设备并上传数据可以获得折扣,保险公司可以跟据设备厂商提供的确切数据和变量,实现更精准的定价和提供更为个性化的服务;从损失预防角度来看,智能家居设备具备自动报警功能,增加了使用安全性,并实现了损失的预防;从理赔角度来看,智能家具设备可以缩短理赔时间并实现精准理赔,提高理赔透明度,增加客户参与度。

此外,智能家居的发展有利于促进保险公司与智能家居设备厂的深度合作。按照合作的深入程度划分,保险公司与智能家居设备厂商的合作可分成三个阶段:初级阶段,保险公司为使用智能设备的客户提供折扣,通过智能设备厂商销售房屋保险产品,对客户进行市场教育,鼓励共享数据;中级阶段,保险公司与智能设备厂商合作引流数据,使用传感器数据进行核保、精准定价、预防损失;高级阶段,保险公司为客户提供定制化的保险产品和服务,与智能设备厂商合作打造智慧家庭解决方案。当前,保险公司与智能家居厂的合作主要处于初级阶段。但是随着智能互联大发展,更多客户数据的积累,保险公司与智能家居设备厂的合作将会以更深入的方式进行,并致力于将客户细分,从而充分地满足不同用户的需求。其中,关于家庭燃气爆炸和火灾事故预防的应用较为成功。

家庭燃气爆炸和火灾事故往往造成人员伤亡和财产重大损失,是家庭财产保险事故发生的主要原因之一。保险公司可以针对当前家庭安全防护技能较弱的现状,联系智能安防型科技公司进行合作研发,提供可与家财险产品销售配套的智能家居和安防设备,再通过物联网技术与家庭住户手机 APP 相连,实现实时监控家居安全状况,第一时间发现危险并报警,及时处理险情,大大降低家庭财产中火灾、爆炸、盗窃等风险事故的发生,降低家财险的承保风险。这种"家财险+智能家居"的承保方式,不仅加强了家庭财产保险的保障功能,也使保险的重心由"灾后补偿"转向"灾前预防",有效降低风险和损失程度,满足城乡居民对家庭财产保障的不同需求,提升了保险公司的经营效益。一旦智能家具形成规模化、产业化,家财险必将迎来快速发展的爆发期。

(三)可穿戴设备普及下的寿险发展新趋势

在竞争激烈的保险市场,提供个性化客户体验已成为各家保险公司的重要发展任务。以智能可穿戴设备为技术平台,保险公司可以打破传统保险经营模式下以特定客户变量评估为基础的承保定价模式,通过分析用户个人的数据信息,为客户量身定做个性化服务。可穿戴设备的使用对寿险行业的影响主要表现在以下几个方面:

第一,可以改变传统的定价模式。这对健康险的影响尤为突出,保险公司在商业健康险的专业化经营中,应当创新费率形成机制与赔付机制。较高的赔付率和管理成本会让经营商业健康险的保险公司难以实现盈利,只有转型才能改变现状。为了改变传统的风险精算模式,保险公司可以依靠智能可穿戴设备提供的个体实时风险数据准确测量风险水平,以此为定价基础精算出保险费率,改进后的费率能随风险的变化而变动。

第二,巧用医改新政创新产品。保险公司通过有效利用医改带来的便利,进一步提升专业化管理水平,增加健康管理服务内容,推出个性化保险产品,提升保险附加值。保险公司根据这一新趋势可以将业务线全面覆盖疾病预防、疾病诊疗、慢性病康复管理、体检咨询等项目,以综合性服务为目标,不断创新保险产品。在这方面,中国平安正在积极拓展原有的企业团体健康险业务,增加承接政府医保的医疗健康保障服务,综合运用各种信息化技术为各地医改提供综合服务,包括审批医疗费用、减少过度治疗浪费、配合医疗机构和政府医保管理机构提高管理效率,并尝试建立精算模型预测未来疾病发展状况等。

第三,保险公司将更加注重个性化服务。保险公司可利用智能可穿戴设备的远程实时监控功能,为养老院或者独居老人提供全方位的养老护理救助服务,并利用其进行慢性病管理。老年人购买如健康医疗保险之后,保险公司可根据移动医疗的诊疗情况进行收费或理赔。个性化和综合化的服务会增加产品竞争力,降低同质性,让客户更加有购买的意愿。

第四,有利于积极与医疗机构对接。保险公司可以通过收购、控股、战略合作、兼并等方式与医疗机构进行深入合作,有效整合医疗部门信息,控制医疗支出,降低小病大治的风险。例如,对患有糖尿病等慢性病的客户,保险公司通过智能可穿戴设备收集其身体健康大数据和饮食信息,并将数据汇总后反馈给医疗机构,医生通过专业判断来随时跟进诊疗方案,并再通过设备反馈给客户。对风险较低、身体较为健康的客户,保险公司通过相关设备向其提供健康管理建议,随时督促其保持健康的生活方式;已经患病的客户在治疗过程中一旦发生医疗支出,保险公司可以直接与医疗机构对接,实现及时理赔。

第五,保险公司将更加重视技术创新,做好数据利用的基础工作。首先,传统数据分析平台无法处理智能可穿戴设备和移动互联终端带来的大数据,保险公司必须提前规划数据迁移,积极地与主要的数码技术和云技术领先平台进行合作。其次,在大数据时代,软件智能化对提升运营效率至关重要。未来,智能型保险公司需要把应用软件嵌入其业务的方方面面,只有把机器变得更智能,才能从大数据的信息规模中获取更多有价值的信息,并让机器发现个人所无法发现的数据之间的关联。再次,保险公司应把客户的信息安全和个人隐私保护放在首位,在收集和利用个人健康数据之前搭建数据库安全保护系统,不断提高网络安全、数据安全、物理安全、运维安全、应用安全系数,有效隔离病毒入侵、网络黑客攻击等危险。最后,努力培养专业性人才,做好人才储备。新型保险产品的定价、推广、运营需要既懂得保险知识又具备医学知识、既会分析数据又了解市场的人才,而人才的培养和储备是长期性的工作,保险公司要提前进行市场布局,在产品成熟期到来之前便做好人才储备的相关工作。

第六,道德风险将是保险公司着重规避的风险。在设计产品的过程中,保险公司还应考虑到被保险人的道德风险,建立起反舞弊机制,坚持惩防并举、重在预防的原则,才能有效降低客户将智能可穿戴设备使用在非本人身上的情况,减少数据偏差概率。同时,保险公司应规范舞弊案件的举报、调查、处理、报告和补救程序,避免客户利用设备漏洞骗取保险金。

（四）UBI 模式对产品创新的影响

1.利用大数据计算合理的保费

利用大数据计算保险产品保率，是指基于用户的实时风险信息数据，实时计算、更改保险产品的保险费率。其使得保险公司能真正以客户为中心，实现差别费率，为每位客户都提供个性化的保险方案。

产品精算定价能力是保险公司的核心竞争力。传统保险精算采用以历史损失数据为基础的固定风险费率的精算模式，即通过测算以往的损失概率及程度来制定保险产品的费率。通常保险费率一经确定，在保险期内就不会再变化，但是社会环境以及用户自身状况的变化会使保险标的风险状况处于动态变化中，因此如何利用大数据，根据风险信息实时地调整保险费率就显得尤为重要。例如新华人寿在业内率先推出了费改，抓住了费率市场化改革的机遇。其推出的首款费率市场化产品——惠福宝两全保险，最终累计收入超 270 亿元，而公司紧接着推出的其他健康险产品也取得了不俗的成绩，成为公司的保费支柱之一。

在车险定价方面，尽可能地为驾驶行为安全的用户提供优惠是大数据汽车保险的理论基础。近年发展迅猛的汽车数字化为其实现提供了可能。汽车数字化可以将汽车的自我状态监测、驾驶路线、事故录像以及维修记录等各类信息进行数字化处理。在尊重客户隐私的基础上，保险公司通过大数据技术监测分析客户车辆的用途、驾驶方式、驾驶时间以及驾驶频率等数据，还可以掌握客户车辆使用情况，如是否定期保养、胎压是否正常等，并在危险情况下及时提醒用户。通过这些信息，保险公司可测评出车辆风险指数，从而为客户提供个性化的差别费率。

在寿险定价方面，可穿戴设备的嵌入使差别化定价成为可能。穿戴设备可将用户的健康信息实时反馈，如用户的睡眠状况、运动情况以及工作娱乐时间等，保险公司可对这些数据进行综合考量，给健康状况良好的用户一定的保险优惠。保险公司还可以通过用户的健康信息，为不同健康状况的用户提供个性化的健康保险费率，为被保险人的运动健康数据信息关联相应的保险理赔。

在大数据技术的支持下，保险公司可以真正实现差别费率。为风险较低的用户提供低费率，同时适当提高高风险用户的费率，这将成为保险公司的核心竞争力。大数据将有效提高保险公司的精算能力，提高其自身竞争力。

2.基于大数据的产品创新

尽管互联网的大环境下各种保险产品层出不穷，但大多仍局限于传统保险形式的框架中。利用大数据分析，保险公司可发掘用户潜在需求，根据需求设计新产品，从而有效解决保险创新产品较少、结构单一的问题。

例如，众安保险推出的"众乐宝""参聚险"产品，目标即以淘宝网的卖家商铺为潜在客户群体挖掘其需求。"众乐宝"产品以大数据分析为依据，聚焦网上购物的信用问题，抓住买卖双方在信用领域的需求，针对互联网的实时和便捷特征，在定价、理赔和责任范围等方面进行了创新。而"参聚险"则是保险公司通过大数据分析，在发现以往参加"聚划算"的卖家往往需要冻结大额聚划算保证金后提出的一种创新险种。若卖家选择"参聚险"，则只需交较低的保费，就可参与"聚划算"活动，并能得到众安保险的先行垫付赔款服务。数据表明，2013—2015 年间，在每年的"双十一"前后，相关项目的保险产品的销量都有明显提升。

保险业的核心是基于预测，而大数据的本质也是要解决预测问题。因此，如何运用大数据分析法捕捉影响保险需求的关联物，将成为影响保险业未来发展的重要问题。通过大数据分析，找到有保险需求的潜在客户群及他们的潜在需求，依据需求设计新型产品，将使保险产业迎来新的高峰。

二、UBI 模式对保险服务的影响

保险是高度依赖数据管理创造价值的行业，随着 UBI 技术的普及和应用，促使更多的互联网企业加入保险行业当中。在此基础上，大数据、云计算、人工智能等新技术将在承保营销、风险管理和理赔服务等方面展现出更大的价值，数字化科技赋能或将成为保险公司精细化管理和营销模式转型的必由之路。

（一）UBI模式对营销端的影响

移动互联网的飞速发展极大地改变了客户的消费方式和消费行为，形成了线上消费习惯。将UBI技术嵌入到保险业务当中会给保险公司提供大量的数据样本，企业便可以通过对客户购买行为和风险因子数据的精准分析，整合资源构建全面用户画像，进而开发出更多贴近"衣食住行娱"等生活场景的保险产品，并利用互联网媒介流量推广营销活动，个性化为客户分类定制产品组合和提供增值服务，以及搭建APP线上自助移动交易出单平台，推动保险营销模式从原有的传统线下销售变为"线上与线下"深度融合。此外，大数据、人工智能等新技术解决了保险公司和客户之间的信息不对称，互联网营销渠道改善了用户承保体验，有效降低了保费交易成本，直接提升了终端销售成功率，使得保险公司的运营效率更高、经营成本更低、服务质量更好。大数据等新技术的运用给保险营销模式带来新的方向，同时也给传统营销模式带来较大变化，并对其产生替代作用。

具体而言，UBI技术对保险行业的影响主要表现在以下几个方面：

1.改变传统的营销方式

传统的营销方式一般以电视广告、广告牌、体育赛事赞助等来扩大公司的影响力，比如德国安联保险集团拥有拜仁慕尼黑队的主场冠名权、中国平安保险集团赞助中超联赛等，都是以广告覆盖为主，以此来引起消费者注意的例子。而大数据时代，广告营销将细分人群，对不同的客户推荐不同的保险产品，从而避免客户对保险公司及产品产生抵触情绪。

2.可以减少中间销售环节精准对接客户

传统保险营销主要依托于各类中介完成客户对接，一方面保险公司需支付较高的中介佣金成本，在确保不亏损经营的前提下无法投放更多的资源到客户前端;另一方面由于承保信息的不对称,以及部分中介渠道的管理不规范,加之保险属于低频交易,1 年互动频次平均为 1~2 次,导致客户与保险公司黏性不强。而 UBI 技术会积累大量的用户数据,通过这些数据可以对现有客户购买习惯、潜在客户保险需求以及流失客户转保原因进行精准分析,从而实现对客户群更加精准的定位和细分。同时保险公司还可以通过构建互联网等直销直控渠道,打造线上投保、缴费、打单等全流程运营,以绕开中介渠道多层级流转,切实减少中间环节产生的人财物交易费用,将所节约成本直接让利客户或转换成高质量的增值服务,最终形成优质低价的产品销售服务体系,达成客户满意、公司发展的双赢局面。

3.可以形成更加合理的定价机制

现行的定价机制(如车险)主要以客户当年及累计是否发生保险事故为定价基础,所有客户都是统一销售模式。而对于 UBI 技术嵌入下的保险产品来说,可以根据丰富的用户信息,对用户的习惯、风险偏好、行为进行更为准确的分析,实现差异化定价,以此实现保险产品的定制化服务。

(二)UBI 模式对理赔端的影响

UBI 对理赔端的影响主要体现在两个方面,一方面可以有效地提高理赔的效率,另一方面可以最大化地降低骗保发生的概率。

1.可以有效提高理赔效率

传统的保险理赔极度依赖操作人员的经验。当保险公司接收到理赔报案后,由核赔人员依据相关规则来判断是否需进入调查环节。而保险公司往往需要在此环节投入相当大的人力资源。传统理赔都是基于历史经验形成的规则来进行决策,其质量和效率依赖操作人员,极不稳定。依托 UBI 技术下的大数据分析方法则可通过相关的模型训练建立评分模型,适度结合业务人员的经验,通过定量的方法将这些模型固化在相关的 IT 系统中,以系统评分的方式来做出初步判断。传统的方式中,为了便于操作,规则所涉及的影响因素较少,不够精细化。而基于大数据的方法则可涵盖更多的因子进行精确化训练。通过模型进行风险评估可大大节省人工成本,提高保险公司的核赔效率。

2.可以有效降低骗保率

由于传统保险理赔极度依赖理赔人员的经验和责任心,因此保险公司及理赔部门在面对大量新型保险欺诈时,难免力不从心。现在的骗保作案方法更加专业化和规模化。从本质上看,双方信息的不对称是欺诈行为发生的主要原因,而合理利用大数据技术则能通过弱化双方部分不对称的信息来降低骗保率,提前预防客户的欺诈行为。例如,可通过监测客户有多个身份证、集中频繁投保和多家投保等异常行为来筛选出有骗保动机的客户,提前预防。

三、UBI 保险未来的发展方向

(一)国际 UBI 保险发展的实践

在保险行业发展的新时期,国际发达的经济体已经将目光转向了 UBI,并做了许多具有重要意义的尝试。

例如美国的"智能可穿戴设备+健康险" 模式。据美国波士顿研究咨询机构的调查发现, 目前接近 30%的美国保险公司正在尝试使用智能可穿戴设备。其运用的商业模式主要分为两种,一种是保险公司通过可穿戴设备提供特色医疗监控和治疗服务, 另一种是保险公司在定价时根据设备收集的信息来调整保险费。

第一种模式的典型代表是糖尿病管理医疗公司 WellDoc,其经营模式是提供"手机+云端的糖尿病管理平台"用于移动医疗服务。患者通过 WellDoc 公司推出的 BlueStar(蓝星)软件,记录血糖变化、饮食含糖量等数据,再通过手机上传到公司后台,经过云端的分析后软件把数据分析结果传递给医生,医生根据患者的情况提供不同的治疗和用药建议, 软件再把医嘱反馈给患者,帮助患者进行自我管理;软件提供的服务还包括向 Ⅱ 型糖尿病患者提供药物控制检测、实时行为指导等医疗教育服务。此软件在相关临床试验中表现出治疗的有效性,具有一定的经济价值,通过了 FDA 医疗器械审批,并受到法律监督。WellDoc 公司的实践表明,患者使用蓝星软件三个月后大约能降低群体糖化血红蛋白 2%,患者就诊次数及并发症也相对减少,可以节约15%的医疗费用。

第二种模式,保险公司通过分析、挖掘智能可穿戴设备收集记录的健康体征数据,了解客户的健康风险、生活习惯,鼓励其坚持运动,保持健康的生活方式,并建立奖惩制度,降低健康生活的客户的保费,提高生活方式不健康客户的保费,以经济手段降低其医疗健康风险。

这种模式能够实现保险公司与投保人的双赢。一方面保险公司通过数据的分析,了解了客户的生活习惯等健康风险数据,控制了健康风险,当客户生活越健康,医疗费用也会逐渐降低,减少了赔付支出;另一方面客户利用智能可穿戴设备的信息反馈,增加了健康意识,培养了良好的生活习惯,使身体更健康的同时也节省了保费开支。美国的医疗保险费用一般是企业和员工共同负担,而结合智能可穿戴设备的投保方式不仅能够减少企业的费用开支,而且能激励员工积极运动,养成健康的生活方式

此外,近年来"智能设备+保险"的其他模式同样得到了一定的发展,智能设备厂商与保险公司的合作不断深化。如无人机查勘定损公司 BetterView 与房屋保险公司合作的模式就十分值得借鉴。相较而言,中国市场家财险产品形态还较为传统。目前市场上出现了多家智能家居设备产品,既包括扫地机器人等智能家居设备,也包括天猫精灵等隶属于家庭基础设施的智能系统类产品。然而,目前智能家居设备与房屋保险产品的结合程度不高。随着智能家居市场的发展成熟,智慧家庭市场将具有极大的发展空间。

(二)我国 UBI 保险未来的发展趋势

未来我国 UBI 保险的发展将会取得较大的突破。其中,UBI 车险将会迎来新的发展高峰。

首先,根据保险"新国十条"要求,到 2020 年保险深度(保费收入/国内生

产总值)要达到 5%。而过去 5 年,财产保险业务保费收入保持着至少 15%的增长率,而车险作为财产险的主要部分,其发展的空间依然较大。据预测,未来五年车险市场规模由于新车销量增长放缓将保持 10%的增速,到 2020 年整个车险市场规模约为 9420 亿元。若车险费率市场化完全放开,同时伴随着车联网 50%的新车渗透率预期,保守估计 UBI 的渗透率在 2020 年可以达到 10%~15%,UBI 保险面临着 1400 亿元的市场空间①。

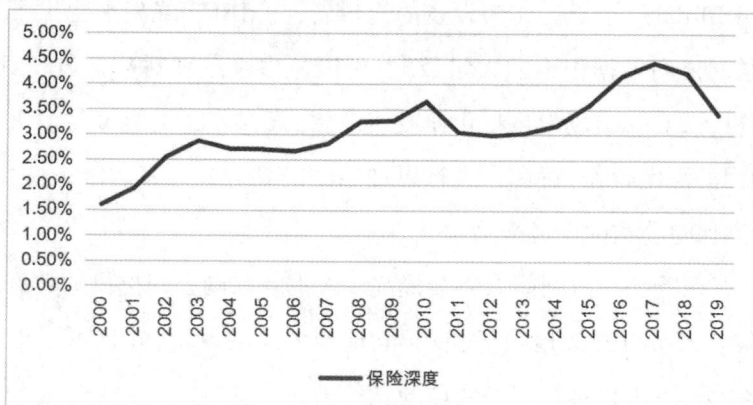

图 7.2　2000 年—2019 年我国保险深度

此外,智能硬件设备、大数据、车联网为 UBI 市场的发展提供了技术支持。UBI 的实现依赖于对车辆各方面的读取技术,包括前装、后装以及其他车载设备,当前这些技术在中国已经较为成熟。目前智能硬件将会逐步替代 OBD,而 4G 通信甚至即将实现的 5G 通信技术将会实现将车辆信息实时传输的目的,这将为车险相关的定价、理赔以及后续的服务提供技术支持。车联网大数据使保险公司进一步开发差异化产品、预防道德风险以及寻求细分市场成为可能。

最后,改革成为车险行业发展的内在要求。当前形势下车险业务的盈利能力低下, 基于车载大数据的 UBI 可以有效地防止车主以及汽车修理厂的

---

① 《2020-2026 年中国互联网+契合保险行业发展动态及投资发展研究报告》智研咨询

"道德风险",并可以选择更加优质、出险更少的客户。当前大型保险公司早在
UBI 领域提前布局,而难以翻身的中小保险公司和新保险公司也在积极地探
索 UBI,寄希望通过技术创新实现弯道超车,争取打破原有的市场格局。

未来中国 UBI 将直接跨过国外的 UBI1.0,向 UBI2.0 进发,其主要的变
化表现在以下三个方面:

首先,未来会形成多方共赢的局面。主机厂、互联网企业和保险公司都
在角逐 UBI 市场,主机厂作为设备的提供者,为 UBI 市场发展提供了设备支
持;互联网公司根据积累的大量数据,可以从多个维度对数据进行处理、筛
选和分析,为 UBI 市场发展提供了技术支持;而保险公司通过与主机厂和互
联网公司的深度合作,对客户进行更加精细的划分并为其制定个性化产品,
以此提高保险公司的服务能力。

其次,保险公司盈利能力将会提高。根据互联网公司提供的数据分析支
持,保险公司可以有效地预防逆选择、道德风险的发生,并且可以提高自身
的服务能力,提高自身在车险领域的竞争力。

最后,保险公司的服务将更加多元化。在 UBI2.0 时期,保险公司不仅
提供理赔等传统车险业务服务,还可以通过互联网平台为客户提供更多的
增值服务。

相较于 UBI 车险,其他险种也会依托 UBI 模式进行许多有益的尝试,例
如健康险、家财险等。但是考虑到设备普及以及业务规模等因素,其发展空间
或许不及车险,但一定会进一步丰富我国保险产品,提高保险保障的水平。

第八章　UBI 保险发展的政策建议

一、政府部门要积极构建 UBI 保险发展的制度基础及技术基础

UBI 保险从本质上可以说是服务于政府社会治理。对整个社会来说 UBI 保险实现了真正的风险减量管理。传统的保险只能实现风险的简单转移，并不能降低风险总量，而基于互联网的 UBI 保险可以实现真实的风险减量，真正发挥保险的防灾防损功能。然而当前我国 UBI 保险刚刚起步，即使是发展较快的 UBI 车险也并不是汽车保险的主流。我国 UBI 保险虽然具备一定的发展基础，但尚不能打开市场现有局面，需要国家层面建立 UBI 保险发展的制度基础和技术基础。

（一）UBI 保险对社会具有正外部性，需要国家政策支持

UBI 保险通过提高高风险客户的保费负担，有可能倒逼高风险客户养成良好的行为规则意识，降低全社会的意外风险，这也正是保险行业的价值所在。正如 2013 年 5 月，英国 Insure The Box 保险公司发布的一份研究报告所指出的那样，在安装 UBI 车载设备后年轻驾驶者造成的交通事故率降低了35%~40%，这证明 UBI 汽车保险具有降低行驶风险的效果，促进社会和谐稳定。随着 UBI 保险的推广和渗透，社会对于通信信息技术、物联网技术、网络平台等都会形成更大的反向需求，这种需求将会成为社会科技发展的强大推动力，从而促进物联网技术、大数据存储技术、远程通信技术、智能手机应用技术等新型高科技的创新。在如今发展比较成熟的 UBI 车险领域已经表

现出较为明显的社会正外部性。UBI 车险产品能够将车辆运行数据同步到后台,无论是对交通事故的现场还原,还是在刑事案件的侦破中都能起到极大的辅助作用。UBI 车险可以鼓励投保人降低行驶里程、减少环境污染,有利于环境保护、生态安全。因此,UBI 保险是值得政府相关部门提供支持的项目。

Teradata 天睿公司大中华区金融行业行业咨询主管余俊越认为:"从宏观的角度来看,UBI 产品发展主要缺少政策方面的支持。首先,这些所谓的行为数据获取就有困难,因为这种数据不单单只是一家保险公司愿意去做就能做到的。不能靠一家就把整个行业拉动起来。比如某公司跟某一家汽车制造商谈好了合作关系,那其他品牌怎么办。在国家没有一个相对清晰的政策的前提下,大家都在摸索,大家不知道到底应该怎么做,或者做的有限。"可见,当前我国 UBI 车险的发展离不开政府政策的支持。

UBI 汽车保险最早出现在美国,但一开始在美国发展的渗透率并不高。主要在于其推广的过程中并不是被所有的州政府接受,只在部分州内进行推广与运行。因此形成的影响力与作用力并不能很好地体现出来,限制了UBI 车险在实行中产生的效果。2015 年,UBI 汽车保险在全美国境内获得认可实行,UBI 车险的发展才在一定程度上提速。在意大利,2017 年 8 月 4 议会批准的《市场和竞争法案》,推荐所有汽车保险采用 Telematics 技术(即 U-BI 保单),在政策支持下意大利 UBI 车险产品的普及率发展较快。可见良好市场的背后需要制度的支持。鉴于此,我国 UBI 保险的发展也离不开国家政策的支持。

(二)UBI 保险发展需要财税部门提供部分税收优惠政策

UBI 保险是一项保险产品的创新,在我国仍属于新事物,未来具有较大的发展潜力及社会效益,对用户良好行为的养成、交通事故的减少、环境的保护等具有重要作用。政府部门可以对 UBI 保险产品提供一定的税收减免或是一定比例的税收返还。政府的税收政策不仅可以让 UBI 保险相关经营主体获得看得到的实惠,而且政府的税收优惠政策对产业发展具有引导作用。一方面可以引导保险资源进入 UBI 保险领域,另一方面对于公众来说也是一种宣传。这种政策优惠是看不见的,但是发挥的作用却是不可忽略的。

2018 年,北京市发布的《颗粒物源解析研究报告》中指出"机动车(45%)对雾霾的贡献比例远高于工厂(12%)"。2019 年,我国交通运输部发布的《绿色出行行动计划(2019—2022 年)》第十条指出"研究制定公众参与感强、富有吸引力的小汽车停驶相关政策"。环境保护与道路安全都要求寻找一种妥善的方法实现减少交通拥堵与事故,降低空气污染。UBI 车险将保费与里程联系起来,为消费者减少驾驶里程提供了强大的动力,被称为是绿色保单。驾驶里程的减少,将降低整体燃料消耗和车辆尾气排放量,有利于改善环境质量,具有显著的社会效益。美国调查数据显示,将保险费用与驾驶里程挂钩将导致车辆行驶里程减少约 8%。车辆行驶里程的减少将使汽油消耗量按比例减少 8%,碳排放量减少 126 吨,相当于 2006 年美国碳排放量的 2%。同时燃料消耗量的减少将使石油消耗减少,有助于国家安全政策。因此,财政部门应对保险公司的 UBI 保险业务提供部分优惠,刺激保险公司开展 UBI保险业务的积极性。

(三)UBI 保险发展需要法律部门完善个人信息安全法律条文

保险公司向投保人提供 UBI 保险折扣的前提是获取用户行动轨迹或时间等隐私信息。随着时代的发展,消费者对个人信息安全的保护愈加看重。UBI 保险如果不能保障投保人的个人信息安全,那么 UBI 保险的发展势必会在较大范围内推广时受阻。从国际 UBI 保险的发展来看,隐私问题也是UBI 推广的难点问题。因此,促进 UBI 保险在更广领域应用的前提条件就是做好 UBI 保险保单持有人的信息安全。通过法律条文保护消费者利益,防止隐私数据泄露,切实保障保单持有人个人信息安全,可以说尊重保单持有人隐私是 UBI 保险的"良心"。

虽然我国在《中华人民共和国居民身份证法》《中华人民共和国护照法》和《中华人民共和国统计法》等法律文件中有关于对个人信息保障方面的语

句描述，但较为完善且有针对性的个人信息保护方面的法律仍未出台。个人信息数据在采集、使用以及信息安全等方面都没有明确的法律规范。对于相关机构泄露个人信息、滥用个人信息的行为没有明确的惩处措施，这使得 UBI 保险潜在客户对自身信息安全的顾虑无法消除，严重影响了市场对于 UBI 保险的接受程度。因此，相关法律部门应及时出台针对个人信息安全的法律保障条款，完善个人隐私保障制度。

在个人隐私安全保护方面，发达国家已经有针对这方面保护的法律。例如，早在 1970 年德国黑森州就出台了专门用于保护个人信息安全的《信息保护法》。欧美其他国家也有类似保护个人信息安全的法律文件。美国许多州监管部门制定了数据采集方式、使用范围的监管规范，来实现数据的合理使用。可见，发达国家对于个人信息安全问题比较重视，法规建设比较完善，这也为 UBI 保险在发达国家的推广提供了一定的制度基础。

UBI 保险的推广离不开法律对保险企业、物联网软件硬件厂商、数据挖掘与分析公司等单位进行法律约束，对这些单位非法使用用户信息的行为进行严惩。只有这样才能解除 UBI 用户的后顾之忧，促进 UBI 保险的推广。

UBI 保险数据的使用。UBI 保险数据可以在司法部门民事诉讼中发挥一定作用，因此可以以法规的形式明确 UBI 保险数据在民事诉讼中的辅助作用。例如，UBI 车险数据通过前置远程信息设备、后置远程车载设备以及手机移动端设备收集到了较为详尽的数据，就可以辅助司法部门民事诉讼判定。UBI 车险对于侦办由交通事故形成的刑事案件也具有一定的辅助作用，借助大数据分析，往往会发现一些被忽略的线索。有时在发生一些交通事故后现场难以获取完整的案件信息，对于受损严重的车辆往往不能获得当时事故发生时的车速等数据，而 UBI 车载产品将此类数据同步到保险公司，对刑事案件的调查或追踪车辆可起到重要作用。在 UBI 汽车保险渗透率较高的国家意大利，法院已经认可 UBI 设备产生的远程信息处理数据可以作为民事诉讼中的证据来使用，这种做法增加了消费者对 UBI 保险的认可度，也推动了意大利 UBI 保险的发展。

(四)UBI 保险发展需要监管部门建立完善的监管体系

保险科技的创新对保险监管提出了更高的要求。根据保险监管的公共利益理论,保险监管应维护市场公共利益和消费者权益,对市场失灵时的保险市场进行监管。 UBI 保险的监管涉及多个阶段,包括最初的数据采集、存储,数据使用与分析,保险精算定价,保险条款的拟定,附加增值服务的提供等。其中整个保险运作过程中均会涉及的保障消费者信息安全、合规使用采集到的信息、确定被保险人风险评级因子、审核大数据精算模型的精准度等活动都属于国家监管机构重点关注的关键点。UBI 保险在监管中确实面临着新的挑战,考验着我国监管部门的监管能力与智慧。

我国的监管部门一直在积极考虑未来保险的发展模式。在深化商业车险费率改革的意见中, 中国银保监会鼓励运用新技术进行保险产品定价机制的创新,通过大数据技术进行汽车保险定价机制的创新。UBI 车险技术就是基于大数据技术的汽车保险定价创新, 完全符合监管部门在保险业的开拓方向。2020 年 9 月 3 日,银保监会研究制定了《关于实施车险综合改革的指导意见》,并于 2020 年 9 月 19 日起开始施行。《指导意见》指出"探索在新能源汽车和具备条件的传统汽车中开发机动车里程保险（UBI）等创新产品"。监管部门在对 UBI 车险产品的创新予以"实验"空间的同时,还要构建 UBI 保险完善的监管体系。

1. 制定相关政策支持 UBI 保险产品落地

我国 UBI 保险才刚刚进入起步阶段,这种创新型产品能否顺利推出和发展取决于政策的导向和宽松程度。UBI 保险所带来的影响不仅仅是产品的创新,而且还会带来商业模式的变革,这对行业主管部门的政策监管是一个大的挑战。监管的态度对 UBI 保险的发展有着决定性的作用。监管部门应当给 UBI 保险发展提供一个发展的端口,为UBI 保险产品的落地提供适当条件。

监管部门可以制定相关暂行条例支持 UBI 车险的落地, 推荐保险公司开展 UBI 业务。在车险改革中可以要求高风险驾驶员投保 UBI 车险,这样迫使高风险人士不得不采取更高的价格来购买保险,从而倒逼高风险客户改善驾驶行为,提升驾驶安全性,从而对交通安全性和保险的社会职责起到一定的改善作用。相关条文还应规定保险公司在某些情况下必须给予消费者相应的折扣,例如:安装了用于收集和提供数据的 OBD 或其他设备;驾驶人同意进行阶段性的预防性车辆检查。只有确保了强制性折扣比例,给予一定的自由空间,投保人才能更有积极性地投保 UBI 保险。监管部门在制定 UBI 保险相关政策时要充分考虑消费者的公平待遇和市场产业链上下游参与者的共同利益,这样才能更好地促进 UBI 保险产品的落地与推广。

为了更多地了解各州利用远程信息技术 UBI 在汽车保险中的应用情况。美国保险监督官协会保险政策研究中心于 2014 年 5 月开展了一项 10 个问题的网络调查,邀请美国所有司法管辖区参与,47 个司法管辖区提供了回复。大约 89% 的应答者回答,基于远程信息处理的 UBI 汽车保险在他们的州是可用的。其中 8 个司法管辖区指出,他们有 12 家或更多公司向其消费者提供远程信息处理 UBI 计划。另有 15 个州表示,他们拥有至少 5 家但不到 12 家注册保险公司有远程信息处理 UBI 计划。10 个州指出,在其管辖范围内提供远程信息处理 UBI 计划的公司数量少于五家。其余 9 个司法管辖区无法提供准确数量的远程信息处理公司,因为立法允许此类程序最近才在其州内通过,他们没有系统来准确跟踪有多少公司提供远程信息处理。从此项调查中我们可以看出美国大部分地区已经开展 UBI 车险业务,并且参与 UBI 保险项目的保险公司也较多,整体上来看政府部门和保险公司对于发展 UBI 保险项目具有较大的积极性。

2. 审查各公司数据采集方式

当不同保险公司为被保险人提供信息采集设备时,在某些情况下设备可能不会记录相同的数据或以相同的方式记录数据。无论保险公司采用何种安排来收集和测量保单持有人投保期间的相关数据,监管机构都应确认,保险公司采集数据的方式是否安全、规范。并且确保采集信息时每个UBI保险保单持有人都知悉自己提供的数据内容，且所有符合既定标准的保单持有人都可以享受一定的折扣。

监管机构需审查接收方传输数据的频率和持续时间。一般远程信息处理设备或应用程序可以每30秒或更短时间记录和传输一次数据。因此，在保单期内每天、每周、每月都会捕获大量信息数据。一些保险公司的远程信息处理UBI程序的结构是在整个保单期内持续收集数据，而另一些保险公司可能会将数据收集限制在特定的时间段内，例如30天或60天。一家保险公司的保单精算经验可能会支持有30天驾驶数据就已充足了，完全可以确定被保险人的风险。然而，另一家保险公司可能会认为只有在整个保单期间内持续监控才会产生可以信赖的精算结果。这就意味着各家保险公司数据采集方式之间会存在一定差异。为了完全理解保险公司提供的保费精算定价模型、优惠折扣等相关信息，用于捕获保单持有人行为数据的采集方法需要向监管机构报备和披露。

3. 规定采集数据的使用范围

UBI保险推行中遇到的困难之一就是消费者在投保UBI保险时对自身隐私问题的关切。许多消费者对于与保险公司共享隐私数据的问题表示担忧，他们质疑保险公司是否有能力保护他们的数据。消费者需要确保保险公司对这些私人数据的使用和储存会受到限制，不与其他第三方（例如销售公司）分享。因此，监管机构为保障消费者的信息安全，需要严格规定保险公司对采集的信息数据的使用范围，仅可用于UBI保险费用的计算以及投保人驾驶行为提示信息的反馈，不可用于公司其他险种，更不可泄露被保险人的私人信息用于其他用途。监管机构在注重保障消费者的权益的同时，也应允许保险公司制定新的和更有效的保险产品，在保护消费者隐私与公司产品创新之间取得平衡。

在国际上，各国对于数据使用范围均具有较为严格的规定。美国监管部门要求各保险公司开展 UBI 保险项目时，必须向其提供有关数据收集、使用、所有权、存储、保护和传播的相关信息。任何与数据使用相关的其他条款，例如与第三方共享用于索赔管理或向政府部门披露信息，都应在协议中明确说明。美国监管部门对于 UBI 保险数据的使用范围尤其重视，会严格审查数据使用情况，确保其符合保险法。2012 年，华盛顿立法机构通过了远程信息处理设备捕获数据使用规范以及基于数据确定保费的相关规定。该法案涵盖了远程信息处理设备捕获的数据使用规范以及基于数据确定保费的相关规定。2014 年，在美国特拉华州议会法案中确立了一些关于远程信息设备的规定，禁止保险公司将车辆个人数据用于保险折扣以外的任何目的。

4. 提高 UBI 汽车保险产品定价的透明性

监管机构需要了解被采集数据的保单持有人信息如何被预测损失并反映在保险公司的费率中，以确保保险公司不会设置使费率不足、过高或引起不公平歧视的评级因素。另外 UBI 保险的评级因素缺乏透明度，不利于引导保单持有人行为的改进。如果被保险人不了解有关被测因素及其与收到折扣之间关系的详细信息，就不太可能引导保单持有人行为改善并切实降低保费。远程信息技术就变成了一个让人难以进入的"黑盒子"，潜在投保人能理解它的人很少，信任它的人则更少。因此，监管机构需要提高 UBI 保险定价的透明度。保险公司的最佳做法应该包括明确指出每一个评级因素被采集的详细原因。例如，为什么 UBI 车险评级因素中右转比左转更安全，或者为什么在一天中的特定时间开车比其他时间开车风险更大。通过签订协议，被保险人接受其条款并承认保险公司将获得并使用特定的行为相关信息，同时促使自身改善驾驶行为。

在国际上，美国对于 UBI 保险产品定价的透明性具有明确的要求。例如，爱荷华州法典规定 UBI 车险所有备案和支持信息都应公开供公众查阅。佛罗里达州保险监管办公室根据相关法规的规定要求公开披露和审查汽车保险费率的各个方面。纽约州州保险法要求从事 UBI 保险项目的保险公司分别关于费率和评级计划以及政策表格做出解释，并要求公开披露其备案和相关支持信息。

5. 加强对 UBI 保险产品的风险防控

随着保险业发展的逐步成熟，保险监管部门对一些保险产品逐步放开前端监管，给予保险公司更多的保险费率厘定自主权，同时将监管重点放在后端。监管部门需要审查保险公司制定的保险费率是否合理与是否存在风险隐患。在此背景下，监管部门要加强对 UBI 保险这种新形式保险产品的风险防控。

监管机构要组织行业开展物联网风险因子的基础测算，建立专属产品审批规则，围绕费率充足性监测产品赔付和定价风险，建立产品监测机制。定期对 UBI 产品及其费率进行充足性回溯，并及时监测该类产品对整个保险业务的影响。在确保物联网定价数据可信、可控和可验证的前提下逐步释放 UBI 承保范围，防范新旧产品之间的风险套利，防止物联网风险因子成为公司间变相打折和争抢业务的依托。确保传统与创新产品良性互动、合理布局，满足不同客户群体和使用场景的需求。监管部门在逐步赋予保险公司更多的经营自主权，逐步淡化对保险价格制定等细节的监管的同时，还要更多着眼于其偿付能力的监管，在整体上把握 UBI 保险对整个保险市场发展的影响。

6. 严格惩处 UBI 保险理赔中的违规操作

UBI 保险通过远程信息处理技术将保单持有人行为信息与地图绘制技术相结合，使得保险公司在调查索赔时可以考虑更多的证据。事件发生的时间和地点可以通过使用远程信息处理技术收到的数据得到证实或提出异议，减少保险公司的盗窃和欺诈索赔，这是 UBI 保险对保险公司带来的好处。但我们也不能保证所有保险公司对 UBI 保险带来的信息都会用于正途。保险监管机构对于非法使用用户信息的行为应实行明确的惩处。

另外保险机构基于所有现有资料以任意或反复无常的理由拒绝索赔以

及歪曲所涉索赔有关的相关事实的行为,也应受到监管机构的处罚。监管部门有权因 UBI 保险公司未执行报备方案、违规行为、扰乱市场行为等终止其 UBI 保险产品销售。监管机构可以要求保险公司制定协议,以确保在索赔调查中使用远程信息处理保单持有人数据的一致性和统一性。该信息可能支持拒绝索赔,但也可以在适当的情况下帮助接受索赔。

(五)UBI 保险发展需要积极推进物联网和 UBI 保险协调发展

物联网的技术进步与普及可以与 UBI 保险的发展协同演进、相辅相成。在《国务院关于加快发展现代保险服务业的若干意见》,即保险"新国十条"中明确提出,要"鼓励保险产品服务创新,切实增强保险业自主创新能力,积极培育新的业务增长点。支持保险公司积极运用网络、云计算、大数据、移动互联网等新技术促进保险业销售渠道和服务模式创新"。UBI 保险就是基于物联网新技术实现的产品创新,二者相辅相成,可以协同发展。

1.各部门联合推进车联网发展

当今我国物联网的发展中,发展最快、最具有代表性的物联网领域是车联网。机动车辆保险与人民利益密切相关。公安部数据统计显示截至 2020 年 6 月,汽车驾驶人约 4.4 亿人,占全国总人口的三分之一左右,分散和规避行车风险已成为社会公众关注的焦点问题。车联网是由车辆位置、速度和路线等信息构成的巨大交互网络。通过 GPS、传感器、摄像头图像处理等装置,车辆可以完成自身环境和状态信息的采集。通过互联网技术,所有的车辆可以将自身的各种信息传输汇聚到中央处理器。通过计算机技术,这些车辆的信息可以被分析和处理,从而计算出不同车辆的最佳路线,及时汇报路况和安排信号灯周期,有效降低因外在因素造成的交通风险。

交通事故的发生存在很多因素,包括车辆状况、道路条件、驾驶水平等,随着现代汽车安全技术的推广和普及、道路设施的完善和安全系数的提升,驾驶员因素逐渐变成交通事故发生的主要原因。驾驶行为中,驾驶人的超速、疲劳驾驶、急转弯、急加速、急刹车等人为因素成为交通事故中的决定性风险因素。据统计 2017 年全国交通事故发生数总计 203049 起,交通事故死亡人数总计 63772 人,交通事故直接财产损失总计 121311.3 万元人民币,巨大数字背后反映的是对交通运输行业风险管理能力的更高要求。UBI 车险可以通过车联网远程信息处理数据来评估驾驶行为并鼓励更安全的驾驶习惯,减少事故发生。UBI 车险将汽车行驶里程与保费定价相关联,能够促进投保司机减少驾驶里程,减少道路拥堵及意外事故的发生。当前制约 UBI 车险发展的一大因素是数据的采集问题,车联网的发展为汽车信息的采集工作提供了技术支持。因此,我国政府各部门可以为 UBI 车险的发展提供一定的助力,推动我国车联网的进一步发展。

各部门已经相继推出车联网发展政策,为 UBI 车险的发展奠定了一定的基础。2005 年《国家中长期科学和技术发展纲要(2006—2020)》中明确指出,将重点支持大数据技术、无线通信技术以及车联网等技术的发展。2011年《物联网"十二五"发展规划》中明确指出,优先发展物联网中的智能交通和智能物流系统。2012 年国务院明确出台政策要求相关车型要在出厂前就安装卫星定位相关设备。2014 年由多部委联合制定出台的《道路运输车辆动态监督管理办法》施行。2017 年工信部颁布《物联网发展规划(2016—2020年)》,支持信息通信行业持续健康发展。2018 年工信部联合其他部委印发《国家车联网产业标准体系建设指南》,指出分阶段建立车辆智能管理标准体系。2019 年交通运输部等部门印发《绿色出行行动计划(2019 年—2022年)》,提出"探索建立小汽车长时间停驶与机动车保险优惠减免相挂钩制度"。2020年中国银保监会发布《关于实施车险综合改革的指导意见(征求意见稿)》中也明确提出要"探索在新能源汽车和具备条件的传统汽车中开发机动车里程保险(UBI)等创新产品"。这些政策的出台,都为 UBI 车险在我国的推广提供了政策依据。

如果未来 UBI 车险产品可以被广泛推广和使用,必然会变相提高对车联网技术、通信工程、智能手机技术的要求,从而促进车联网完善,有效辅助构建更高效的智能交通网。而当前 UBI 车险的发展需要多部门联合推动车联网的发展。

2.加大对物联网产业的政策扶持

UBI 保险实施的关键在于如何更精确地掌握并分析保单持有人行为的数据，实现对保险标的风险的刻画。而数据的采集是依靠物联网技术实现的,UBI 保险是物联网业务和保险业务的融合创新。伴随着物联网技术的成熟,其开始快速向保险行业渗透,给予保险行业巨大的发展前景。物联网与保险服务的结合已是必然趋势。

物联网是 UBI 保险发展的基础，它的应用需要研发移动互联网、云计算、大数据等新兴科学技术以及建立巨大的无线网络,这些研发和应用需要耗费巨资，但是众多物联网设备研发、生产企业一般为中小型的科技型企业,资金或将成为这些企业所面临的最大挑战。这无疑是物联网发展过程中的一个瓶颈,面对这份挑战十分需要政策的大力支持,例如在强化科技创新政策方面进一步完善与落实。加大政策激励力度,对科技型初次创业公司进行税收减免等新的政策措施;加大财政资金支持,完善科技创新计划立项的流程,对科技型中小企业研发给予资金扶持,并且鼓励各级地方政府设立专项扶持资金。

3.铺实物联网发展的技术基础

物联网的发展需要其他技术的支持,因此若要推动物联网工程的完善,则需要首先推进通信方面的 5G 技术、计算处理方面的云技术以及信息采集方面的手机 APP 等相关技术的研发、应用、推广工作。政府相关部门也应继续推进国家 5G 技术、云计算、手机 APP 研发等工程建设。

（1）5G 技术

国家相关部门应当顺应潮流积极布局，构建出 5G 物联网保险的网络体系。这其中包括:第一,通过 5G 的装载智能终端,收集并且处理接收到的保单持有人、保险标的的信息;第二,开通 5G 网络信息传输通道,利用 5G 容量高、传输速度快、性能稳定等特征,开通一个稳定的、智能化的传输通道;第三,建立5G云端,充分发挥5G终端设备的大容量优势,为保单持有人和保险公司提供安全且海量的储存空间,以便实时对数据进行访问调取和分析管理。

（2）云技术

云平台能够最大化地利用网络中的资源,从保险标的装载设备终端到大型计算中心,利用虚拟化技术统一融合到云平台中,实现数据资源共享、节约存储空间,极大地提升资源的利用率。同时,还能减少网络延时,提高服务效率。这个平台通过对保险标的的数据进行大量采集,拥有大量的、稳定的、标准化的数据源,形成了一个大型的数据服务云平台。

（3）手机APP

手机APP不仅能提供查询功能,还能作为后置设备与大数据云平台的数据运输桥梁。它能够实现保险标的、业务平台和人的融合,是目前移动互联时代下UBI保险超强的功能性客户管理工具。目前的移动互联发展让越来越多的投保人倾向于能够通过手机APP查询保险标的、保单金额等各种信息。投保人能够通过APP随时随地地了解投保标的情况,能够对投保标的实行全方位管理。移动端APP除了构建线上的业务模式和功能,也能够提供线下的多方位特色服务,从而帮助UBI保险实现场景化模式的人物互动、人人互动。

二、保险行业要积极完善UBI保险发展的基础设施与行业标准

大数据、云计算蓬勃兴起,物联网、智慧医疗、5G通信等新技术、新应用加速落地,新产业带动新发展形成新市场,万物互联、万物智能时代正在到来,未来正朝着数字化、网络化、智能化的方向发展。物联网、生物识别等加速迭代更新的"黑科技"正依托大数据资源,重塑着交通、医疗、社会治理等应用场景,改变着城市生活的方方面面。在此背景下UBI保险迎来了新的发展机遇,保险行业也将注入新的生机与活力,带动整个保险行业商业经营模式的创新与发展。

（一）要有步骤地推进 UBI 保险的实行

1. 支持 UBI 保险研究项目的推进

当前 UBI 保险项目的理论研究尚不完善，推广 UBI 保险的前提条件之一仍是要加大对 UBI 保险项目的研究。一方面总结 UBI 保险的试点经验，另一方面突破 UBI 保险理论推进壁垒。目前需要推进的研究领域包括：①UBI 保险引起的被保险人行为前后变化的行为经济学研究。通过研究，明确现实 UBI 保险运作中引起的各种行为量的变动，切实厘清 UBI 保险的运行价值。②在车险领域，帮助各保险公司通过一项旨在找出与驾驶量（行驶距离和时间）、驾驶条件（拥堵、道路类型、天气和夜晚与白天情况）和驾驶员行为（操作规范）等相关因素与保险索赔之间关系的研究计划，支持各保险公司的精算技术，使他们能够提供合适的 UBI 保险产品。③对 UBI 保险进行全流程产品试验。设计一款产品，通过将 UBI 保费与风险挂钩，寻找实验者，通过采集、了解和分析基于使用情况的驾驶数据，以指导司机提高驾驶安全性并节省资金，减少驾驶里程。通过完整的产品试验，寻找 UBI 保险仍存在的发展困境的解决之道。

2. 坚定地推进 UBI 汽车保险的试点

我国已经成为全球汽车保有量除美国之外的第二大国。据中国汽车工业协会分析，2020 年中国机动车保有量会突破 3.5 亿辆成为世界第一机动车大国。随着人民生活水平的提升和消费升级的到来，购车和换车需求还将不断扩大，作为刚需的汽车保险市场也将迎来更加广阔的发展前景。汽车产业的发展必然会对当前车险改革提出更高的要求，UBI 汽车保险是我国商车改革的一个方向。

UBI 汽车保险能够充分发挥市场的积极作用，对消费者、保险公司及整个社会都具有较高的发展价值。对消费者而言，可以降低保险费、加强驾驶安全性和优化索赔体验。对于保险公司而言，可以降低索赔成本、改善风险定价、减少逆向选择和道德风险，有效提高品牌知名度和忠诚度。对社会而言,UBI 车险有效地减少了私人汽车使用造成的负面外部效应。因为保费设计与里程挂钩,UBI 保险激励司机减少总里程数,从而减少交通事故、拥堵和燃料消耗,进而减少碳排放以及对化石燃料的依赖。从全球汽车保险的发展来看,UBI 汽车保险也是未来的发展方向。PTOLEMUS 咨询公司的调查显示,2013 年全球 UBI 车险的市场渗透率不到 1%,2016 年 UBI 车险市场增长率就升至 32%,有效 UBI 车险保单达到 1400 万份。2017 年全球约有 1740 万件有效 UBI 车险保单,增速为 26%。到 2018 年,有效 UBI 保单数进一步增长至 2480 万件。预计到 2030 年将覆盖全球 50% 的车辆。

当然我们也应看到 UBI 汽车保险在我国开始出现的时间尚短,2014 年才起步,保险公司、汽车产业相关经营机构等对于 UBI 车险的理论认识、试点经验还不够充足,市场环境还不足以支撑 UBI 车险在全国范围内推广。"纸上得来终觉浅",一个新项目是否能够成功,必须要经过实践的检验,因此 UBI 车险的推广要先进行试点,总结试点经验,然后逐步推广。对行业来说,既不能忽视这种新型汽车保险运行方式又不能步子太大,搅乱汽车保险市场的现有秩序。

3. 抓住商车费改政策的发展机遇

2015 年 2 月,原中国保监会印发《保监会关于深化商业车险条款费率管理制度改革的意见》,启动商业车险费率市场化改革工作。2016 年底,原中国保监会曾向保险公司下发《关于进一步深化商业车险条款费率管理制度改革有关问题的通知(征求意见稿)》,对于商业车险的改革制定了方案,将分为几步走。在初期,全国的统一费率模式将仍然是各大公司的保费模式,等到市场中的时机成熟后,对一些有能力、有资质的保险公司赋予自主定价权利,再慢慢逐渐过度到所有保险公司都能够进行自行定价。商车费改旨在赋予保险公司定价自主权,让市场发挥资源配置的主导性作用。在相关政策保障下,可以预期保险公司获得定价自主权以及我国车险市场出现浮动性的差异保费将不会太远。2020 年 9 月,中国银保监会发布《关于印发实施车险综合改革指导意见的通知》中明确提出要"探索在新能源汽车和具备条件的传统汽车中开发机动车里程保险(UBI)等创新产品"。政策表明 UBI 车险是商车改革的一个探索方向。UBI 汽车保险需要将保险业市场化费率改革以及车险综合改革作为契机,以实现车险费率的公平化、自由化、差异化、个性化和科学化。

我国现阶段正处于车险费率市场化改革的关键时间点,费率市场化意味着保险公司需要确立符合自身的定价体系,这个体系需要制度规范和合理设计。体系中应该包括基于客户驾驶习惯的个性化、差异化定价的车险产品,将车主驾驶行为的一系列风险因素纳入定价机制中,UBI 车险刚好满足了这些要求,因此商车费改无疑对 UBI 车险在我国的发展提供了良好的契机。长远来看,UBI 车险制度建设一定要在商业车险费率改革的大框架下进行,并且在该过程中 UBI 车险应该和商业车险改革形成良性互动,互相促进发展。

4. 建立一套完整的 UBI 保险发展行业规范

UBI 保险的推广与落实需要一个可以参照执行的行业规范。建立完善的行业规范才能指导各大保险公司 UBI 保险产品的开发和设计,否则各保险公司会束手束脚,难以确定推进方向,或者即使向前推进也会存在设计偏误,难以实现统一规范与监管。

行业规范可以规定采集数据的远程信息设备、信息数据的限制使用范围、投保人风险评级标准及保险费率精算模型的设定以及其他 UBI 保险的相关因素。通过一整套较为清晰、完整的 UBI 行业规范可以有效推动 UBI 保险的推广,并实现风险可控。在 UBI 车险基础技术手段车联网数据采集的标准化方面,我国保险行业已经制定了一些行业规范,如中国保险行业协会在 2019 年 3 月 28 日发布的《机动车保险车联网数据采集规范》,已于同年 6 月 28 日开始实施。该规范旨在指导和规范车联网数据采集、校验工作,引导保险公司、汽车生产企业、车联网科技企业各方形成合力,共同推进我国车联网建设。随着大数据在车联网技术应用中的发展和深入,车联网数据采集规范也应不断更新,并扩大其适用范围。同时,为实现 UBI 车险数据收集的真实性, 保险行业还需要建立数据检验标准,形成车联网数据有效性检验机制,确保数据可信、可控和可验证。保险行业可以在已有车联网行业规范的基础上,逐步完善 UBI 保险发展的行业规范。

(二)完善 UBI 汽车保险数据采集、分析与使用标准

1. 采用多种远程信息设备联合收集数据

保险正迅速成为一个庞大的数据产业。数据的采集、分析与使用需要建立一套较为完善的规范,才能实现 UBI 保险大数据使用效益最大化。

UBI 车险数据采集设备中主机厂前装设备获得的数据稳定性较强,但数据源头在主机厂手中,数据分享与使用有一定困难。后置车载数据采集设备数据获得不需经过主机厂, 但成本较高。手机通常配备了大量相关的传感器,例如 GPS、加速度计和陀螺仪。同时,手机具有较大的数据存储容量,或无限的云端存储,以及优越的通信能力,使用基于智能手机的 UBI 程序对保险公司来说没有设备、安装或数据连接的成本,但手机采集数据的质量及获得数据的可靠性有待提高。综合分析以上信息采集设备的优劣势可知,若想实现 UBI 车险的大范围推广应以主机厂预安设备为主, 手机采集数据加以校验为辅;若想获得主机厂前装设备的数据,则需进一步推进车联网的发展进程。车联网可以利用车辆自带联网设备将车上数据传到后台,然后加以应用, 这样就可获得较为可靠的数据源。采用多种远程信息设备联合收集数据,多种数据相互验证,提高了信息的真实度。

另外,一些外在因素也要求采取多种远程设备联合收集数据。一些投保人为了获得更低的保费,可能会对外装的设备进行人为篡改或者损坏,降低数据采集频次或者造成收集错误信息数据, 这会对 UBI 车险产品定价产生不利影响。设备无法采集到保险标的的正确运行信息, 也会产生骗保的问题,因此需要采用多种远程设备联合收集数据,并令投保人获悉数据信息采集的多种手段,有效降低投保人的道德风险。

表 8.1   多种远程信息设备优劣势对比分析

	优势	劣势	代表公司
前装设备	数据精准且不存在篡改数据等道德风险、无需后装设备的成本	无统一的数据采集标准、需支付一定的数据采集成本、不易推广、数据的权限问题	日本 AICI 保险公司与丰田、Teletrac 保险公司等
后装设备	接口标准化、容易推广、设备可重复使用、携带及使用便捷	有一定的安装成本、数据与车险定价所需数据匹配度低	美国前进保险公司、美国 Metromile、意大利的 Unipol 等
手机 APP	无安装成本、可进行实时风险画像、为拓展客户与互动交流提供平台	对保险公司的 APP 开发和数据清洗及分析要求较高	美国州立农业财险公司的 Drive Safe&Save APP

资料来源:曹辉.汽车里程保险需求意愿的调研报告[D].北京首都经济贸易大学,2019 年.

2. 明确采集信息段,优化 UBI 评级体系

风险因子是促使或引起风险事件发生,以及风险事件发生时致使损失增加、扩大的因素,是造成损失的间接和内在的原因。UBI 车险需要尽量明确造成车险事故发生的所有风险因子,并进行风险因子的筛选。现有车险定价中所有的因子和真正的风险大多为关联关系,而 UBI 车险收集的风险因子应该是一些具有直接因果关系的风险因子。对车联网数据进行筛选,并将其转化为可使用的风险因子,这一过程需要在借鉴国外 UBI 车险的基础上,在国内进行大规模的数据研究,采用更丰富的定价因子和进行多次数据采集研究。

影响 UBI 汽车保险评级的因素众多,包括驾驶行为信息,如速度、行驶时间、行驶区域、紧急刹车的频率、急转弯频率、每天的出行次数、夜间行车时间、周末行车时间等;驾驶环境信息,如天气、季节、交通模式,道路类型、明亮或黑暗、道路速度限制等;驾驶人信息,如年龄、性别、工作类型等,以及驾驶车辆信息,如车辆类型等。明确 UBI 车险的信息采集段,才能使风险评级更加精确,并限制不合规信息段的采集。例如,按照国家《高速公路交通管理办法》的要求,重卡在高速公路的行驶时速不能超过 90 千米/小时。车速超过 90 千米/时的频次越高,其驾驶危险性越高。可以设定超过合理车速(如 90 千米/时)时增加保费。在确定风险因子之后,还需将风险因子分类为主要

因子、次要因子、辅助因子,为不同种类风险因子设定其决定保费厘定的比例,使得定价更为动态和精准。

3. 制定数据采集规范,实现数据标准化

由于硬件、算法、传输、存储等各方面差异导致源数据的数据维度、衍生数据指标、采集频度、可靠性差异极大。例如,对于保险公司来说,由于数据有多种表示形式,从现有的多种设备中的任何一种到相关设备制造商,再到数据集结器,在最后一步时都应确保以标准格式向所有保险公司提供数据。并且中国的汽车市场比较复杂,消费者多、车种类杂,同一个品牌有的开放OBD 接口,有的不开放,有的只是部分开放,数据格式也不同。因此,数据应用和交互的统一标准化就显得尤为重要。

行业协会或监管部门应积极致力于将向保险公司提供远程信息数据所涉及的数据要素标准化,以提高分析的一致性,减少支持多个数据接口的需要。数据的标准化应当对设备的性能提出明确要求,包括卫星定位的灵敏度、精准性和更新频率,无线通信模块的协议支持、误码率和最大发射率,以及设备电气性能、环境适应性等参数。应规范车联网基础数据项采集的范围、类型、频率、精度等,规范数据采集、交换、共享、分析等活动中所涉及的主要术语和基础数据项的定义、数据类型等。考虑到精算应用的可靠性,还应当建立车联网数据的有效性验证流程方法,建立一整套科学规范,全面验证各个数据项的连续性、完整性、合理性、真实性、可靠性。

当前,我国前装数据采集标准化的发展已有一定的基础。2017 年 12 月,我国工业和信息化部、国家标准化管理委员会共同组织制定了《国家车联网产业标准体系建设指南》。2018 年 1 月,车载电子标准研究工作组年度会议对强制性国家标准《汽车事件数据记录系统(EDR)》的制定及草案进行了研讨。EDR 标准涉及汽车主动安全、被动安全等多个电子系统,对汽车企业电子架构的设计具有重大影响,该标准已经作为强制性国家标准通过立项。保险行业内也对车联网的数据标准化进行了探索,2016 年 7 月 22 日中国保信牵头召开保险行业车联网数据应用研讨会，组织 9 家财险公司开展基于车险经营管理应用的车联网数据标准编制工作。2019 年 3 月 28 日中国保险行业协会发布《机动车保险车联网数据采集规范》，向社会公开征求意见。2019 年 6 月 28 日《机动车保险车联网数据采集规范》开始实施，为互联网车险行业提供了一个详细的数据使用和数据采集维度的规范，通过明确数据有效性、合理性、真实性的校验规则，填补了车联网数据在车险经营管理使用时真实性校验的空白，是汽车保险数据标准化进程中迈出的重要一步。在外部技术条件方面，2019 年 6 月我国开始发放 5G 牌照，标志着国内的 5G 技术日臻成熟，车联网数据传输标准化的技术条件也已具备。接下来要重点做好前装设备数据标准化与 UBI 汽车保险的适用性，并进一步完善后装设备数据采集的标准化规范。

4. 加大数据积累，深化数据分析与挖掘

实时大数据是 UBI 的"魂"。当前 UBI 车险面临的困境之一是收集车辆操作数据不足，难以建立一个与预期损失成本相关的大数据预测模型。所以发挥 UBI 保险的大数据功能，首先要把大数据"做厚"。这意味着要积累起海量的关于用户驾驶行为的数据资源。这种海量不仅体现在空间上，还体现在时间上。所谓空间，就是驾驶行为的大数据采集要能覆盖足够多的驾驶人，而这些驾驶人要分布在全国各个地域。不同地区的路况、气候等因素有所不同，而这些都会影响到车辆的行驶情况。所谓时间，就是要对这些数据进行长期积累。随着时间的演进，我们会更加了解同一个地域、同一个驾驶人的车辆驾驶行为在一年四季中不同时间段驾驶风险发生的特点和规律，这对 UBI 的产品设计和算法优化有帮助。

随着网络的普及，人们每天都会产生海量的数据。但数据的使用并不是越多越好，而是有价值的数据越多越好。从纷杂的大数据中挖掘出有价值的信息，这是我们保险行业未来将要努力的方向。保险公司要提高自身数据挖掘与分析的能力，才能实现将获取的信息数据效用最大化。数据是会说话的，听懂数据的语言是利用数据获得价值的前提。以汽车数据为例，通过分析采集的数据提取出驾驶行为特征，这就是我们所说的驾乘分析。每个人开车的加速度、踩油门的深度和踩刹车的习惯都是不一样的，都有一个自己很明显的标识，例如转弯，左转和右转、转弯的角度和速度都是不一样的，数据分析就是根据传感器的数据去提取出每个用户区别于他人的特征。

5. 确立数据的归属，保障投保人权益

由于投保人可能会离开他所安装的远程信息处理设备所属的保险公司，如果驾驶行为数据是保险公司的财产，那么他的驾驶数据不能转移到新的保险公司帮助定价。因此，需要确立一种数据所属方式，确保数据的归属权属于保单持有人，以保障消费者的权益。

一个可行的方式是创建一个远程信息的代理统计数据平台，类似于保险信用评分机构的公共部门。集中代理收集数据可以让保险人在承保前了解更多驾驶员的驾驶信息，也便于投保人在不同保险公司投保。例如由政府机构组织建立一个包含全国所有远程信息的数据统计平台，每个保险公司都向其提供所有的远程信息数据以及所有相关保单和注册车辆的损失数据。同时每个保险公司都可以访问自己的数据和访问合并后的特定数据，而这些数据不与任何出资公司共享。这些数据包括收集到的非常详细的每次出行信息，并与保单和登记的车辆损失数据相联系。该数据库还应包括与每辆车和每次出行相匹配的地图、道路类型和天气等相关的外部数据。这使得平台能够进行独立的分析，在每次行程中评估所有车辆的操作行为，并在每次更新的评分模板中记录常见的操控行为。

6. 优化 UBI 保险精算，构建精确的精算模型

UBI 数据模型中的组成因子众多，做好 UBI 车险的关键除了要实时采集有关车辆驾驶情况的诸多数据，还在于建立科学的数据模型和算法，从纷繁复杂的数据中估算出驾驶者的风险系数，然后为保费提供定价依据。

建立一套专门的较为精准的模型，这需要考虑选定的评级因素是否合

适,并将评级因素放到动态的精算模型之中进行衡量。比如单就驾驶速度这一条来说,我们一般都会认为驾驶速度高要比驾驶速度低的出险可能性更大,但考虑到其他因素却不一定是这样。举个简单的例子,A 车以 120 千米/小时的速度行驶在车辆稀少的高速公路上,B 车以 60 千米/小时的速度行驶在交通比较混乱的闹市区,你就不能说 A 车比 B 车的出险概率要高,因为影响车辆出险概率大小的不仅有驾驶速度,还有驾驶环境等其他很多因素。由此可见,对于 UBI 保险来说,构建保险精算模型比数据收集还要难,更讲求数据积累和坚持,需要在长期的实践中不断去修正和优化。

表 8.2　UBI 车险与传统车险的保费机制对比

类型	常见计价方式	保费机制说明	特点
传统车险	单因子计价	依据单一因子定价,例如:往年出险次数	静态
传统车险	多因子计价	将多个因子纳入统计模型,各因子固定权重,或者根据因子相关性自动调整权重(例如往年出险次数+锁定驾驶员等等)	静态
UBI 车险	里程计价	最低保费+实际里程收取保费	动态
UBI 车险	驾驶行为计价	依据驾驶行为评级给出不同的保费,往年的驾驶行为越安全,保费越低	动态
UBI 车险	定制化	整合更多的外部数据,采用更有弹性的定价策略(例如商用车集团购买保险,可定制)	动态

资料来源:刘剑,张佳羽,王书华.基于商用车车联网的 UBI 车险研究与实践[J].成都工业学院学报,2019(01):48-53.

确定评级因素之后,各评级因素按照不同的权重进行划分,通过初步计算得到驾驶行为分数,也就是构建出初步分析数据模型。例如模型中对于用户出行的每段旅程进行评估,每段旅程结束后都计算出相应的分数,这个分数再乘以不同权重比例,得出最终的累积分数。这能够更为灵活地与数据模型相匹配,准确度更高,同时运算也更为复杂。

2020 年受新冠肺炎的影响,我国交通运输、快递等物流行业业务量大幅下降,投保车辆保险标的危险程度显著减少,如果仍要求投保人缴纳高额保费显然违背对价平衡原则。针对疫情这一特殊情况,2020年3月3日国务院常务会议部署了完善"稳就业、稳金融、稳外贸、稳外资、稳投资、稳预期"的"六稳"工作协调机制。其中有一条明确指出,应鼓励保险公司适当减免疫情期间停运的营运车辆保险费用。而UBI车险可以为厘定疫情期间减免保费的数额提供衡量标准。

7. 加强数据真实度检测,防范道德风险

UBI保险的重要特色是把物联网技术、大数据分析技术与传统精算技术充分融合,实现对投保标的的细致刻画,实现精准定价。但有些投保人为了降低自身保险费率,会对数据收集系统进行一些违规操作,如将自身设备私自拆下安装到非投保物品或风险较小的保险标的上,这样硬件设备收集到的数据并不是完全真实可靠的。因此保险公司要成立专门的部门对数据的真实性进行检测识别,纠正、剔除收集到的虚假信息。另外可以通过奖惩并举的方式,鼓励投保人真实反馈自身信息,同时对制造虚假信息的投保人进行惩处,如取消保险合同、赔偿违约金等方式,增加投保人信息作假的成本,降低投保人道德风险。

8. 依托数据定制个性化产品,提供更优质服务

基于需求洞察及识别风险,保险人可以根据保险标的的实际风险状况厘定费率或设计产品。差异化的产品设计可以实现对保险市场的细分,从而帮助保险公司突破价格战的窘境。UBI保险可以依据保险标的的风险状况设计定制化产品。

商业车险费率改革后,保险公司拥有了更多的定价权,可自主拟定创新条款。大数据时代海量的数据被深度地挖掘使用,这些深挖掘后的信息不应仅仅用作定价,定价只是对海量数据的粗加工,精准营销才是数据的最终应用,例如UBI车险定价模式中就具有客户筛选功能。在实务中,保险公司应对现有和潜在客户的行为和需求进行精确分析,预测真实或潜在需求,在定

价基础上精准推送产品和服务信息,开展精准营销。但我们也应注意未做充分准备盲目投放 UBI 保险可能会对行业原有保险经营模式产生冲击。这不仅不利于 UBI 保险的健康发展,也违背了监管部门推进费率改革的初衷。因此,UBI 个性定制化产品要严格按照监管部门的要求执行。

(三)加快 UBI 保险统一数据平台建设

UBI 保险的发展需要建立物联网与保险信息统一平台,推动不同行业之间实现信息共享和交流。当前,我国物联网的重要分支车联网数据平台已经有了一定的发展。2016 年发布的《推进"互联网+"便捷交通促进智能交通发展的实施方案》中提出构建第三方检验测试平台,实现对车联网大数据及云平台的数据规范、交互接口、开放能力、安全防护等性能指标进行评估,实现全国性的信息共享,让数据信息在流动中提高效率。车联网设备更多通过汽车生产厂商前装"标配"实现,数据全部掌握在汽车制造商和国家级的车辆运营监控平台(如重载货车、两客一危、新能源汽车方面的监控平台)。车联网数据平台的建设是 UBI 保险数据平台建设的重要一步。

UBI 保险产品设计需要大数据平台和深入的数据挖掘技术。保险行业应该利用物联网和大数据技术构建一个统一开放的数据平台,这是 UBI 产品设计的关键。虽然国内各保险公司已经开展了物联网相关数据收集的尝试,但受数据质量、数据样本、数据能力等条件制约,在此领域的探索深度并不够,效果有限。目前中国银行保险信息技术管理有限公司一直在积极筹建车险行业的大数据管理平台,该平台主要是负责车险行业数据的收集和处理,从而可以更好地为车险企业提供其所需要的服务信息,为车险企业节约了相当大的时间和资金成本。特别是可以让中小险企以较低的成本获取车险信息,为车险定价提供数据基础,有助于提高车险企业的运营效率。要让庞大的数据充分发挥价值,真正成为保险公司的宝贵资源,而不是鸡肋式的负担,需要时间去积累、去打磨。所以把 UBI 保险做到极致不是一蹴而就的事情,而是一场持久性的探索与革新。

（四）推进 UBI 保险个人信息安全行业监督规范发展

UBI 保险的发展需要保险监督机构和保险行业协会建立一个关乎消费者切身利益的个人信息安全保护制度。

监管机构需在信息保护方面起到监督和引导作用，规范 UBI 保险数据应用行为，积极支持行业自愿达成并遵守行业标准。通过出台规范性文件对消费者的权利和保险公司的信息保护义务、责任进行明确划分，借助行政处罚等措施给予泄露信息者以威慑。具体来说：首先，监管机构应对保险公司利用相关硬件获取客户相关信息的行为进行明确规范，如收集信息字段的选择、硬件设备的选择、数据的传输方式、数据的储存格式等方面，通过明确的监管规范保险公司的操作行为，降低投保人信息泄露和信息滥用的风险。其次，监管机构要明确保险公司必须以一定方式获得客户数据应用的授权，并且必须承担数据脱媒、存储、加密等信息保护义务，禁止其卖给第三方用于营销或由于疏忽泄露给第三方，要求其确保数据应用的安全可信赖，提高产品公信力，消除客户的担忧和误解。然后，监管机构应以保护投保人利益为原则，保护被保险人的知情权、自主选择权、个人隐私权，从产品的定价、销售、服务、理赔等全方位进行严监管，确保让投保人根据自己的实际情况放心地选择 UBI 保险产品。

保险行业协会也需制定有针对性的保单持有人信息安全行业规范，通过行业规范实现行业自律。例如，明确规定信息的获取必须得到投保人的授权；对未经投保人允许，私自把投保人信息泄露给第三方用于非保险条款服务内容的保险机构进行行业处罚。积极组建 UBI 保险的统一信息平台，由平台统一收集汇总保存保单持有人的信息、保险标的数据，有效避免保单持有人的重要信息从保险公司泄露与滥用的可能，有效保障保单持有人的信息安全。

（五）加大对 UBI 保险宣传推广力度

由于 UBI 保险在我国的渗透率较低，消费者对这一新型保险认知度、接受度、投保积极性也较低，UBI 保险无法发挥出其自身优势。因此 UBI 保险推广的重要任务之一就是要获得消费者对 UBI 保险的认同。

大部分消费者对 UBI 保险相关产品并不熟悉。对于 UBI 保险的运作原理及产品优势也不大了解，不能体会到 UBI 保险给投保人带来的切实好处。因此，我国的保险行业要重点加大对 UBI 保险运作原理的宣传，让消费者了解到保单持有人的行为会影响到 UBI 保险的定价。通过保单持有人行为习惯的改善，可以有效降低保险费率，让投保人享受产品的超值折扣，这样在改善保单持有人行为的同时也有助于良好社会风气的养成。加大 UBI 保险的宣传，提高 UBI 保险产品的公众认知度，可以促进 UBI 保险产品的销售，实现优质产品的更新换代，对保险公司和整个保险行业都有益处。当然，除了当前具有一定发展基础的 UBI 车险，保险行业应积极推进更多基于个人实际风险厘定费率的保险产品，尝试设计更多的人性化保险产品，如 UBI 医疗、健康等保险，共同推进整个保险行业的快速转型。

三、保险公司要积极布局，运用 UBI 保险提升公司核心竞争力

著名学者加里·哈默尔和普拉哈拉德认为企业的成功不再归功于短暂的或偶然的产品开发或灵机一动的市场战略，而是企业核心竞争力的外在表现。他们认为核心竞争力是能使公司为客户带来特殊利益的一种独有技能或技术。它具有四个识别标准：价值性、稀缺性、不可替代性和难以模仿性。

从价值性看，UBI 保险可以帮助保险公司更深入地了解消费者，赢得细分市场；从稀缺性看，UBI 保险离不开高端人才与先进运算设备，这两项均需要大量的资金投入；从替代性看，UBI 保险可以帮助保险公司跳出同质化竞争环境，开拓全新维度的细分市场，在现阶段具有不可替代性；从可模仿性看，UBI 保险经验库及强大的数据挖掘处理方式是多年积累所得，极具个性化，几乎不可模仿。因此 UBI 保险可以成为保险公司的核心竞争力，保险公司要积极布局 UBI 保险市场，运用 UBI 保险提升公司核心竞争力水平。

(一)保险公司要尽早进入 UBI 保险市场

UBI 保险可以成为保险公司的核心竞争力,后进入 UBI 保险市场的公司因缺乏有价值的、统计上可信的大型 UBI 数据库而处于严重劣势,不能以更具竞争力的价格吸引客户。此外,后期进入者最终可能会相互竞争,只能获得浅层次的风险较高的驱动因素。因此尽早进入 UBI 保险市场的保险公司可以占据优势地位。

1. 制定公司 UBI 保险发展战略

保险公司在考虑一个 UBI 方案时,应明确 UBI 保险的目标和策略要与公司的长期发展计划相协调。不同发展需求的保险公司选择的战略路径应不同,制定符合自身特点的规划并依据时间表进行推进才是最重要的。各保险公司要密切关注商车费改之后的市场竞争态势,找准其经营定位。

保险公司推出 UBI 保险产品之前必须开展深入的学习、调研和试点,这是科学认识的前提,也是科学决策的基础。多家保险公司已经在 UBI 保险领域开展试点,如人保财险与腾讯在车联网方面推出的路宝盒子及 APP;百度与元征科技推出的 golo 对车主的驾驶行为进行记录,并将数据传送至平安保险进行车险的精准定价;太平财险和凹凸租车的战略合作,利用凹凸租车的数据采集设备和网络平台完成对承租人驾驶行为数据的采集和分析,从而为全面的 UBI 车险做好技术准备;中国人寿财险、评驾科技和长安汽车的三方合作,成为目前唯一面向全国的 UBI 项目。UBI 保险对于保险公司来说是摒弃传统保险模式,将业务网络化、自动化、高电子化的全新服务类型的一个契机。各家保险公司都在为 UBI 车险的普及做着必要的技术储备,这也是各保险公司 UBI 保险战略的外在表现。

UBI 保险符合深化商业车险改革、发展人工智能、提高社会治理能力等的多重现实要求。传统保险的主要功能显现在事故发生后,在事故发生前和未出现事故的情况下基本没有显现,而 UBI 的主要功能则体现在事故发生前和没出现事故的情况下,这显然为保险提供了一个更大的舞台,将帮助保险公司迎来更大的发展机遇。因此各家保险公司应当将 UBI 保险的发展列入公司发展战略之中。

2. 运用 UBI 保险改善逆向选择问题

传统保险一般只能在保险承保时对保单持有人及投保标的进行检查。对于承保期间风险的变化不能及时发现,对费率也不能进行相应调整。UBI 保险可以通过物联网相关硬件、软件收集来的数据,对保单持有人的特定风险进行较为合理的精准分析,并对不同风险的消费者进行差异化定价。风险较小的保单持有人执行较低的费率, 风险较大的保单持有人执行较高的费率。这样使得高风险投保人自己承担和自己相应的高风险成本,而不是向低风险投保人转移风险成本,改善市场逆向选择问题。

例如,在汽车保险市场中,不常规的时间驾驶次数较多并且驾驶安全性较差的人可能不会投保 UBI 保险产品。早期的 UBI 保险加入者可能是更好的驾驶者,因此可以给他们更便宜的价格。风险较高的驾驶员更有可能选择没有远程信息处理系统的保险公司,出现逆向选择问题。

3. 运用 UBI 保险加强公司客户管理

保险公司通过 UBI 保险能和投保人建立一个全新的平等、互信的关系体系。保单持有人在购买 UBI 保险后,保险公司可以通过智能手机 APP 与客户实现高频互动,再加上依托大数据提供的各种增值服务,最终能够形成目前保险公司难以达到的强有力的公司客户管理模式。

保险公司可以通过 UBI 保险识别潜在的优质客户,并通过提供增值服务提高客户黏性,增强客户忠诚度。高风险客户会主动回避 UBI 保险以避免保费上涨,而低风险客户会主动选择 UBI 保险以获取保费下降优惠,这一变化将改善保险公司的整体客户风险结构。例如,在汽车保险市场上保险公司可以识别风险较低的驾驶员以及出险率较低的车型, 帮助后期汽车保险续保优质客户,降低公司赔付水平。这种客户选择成本更低,遴选出的客户质量更高,对保险公司的持续经营十分有益。并且 UBI 保险可以实现贴身的场景式服务,可视化的理赔体验,智能化和准确性的理赔投保、在线续保等创新服务,可以有效地提高续保用户数量。

4. 运用UBI保险改善公司理赔管理

通过远程信息处理技术可以增强保险公司的理赔管理实践。更复杂的远程信息处理程序可在被保险人和保险公司之间实现无缝传输用户行为数据,从而提高索赔处理的速度和效率。通过分析事故期间的用户行为数据,保险公司可以更准确地估计事故损失,改善事故响应时间,降低事故和财产盗窃的相关成本。

在汽车保险市场,根据精算咨询公司韬睿惠悦依据全球车联网保险项目的调查发现,在某些地区,评分最高的10%的驾驶人比评分最低的10%的驾驶人的车险赔付金额多10倍,也就是说驾驶行为良好的驾驶员能够使保险公司受益。UBI保险提供的改善保单持有人行为的激励措施,降低了保险公司潜在的损失成本。这一功能的实现主要是通过基础物联网、智能辅助系统等技术,主动进行风险干预,发挥对保单持有人保险期间事中干预,直接缓解和规避风险,通过风险提示提高保单持有人的安全意识,降低出险率和赔付率。使用UBI保险的客户更加趋向于去改善与控制自己的行为,从而获取更多的保费优惠,最终也能够降低保险公司的赔付成本。

在UBI保险模式下,与投保和理赔相关的信息更加透明,事中规制的作用更为突出,且能最大限度地规避人为因素的影响。在保险事故发生时,通过保单持有人的行为记录,也可以最大程度地还原事故原因,防止出现骗保问题。

在汽车保险市场,车险理赔过程中的道德风险主要有两点,一是小病大修,也就是没有多大的保险事故却被当成较大事故进行修理;二是无中生有,本来没事的车辆却被当成需要修理的车辆。这问题产生最关键的还是因为修理厂商受利益驱使。大数据的UBI车险推行后,基于UBI车险的险企掌握了大量的车辆维修数据信息,车辆维修方式完全可以通过数据库得到精准的答案,避免出现由于信息不对称导致的修理费用过高问题。

UBI 保险可以有效提高公司的理赔服务能力。理赔服务是车主最看重的车险环节之一,快捷方便是提升理赔服务质量的关键。传统模式下,客户报险和理赔需要分多次提供车险机构保单号码、车辆牌号、驾驶员姓名、事故地点及事故事件等具体信息,客户报险过程来回沟通交互次数多,不易描述清楚,用户体验不佳。UBI 保险可以通过远程信息技术将客户的基础资料、出险位置及现场图片一键发送给车险工作人员,加快了报险过程,节省了时间成本,很大程度上提高了小型事故的处理效率,简化了报案理赔过程,提升了用户体验。

5. 运用 UBI 保险提高公司盈利能力

我国车险市场保费日渐触顶,增速放缓已成常态。2018 年车险对产险业的利润贡献不及保证保险和农业保险,已退居第三位。由于受限于环境保护、改善交通、停车位有限等综合因素的影响,汽车增量会呈现出下降的趋势,同时随着新的保险公司出现,车险供给和需求倒挂现象可能会强化,车险市场竞争加剧的情形出现也将不言而喻。在这种客观形势下,保险公司经营车险依靠简单粗放外延式发展的路径会越走越窄,这就倒逼保险公司转型走依靠内涵式、集约型发展的道路,倒逼保险公司提高自身服务和经营能力。未来只有具有精准化定价与强大风险筛选能力的公司才能在激烈的车险市场竞争中脱颖而出。因此发展 UBI 车险不是一种主观臆想,而是车险经营发展到一定阶段的必然产物。

车险从产生以来就属于管理型险种,管理者一直希望对该风险的管理更加准确和细化,降低车险理赔支出,提升保险公司的利润水平。与传统车险相比,UBI 车险使保险公司风险识别能力大幅提升。同时通过车载信息终端能够获悉事故车辆的方向、速度和事故发生位置等信息,减少保险公司与被保险人之间的信息不对称,预防伪造事故的骗保行为发生。UBI 车险具有驾驶员的安全驾驶自我筛选、自我改造功能,通过让保费与驾驶行为紧密挂钩,提高车主改善驾驶行为的积极性,降低保险公司的出险率和理赔支出。

另外UBI保险还可以在以下几个方面降低公司成本,提高公司盈利水平。①降低客户的流失,减少客户流失成本。②增加客户续保,降低市场开拓成本。③通过平台和手机终端设备,事故报告准确、透明,减少恶性骗保与过额索赔等现象发生,降低综合成本。④可根据客户真实需求提供各种定制化保险产品,拓展公司其他业务。总之,UBI保险提高了保险公司的核心竞争力和客户满意度,大幅度降低公司综合成本,显著提升了保险公司的收益水平。

(二)UBI车险产品设计要兼具科学性、实用性和社会效益

1. 产品设计可频繁计费与付费,可作为默认值

消费者通常对他们的直接现金流需求比对长期预算更敏感。如果消费者的现金流量频繁计费,就会提醒UBI保险客户他们每次开车时都会产生保险费用,这将更有效地鼓励消费者减少驾驶,实现较高的社会价值。

消费者对价值的看法通常倾向于现在的价值,而不是未来可能获得的更高的价值。例如UBI车险,如果消费者现在必须支付他们的费用,那么他们将会少开几公里,而不是希望在未来获得折扣,因为他们未来可能不需要。随着支付的频繁,人们会敏锐地意识到他们的驾驶实际是在消费,他们会有意识地努力去减少里程。

保险公司可以将UBI保险条款作为默认值。这种选择已经在包括汽车保险在内的各种保险市场得到了证明。例如,在美国宾夕法尼亚州全损保险是默认选择,新泽西州有超过一半的司机选择。如果没有设为默认,12个消费者中只有不到一个选择。

2. 折扣与附加服务两者捆绑销售

行为经济学发现人们喜欢免费得到的一些东西,即使为了得到这些赠品需要捆绑的东西所支付的价格比其真正的价值高得多。因为捆绑产品似乎比未捆绑的产品具有更多的价格确定性,消费者普遍偏好捆绑产品。这主

要是因为"大多数人都是风险厌恶的人,在其他条件相同的情况下他们会选择一个已知价格的期权,而不是一个不确定价格的期权"。捆绑购买已被证明在健身俱乐部会员卡中特别流行,这是因为消费者通常高估了他们将使用他们会员卡的次数,同时也希望通过购买会员卡激励自己更多地去使用它们。

一方面,车险公司可以用折扣吸引新客户。2009年美国前进保险公司正式推出了名为 Snapshot 的 UBI 车险产品,该产品最高保费折扣甚至可以达到30%以上。在意大利有明文规定保险公司给保单持有人安装 UBI 设备需为其提供折扣,意大利明确规定如果保单持有人同意进行预防性车辆检查,安装了用于收集和提供数据的黑盒或其他远程信息处理设备,或者安装了酒精探测仪或车辆防盗装置,经济发展部有责任确保保险公司在上述情况下给予消费者折扣。在荷兰,Polis Voor Mij 一款基于 APP 的 UBI 保险产品提供高达20%的保费折扣给拥有良好驾驶习惯的客户。在德国,Provinzial 的 Mein Copilot 提供高达10%的保费折扣给优质客户。在泰国, 由 Carpass 与 angkok、Deves、Siam Commercial Samaggi 等多家保险公司合作的一款保险产品提供基于年行驶里程的优惠折扣。在韩国,监管机构已经着手鼓励基于用户行为模式的保险产品,多数大型车险公司均已经参与。如:现代海上火灾保险的 Blue Link 项目,参与即获得3%的保费优惠。

另一方面,车险公司可以通过提供附加服务吸引新客户。这些附加服务包括远程诊断、驾驶的即时反馈、与道路或天气状况有关的警报、跟踪或定位被盗车辆、路边援助、礼宾服务、提示禁止停车区域、获取交通罚单信息等。一旦保单持有人习惯了保险公司的附加服务,他们就不太可能转移到另一家公司进行投保。附加服务会使保险公司提高客户满意度,增加新的收入来源并使自己在与其他保险公司竞争中脱颖而出。例如意大利 Unipol UBI 车险为用户提供紧急报警的增值服务。美国 Metromile UBI 车险为用户提供查看油耗情况、检测汽车健康状况、最优导航线路、汽车定位、贴条警示、一键寻找附近修车公司等服务，并且每月会通过短信或者邮件对车主的相关数据进行总结，并提交给保单持有人。这些国外经验显示 UBI 车险的增值服务极大地提高了用户投保的积极性，有效助力于 UBI 车险的推广。

我国 UBI 车险公司需要从经营者走向服务者。保险事故的发生是低频次事件，车险服务是重要的流量入口。对车主而言，加油、洗车、养护、美容、维修等是必备的高频次活动。保险公司需要把自己单一的销售和赔付保险金的环节丰满化，将核心业务的思路从"销售者"变为"服务者"。在服务用户的同时，围绕着用户的"车"周边，提供全方位更好的优质服务，满足用户的价值诉求，增加用户对保险公司及公司保险产品的黏性。

3. 建立顺畅的信息反馈机制

通过 UBI 信息反馈机制，保单持有人将知道他们实际上可以控制自己的费率。例如传统车险费率是基于车型、保单持有人性别、年龄等因素产生的，投保人几乎无法控制和改变这些费率影响因素。UBI 车险则可以通过保单持有人减少驾驶或者更安全地驾驶以获得更好的评分，从而降低自身费率。这对于消费者和整个社会均具有正向的作用，因此发展 UBI 保险要建立顺畅的信息反馈机制。

在一定程度上，保险公司对投保司机驾驶行为的影响程度取决于其远程信息处理程序的复杂程度和他们与司机的沟通情况。得到驾驶行为反馈的驾驶员更有可能尝试改善他们的行为。保险公司通过更低的费率激励驾驶员改善驾驶行为以便让他们更安全地驾驶，这将减少保险公司的损失率和费率，并且降低交通事故发生的频次，产生较大的社会价值。

4. 加强与 UBI 保险保单持有人的互动

一般来说，保险公司往往在签订保险合同与保险理赔时能够与保单持有人产生互动。远程信息处理的连接性为保险公司提供了与保单持有人沟通的新渠道。保险公司可以利用这些新渠道与保单持有人建立更牢固的关系。UBI 保险产品需要保险公司与客户定期进行联系，它能促进保险公司和消费者的沟通,进而形成良性互动,因此保险公司通过 UBI 保险更容易获得稳定的老客户群体。

在汽车保险市场,由于 UBI 车险是基于车联网的车险模式,所以保险公司可以在保险期间为投保人提供更全面、细致、体贴的产品售后服务,维护与客户之间的关系,赢得客户对产品的忠诚度,进而根除保险行业产品销售时服务热情,售后服务跟不上的弊病。UBI 车险附加的增值服务,也是加强保险公司与投保人互动的重要途径。通过提供维修、车辆救援等服务提高了投保人对保险公司的认可。驾驶信息反馈系统也增加了投保人与保险公司之间的交流。这些互动可以进一步为保险公司其他产品的推广打下基础。

(三)找准 UBI 汽车保险应用市场

UBI 技术可以在车险、健康险、责任险等多险种中推广,从当前我国各险种推广 UBI 保险的技术条件以及国外发展 UBI 保险的经验来看,UBI 技术在汽车保险领域最有可能率先实现突破性进展。当然,我们也应看到UBI 技术在车险领域的拓展也应有难易之分,在某些领域率先推进 UBI 保险可能会产生事半功倍的效果。因此,保险公司要找准 UBI 汽车保险应用细分市场。

1. 青年驾驶员市场更易于 UBI 汽车保险的推广

2014 年 1 月,德勤会计师事务所的一项调查发现,在 20 多岁的青年人中,近 2/3 的人接受远程信息技术,而 60 岁以上的人中有 44% 的人接受远程信息技术。由此可见,青年人对自身隐私的担忧较少,可以有效降低因担忧隐私问题的泄露而拒绝尝试 UBI 保险。2011 年,英国保险合作社推出了一款 UBI 车险产品,该产品的主要服务对象是英国国内年轻驾驶员。该产品在推出的短短一个月内,便吸引了将近 1.2 万名投保人参与 UBI 保险计划。这是因为青年驾驶员这类人群购买传统车险时所缴纳的保费较高,而基于远程信息处理技术的保险可以通过对驾驶行为的监测为这些"高风险人群"厘定反映真实风险的保费费率,克服传统车险统一定价的弊端。同时,这种保险会在驾驶期间给予司机驾驶安全上的指导。在英国有 75%~80% 的年轻司机都购买了 UBI 车险，在保费上可以节约 41% 左右。同时由于 UBI 车险的普及，完善的驾驶信息反馈系统可以进行风险提醒，有效降低了交通事故的发生。英国 17~19 岁人群的道路伤亡比例下降了约 31%。

UBI 车险通过激励保单持有人以更好的驾驶行为来增加他们的安全性而使消费者受益。较安全的司机变得更安全；风险高的司机，其保费通常较高，他们受到保险公司提供的安全教育以及降低保费的激励从而改变自己的高风险行为。这种注重教育和促进安全行驶的做法对于有年轻驾驶员的家庭尤其有吸引力。年轻驾驶员的父母们十分欢迎这种保险产品的出现。另外，UBI 车险可以帮助他们随时了解家中年轻司机在驾驶汽车时的表现。

2. 大货车市场对 UBI 汽车保险有更高的需求

大货车市场具有较高的驾驶安全风险，一旦发生碰撞，可能造成较大的人身伤亡。一般来说，交通运输部门需要对大货车进行较为严格的风险监控。公安部对营运大货车有强制安装监控设备的要求，大货车的驾驶数据要上传给公安部，还有交通运输部。因此，保险公司可以通过一定途径获得每一辆大货车司机的驾驶习惯数据，包括超速情况、休息情况等。

当前，各家保险公司已经对隐私要求较低的大货车推出 UBI 货运物责险这一 UBI 保险产品。UBI 货运物责险得以推进的关键因素是大货车数据的可获得性。交通运输部门发布政策明确要求重载货运车数据进入监管平台，支持经营者利用大数据、卫星定位等技术实现集约化运输生产。2014 年，《道路运输车辆动态监督管理办法》指出，已经进入运输市场的重载货车和半挂牵引车应当全部安装、使用卫星定位装置，并接入全国道路货运车辆公共监管与服务平台。如果没有按照规定执行，相关车辆就没有运输许可证，这相当于实行大货车强制监管的政策。2019 年 9 月 9 日，交通运输部、国家税务总局联合发布了《网络平台道路货物运输经营管理暂行办法》，鼓励网络货运经营者利用大数据、云计算、卫星定位、人工智能等技术整合资源，应用多式联运、甩挂运输和共同配送等运输组织模式,实现规模化、集约化运输生产。保险公司应该抓住政府颁布的政策便利,加快 UBI 货运物责险的推进,为 UBI 保险其他险种的推广积累技术和服务经验。

3. 为网约车提供 UBI 保险服务形成突破口

目前网约车已经成为人们出行的重要选择,网约车业务规模不断扩大。大量的家庭自用车辆在平台登记注册,开展客运经营业务。家庭自用车辆仅投保一般商业三者险,其在开展网约车营运业务时属于改变车辆用途,会导致危险程度显著增加,投保人必须履行危险增加的通知义务,将车辆变更营运性质的情况告知保险公司,否则保险公司将在商业三者险范围内免赔。现实法律案件中已有家庭自用车开展网约车营运业务出现保险公司不承担赔偿责任的案例。法院认为家庭自用车由于搭乘人的不确定性、车辆行驶区域的不确定性以及后果的不可预见性,使得投保车辆的危险程度显著增加,而被保险人并未按照合同约定及时通知保险人,保险公司无须承担赔偿责任。保险人以保险标的危险程度显著增加,被保险人未履行及时通知保险人的义务为由不承担赔付责任,这种一刀切的处理方式也会存在不良后果。这种做法可能变相地鼓励保险人通过未及时履行危险增加的通知义务而拒赔以实现不当获利,同时也造成网约车领域的风险保障缺位和行业发展受限等负面影响。

保险公司是否承担赔付责任应当考虑被保险车辆在事故发生时的状态,而不能仅因被保险车辆注册了网约车业务或曾经从事过网约车运营即认定车辆使用性质改变。网约车可以有不同的分类,依据风险大小,可以将网约车分为全营运、半营运和偶尔营运三种类型。由家庭自用车转变为全营运网约车,其风险增加程度较高,提高其保费符合对价平衡原则。半营运网约车和偶尔营运网约车由家庭自用车转变为网约车的过程具有暂时性,难以认定其达到了持续性危险的程度。

UBI 车险通过对驾驶行为数据的收集与分析,用以量化危险程度是否显著增加,作为家用车辆性质是否转变的判断标准,即保险标的危险程度与经由技术手段测量的保费始终维持在平衡状态,继而保险人和投保人之间的利益冲突不复存在。同时 UBI 车险亦填补了网约车保险的空白,UBI 车险对驾驶行为数据进行收集与分析的工作原理支持将网约车纳入保险范畴之内,从而促进网约车这一新兴产业的快速发展。国外 UBI 保险市场早已出现为租车服务平台提供 UBI 保险的案例。例如,Metromile 与优步(Uber)进行 UBI 保险合作:优步宣布与 Metromile 签订协议,为在其平台服务的司机提供基于行驶里程的车险服务。对车主的个人使用时间和运营时间进行分开式的管理,车主可用手机 APP 进行具体的操作。在车主的个人使用和第一时段的范围内,享受 Metromile 提供的保险服务,在第二时段和第三时段享受优步提供的商业保险服务。

表 8.3 优步与 Metromile 提供的保险服务细则

个人使用	车主关闭 UberApp	不为其服务的时间段
第一时段	车主打开 UberApp	但还没有匹配到乘客的时间段
第二时段	车主打开 UberApp	同时已经匹配到乘客的时间段
第三时段	车主打开 UberApp	乘客上车以及下车的时间段

资料来源:陈家骏,邓文,范晓光,崔铭原,孟愿.开展 UBI 车险的社会意义[J].区域治理,2019.

分时租赁、公共运营的长途班车、市内公共汽车、出租车、垃圾车、渣土车等的车主和网约车的车主类似,一般对隐私的顾虑较少,可以接受在车内安装数据采集外置设备,这些车是 UBI 保险典型的适用对象,可以作为推广 UBI 保险的突破口。

4. 低收入者对 UBI 汽车保险更感兴趣

消费者对 UBI 车险的兴趣在于他们有权使用变量来控制保费成本,而这些变量与定价有着普遍的联系。UBI 车险可以将与行驶里程相关的固定成本或部分固定成本转换为可变成本,这为消费者提供了驾驶行为与保险定价之间更加透明和直接的联系。它允许消费者在需要时通过减少驾驶里程或改善驾驶习惯来获得更实惠的保费,这对于低收入驾驶者极为有利。

德国 Provinzial 公司开发的 MeinCopilot 项目可以为具有良好驾驶状态的驾驶者提供高达 10% 的折扣。美国推出的 Drive Wise 初始折扣为 10%,后续折扣可达 30%,无附加费用。日本爱和谊日生同和财产保险公司开发出基于汽车行驶里程的车险产品,为每年行驶里程少于 1.2 万公里的车主降低保险费。荷兰基于应用程序的 Polis VoorMij 产品可以为客户提供高达 20% 的折扣。这种节省会对低收入家庭产生很大的影响,因此低收入者对 UBI 车险更感兴趣,可以开发针对这一细分主体的 UBI 保险产品。

5. 驾驶行为好的司机更愿意投保 UBI 汽车保险

驾驶行为非常好的人更容易成为 UBI 车险的用户。因为驾驶行为好,比如六七年没有出过险,就可以达到最低保费,但这仍然不足以弥补支出保费的价值。因为低风险用户会为高风险用户承担部分额外费用。而 UBI 车险消除了高风险和低风险驾驶员之间的交叉补贴,使大多数消费者受益。根据美国布鲁金斯学会的一项研究表明,在完全可变里程的 UBI 保险计划下,63.5% 的有保险车辆的家庭平均每年可节省 496 美元(保费平均减少 28%)这种节省主要来自取消对高里程、高风险司机的补贴。

(四)理清 UBI 产业链相关主体的利益关系

UBI 产业链涉及设备制造厂商、云端服务商、电信运营商、保险公司等相关经营主体,还涉及很多政府部门,如工信部、交通运输部、公安部等,如何整合各大利益集团和政府部门的工作是一大难题,而且保险公司处于整个 UBI 产业链的尾端。因此,理清 UBI 产业链相关主体的利益分配关系,在未来保险改革中占据主动地位,对于保险公司的发展十分重要。

1. 保险公司要处理好 UBI 车险相关主体关系

到目前为止,车险是费用拉动型的市场,给中间经销商费用的高低会直接影响保险公司车险市场份额的大小。例如某地区车险市场中间业务占到百分之八九十,车险保单大部分是通过 4S 店、修理厂、专业代理、市场黄牛来进行销售,想要占据车险市场的主动性,只有通过给中间商手续费来获取这种市场份额。经销商之所以能生存下去,是因为经销商有它自己的场景植入和其自身所特有的便利性特征。例如消费者去4S店,一种情况是车辆出险之后需要到4S店去修理,另一种情况是享受4S店提供的一条龙服务,如洗车、打蜡等,这些服务就是经销商们拥有的便利性。同时,4S店还可以通过为客户提供抵用券等方式,向购买者提供车辆维修保养服务。如果保险公司向4S店采购这项服务,保险公司需要付给4S店正常销售价格,而由4S店提供服务则只是他的成本价格,4S店具有附加服务的价格优势。

目前对于汽车行业来说,大量客户数据被掌握在经销商的手中,经销商的利润在售后环节通常占比70%左右。UBI车险信息采集设备的应用,可以有效降低用户驾驶车辆中产生的损坏。车辆损坏频次的降低会导致经销商利润下降,这一变化会影响经销商参与UBI车险的积极性。在这种情况下保险公司要处理好UBI车险产品对汽车经销商的利益冲击。如何让经销商提高积极性、帮助经销商规避不必要的利润损失,是UBI车险在我国推行需要解决的问题之一。保险公司可以和经销商开展深度合作,提升服务效率、降低运营成本,实现双方共赢。

对于UBI车险的推广,保险公司需要重点处理好与汽车制造商的关系。UBI车险的数据采集、分析、解读的关键设备之一OBD被车厂垄断。保险公司需要通过厂商获得部分UBI车险所需数据。另外随着大数据时代的到来,保险与汽车制造行业的产业融合度越来越高。作为车险企业的承保标的,未来汽车的一些装置可能是车险为采集大数据的需要而安装进去的,保险公司要积极主动地参与到汽车产品的设计中去。因此UBI车险产品设计如何妥善协调保险公司和汽车产业的利益关系,如何在UBI车险的运行中实现利益的增值,是UBI车险能够推行与扩张的前提条件。保险公司可以致力于服务差异化,避免与前装车厂主导的车联网产品和导航产品竞争等。例如,可以依托平台开发类似社交软件的服务功能,也可以提供娱乐服务功能。

2. 保险公司在 UBI 产业链中要积极主动

UBI 保险模式的产业链涉及广泛,包括数据采集端(软件、硬件、主机厂)、数据模型(分析模型与仿真模型)、保险公司(商品提供方)、服务提供商(4S 店、电信服务商等)、用户(数据提供方、产品买单方)等。UBI 保险的长久发展需要各个参与者的合作和推动,实现各利益方间的协作与分享,关键还在于打通各方利益链条。在 UBI 保险产业链中保险公司处于下游,但是在 UBI 保险项目中保险公司应当是最佳的主导者。无论是整车厂、OBD 厂商、通信商还是后市场服务商,都可以纳入由保险公司牵头的体系中来,打造全产业链闭环,营造协同的健康合作生态。

在 UBI 保险产业推广中,保险公司要提高自身组织与服务能力。首先保险公司应当从设备质量、成本控制、数据标准等角度选择合适的合作伙伴,这对于 UBI 保险的成功推广是非常重要的。在选择好合适的合作伙伴之后,保险公司更应该关注自身项目团队服务能力建设。UBI 保险项目从产品研发设计、设备调试检测、费率厘定、营销服务和后期理赔等步骤都需要具有专业知识的项目团队执行。UBI 保险是以数据为中心的保险,因此一个好的精算团队就显得十分重要。保险公司提前培养具有这些方面专业技术的人员可更好地实现知识转移和传承。当 UBI 产品市场竞争达到白热化时,应从增值服务、安全保障等方面出发挖掘更加细分的市场。保险公司要在精准定价、精准营销的基础上顺势建立精准的服务体系,强化精准定价与客户价值、服务分级标准的联动建设,同时成为连接保单持有者需求和后市场服务商的纽带,创造新的保险商业服务模式。

(五)加大保险公司与车联网的深度融合

在车险市场,随着车载前装设备的更新换代和逐步覆盖,智能硬件将会逐步代替功能单一的 OBD 设备且成本逐步降低,用户使用的驱动力和用户体验日益优化,数据获取的精度、数据传输的速度以及数据分析的准确性不断提升。当前我国商用车联网平台不断涌现,如九州的"卫通北斗车联网平台"，陕汽的"天行健"车联网系统、中国重汽的智能通智能系统、宇通客车的安节通系统、上汽大通的 InteCare 行翼通系统、大金龙的龙翼智慧运营管理系统等。保险公司要加强与车联网平台的合作，并深入挖掘平台数据为保险业发展提供数据支持。

通过车联网技术可以提高保险公司的服务能力。保险公司可以通过车联网硬件、软件与保单持有人做到实时互动，对道路拥堵路段及时向用户做出提醒，出现不利变动的问题时及时通知用户检测或提醒其注意改善驾驶习惯。当用户遇到紧急意外出现事故时，及时向救助部门发出求救信号，利用设备联网后数据的及时传递为用户的救治争取宝贵时间，同时为车辆价值做到及时止损，也使得保险公司能及时了解被保险人出险情况，让保险公司随时了解被保险人的健康风险状况。在事故费用赔付时，利用车联网相关设备收集的相关数据，实现更加快速、精准、科学合理的赔付。借助车联网技术，可以对车辆的行驶信息进行记录，从而监控与管理驾驶人员的行为，一方面可以实现对驾驶人员行车习惯的管理；另一方面可以采集驾驶人员的行驶行为、行驶习惯信息，这些海量的数据汇集起来，可以为汽车保险企业精算定价提供重要依据。

保险公司可以将自身资金投入到车联网相关产业中去。例如可以投资车联网硬件公司、在线服务公司等。通过诸如股权投资、兼并、控股等方式加强合作，控制车联网方面的经营成本，降低技术专利方面使用支出。保险公司也可以和汽车企业、科技公司形成战略合作，使得保险企业可以以比较低的成本使用车联网相关软件、硬件记录收集起来的信息。

（六）建立全方位保障用户隐私安全的内部系统

保险公司是用户个人信息的最终使用者。保险公司对于用户的个人信息安全负有不可推卸的责任。针对大数据时代的用户隐私保护，周鸿祎曾提出三条原则，对如何尊重用户隐私很有借鉴意义。第一，用户隐私数据的所有权归用户；第二，采集用户隐私数据的企业一定要有相应的安全能力；第三，对于个人隐私收集，用户一定要有知情权和选择权。

针对周鸿祎提出的第一条和第三条原则，保险公司要明确 UBI 保险用户拥有个人隐私数据的所有权，对于个人数据的收集具有知情权和选择权。首先，在 UBI 保险数据采集之初，可以考虑由保单持有人决定是否收集数据、何时收集数据、上传哪些数据。收集的信息应该严格限定在与"保险人承担风险紧密相关"的信息范围内。防止保险人基于数据分析的理由过度收集保单持有人的信息，从而侵入保单持有人的私人领域，威胁保险消费者的信息安全。对于 UBI 车险，可以不在设备中安装 GPS 定位，仅根据汽车的刹车、起速、最高时速等分析用户习惯，并且在保险合同中明确规定不会追踪客户行踪。其次，保险公司要执行严格的"用户许可"规则，将用户信息保护作为基础性要素考虑在产品设计和运行过程中，切实保护用户隐私安全。然后，销售咨询环节必须秉承公开透明的原则，将投保产品需要捕捉且可能涉及客户隐私的信息做出详细的说明，并由客户自主组合产品。最后，在签订保险合同时，保险公司要在保险合同条款中对获取的信息内容、获取方式、使用范围、信息安全维护方式、信息泄露后的违约责任等进行详细规定。

针对周鸿祎提出的第二条原则，保险公司要具备保障用户信息安全的能力。在信息采集的过程中，利用设备对保险标的运行情况信息进行采集，这一过程要重点对收集的数据进行加密处理，防止因黑客攻击致使个人信息泄露。另外，对保险公司在保单中收集的保单持有人基本信息、保险标的信息也要进行信息安全保护，这些信息具有较高的商业价值，极易被一些不法行为人所窃取并用于一些其他商业活动。同时，保险公司要提高对客户信息安全的重视程度，专门组织人员为客户信息安全提供技术支持，切实做好 UBI 保险信息安全的保障工作，加强信息安全防护体系构建。保险公司内部应建立健全信息安全保密管理制度，实现信息安全保密责任制，明确责任人和职责，细化工作流程和措施，确保用户数据的安全。

（七）促进 UBI 技术在共享经济中的应用

共享经济是一种新的经济形势，能有效地减少投入和节约成本，使传统的消费模式变为再利用型，从而实现产品和服务的合理分配和资源的优化配置。但是在当前大数据环境中，共享是基于陌生客户之间一种短期性行为，尤其在网络社会，双方之间存在着极大的信息不对称，缺乏相关的技术、法律监管措施，共享主体之间难以形成稳定的契约关系，道德风险问题比较突出。比如这几年频发的人为破坏共享单车、共享租客破坏房内基础设施等现象。这种信息不对称，通过 UBI 技术可以得到妥善解决。下面以共享汽车为例，对 UBI 保险在共享经济中的应用加以说明。

根据波斯顿咨询公司 2016 年的调研报告显示，全世界共享汽车的用户为 600 万，预计 2021 年共享汽车市场拥有 3500 万用户和 47 亿美元的市场规模。国内相关数据显示 2016 年中国共享汽车市场规模已达 4.3 亿元。随着共享经济模式的逐渐成熟、新能源汽车技术的提升，互联网汽车分时租赁市场在未来将继续保持快速增长。2017 年交通运输部和住建部联合发布的《关于促进小微型客车租赁健康发展的指导意见》中，明确鼓励分时租赁新业态发展。由此可见，我国共享汽车发展前景广阔。

当前共享汽车的出现虽然在很大程度上便利了人们的出行，但是由于租车用户流动性大，存在驾驶经验参差不齐、对车况不熟悉、驾驶习惯不规范、汽车维护检修不到位等问题，导致共享汽车事故频发。许多保险公司都认为共享汽车具有较大的隐性风险，不愿意与共享汽车公司合作。这不仅加剧了共享汽车公司和用户的风险，也阻碍了整个共享行业的发展。目前租赁平台虽都为共享汽车投保了交强险和商业险，但部分共享汽车三责险保额偏低，不能满足人们的需求。

将 UBI 车险原理应用到共享汽车上，可以通过监测租车用户的驾驶行为和车况，实现出租人和承租人信息共享，减少信息不对称。UBI 车险依据用户的驾驶行为收取相应保费，实行差别费率。用户可以根据驾驶信息反馈系统提供的信息不断改善自身的驾驶行为以降低保险费率。由于用户驾驶行为的改善、隐性风险减少,可以有效降低车辆损耗和共享汽车驾驶风险,让保险公司、共享公司和用户实现共赢,交通事故减少利于社会安定。具体来说,一方面 UBI 车险与高新技术相结合在车内实现实时监测,通过精准画像与场景标签等应用洞悉用户开车行为,在事故发生时方便责任认定,解决共享汽车出险后出现的取证难、有保难赔的现象。另一方面,购买 UBI 车险后会在用户的共享汽车内安装紧急呼救系统,系统将相关数据传送到数据共享平台,包括事故位置、事故发生时间和车辆行驶状况等,自动呼叫救护车和交警,紧急呼叫后若未能与救护车或交警取得联系则可直接通过共享平台通知共享汽车服务人员和保险公司。这样既在事故发生时给用户的安全增添了一份保障,又可以避免共享汽车公司和保险公司的损失扩大化。UBI 技术在共享经济中应用,能够实现多方共赢,因此要加快 UBI 技术在共享经济中的应用。

(八)推动 UBI 保险在寿险领域的发展

随着 UBI 车险的进一步发展,寿险公司也逐渐意识到基于用户行为模式的寿险产品的前景广阔,可以促使寿险产品向定制化、个性化方向发展。目前,已经有多家寿险公司开发 UBI 保险相关产品。

2014 年阳光保险与耀华公司携手推出阳光星运动健康管理计划,该款产品使用阳光保险的"阳光星运动 APP",记录投保人每天的运动数据,并采取用户激励机制,对运动达标的客户按天进行保费返还奖励。这种保险计划在获得保险保障的同时还帮助用户达到身体锻炼的目的。目前,该款产品已在阳光人寿下线。2015 年众安保险联合小米运动、乐动力等平台推出了"步步保",它最大的特质是将健康保险与可穿戴设备、大数据技术相结合,以客户每天的真实运动量作为定价的标准,用运动步数和运动达标天数抵扣保费,从而实现保费优惠和客户健康管理。但是众安保险的步步保产品,仅仅以每日步数作为保费折扣的唯一衡量标准,不考虑其他与身体健康管理相关的因素,这一点略显不足。2015 年 11 月,国内第一款全流程线上投保的糖尿病专项保险"退糖鼓"在上海发布。该保险设定,如果被保险人能够每日主动的完成该日健康管理计划,保证身体指标正常,所获得的保险保障额度就会不断叠加,这样的累计方式能有效地激励客户。

随着技术进步,可穿戴设备如智能手环等产品的普及,为基于用户行为模式重疾险产品的产生提供了技术条件。借鉴 UBI 车险的成功应用,可以推断基于用户行为模式的重疾险不仅能吸引大量的优质客户,也能有效降低赔付成本,因此 UBI 技术在寿险领域具有较大的发展空间。

参考文献

[1] 曹辉.汽车里程保险需求意愿的调研报告[D].北京:首都经济贸易大学,2019.

[2] 曾建新.美国无过失汽车保险的历史演进与经验启示[J].太原理工大学学报(社会科学版),2017,35(01):51-54.

[3] 陈家骏,邓文,苑晓光,崔铭原,孟愿.开展 UBI 车险的社会意义[J].区域治理,2019(50):223-225.

[4] 陈文书.大数据视角下共享汽车保险定价机制研究——与 UBI 车险对比论证[J].中国商论,2018(19):8-9.

[5] 陈哲.UBI 的"魂"与"良心"[N].计算机世界,2015-08-10.

[6] 陈哲.做好 UBI 的两个关键点[M].计算机世界,2015-11-23.

[7] 程相.基于车联网技术下的 UBI 车险定价方式研究[J].西部皮革,2020(02):71,74.

[8] 韩亮.基于用户行为模式的重疾险产品创新研究[D].广州:广东财经大学,2017.

[9] 韩笑.浅谈美国汽车保险制度[J].佳木斯职业学院学报,2016(03):439.

[10] 胡卫国,潘建亮.加快我国汽车保险市场发展的对策研究[J].汽车工业研究,2013(11):18-21.

[11] 姜宇.UBI 车险面临的困境与对策研究[J].上海保险,2020(3):31-37.

[12] 金雨晴.UBI 车险对我国车险行业的影响研究[D].北京：北京大学,2019.

[13] 林斌.商业车险条款费率市场化改革：欧盟、日本的经验与启示[J].南方金融,2015(12)：76-80,91.

[14] 刘剑,张佳羽,王书华.基于商用车车联网的 UBI 车险研究与实践[J].成都工业学院学报,2019(01)：48-53.

[15] 马向东.智能网联汽车存在的问题与风险[N].中国保险报,2019-07-24(005).

[16] 齐晓静.车险高风险业务板块经营策略研究[D].北京：对外经济贸易大学,2016.

[17] 乔木.大数据语境下 UBI 发展现状及趋势研究[J].现代商业,2015(01)：53-54.

[18] 申鸣阳.关于我国 UBI 车险制度构建的探讨[J].上海保险,2019(12)：47-52.

[19] 苏洁.政策催生 UBI 货运物责险[N].中国银行保险报,2019-12-25.

[20] 杨泽云.美国无过失汽车保险的经验及启示[J].西南金融,2011(05)：71-73.

[21] 唐江峰. 我国 UBI 车险商业模式设计 [D]. 北京：首都经济贸易大学,2016.

[22] 王继君.汽车保险与车联网跨界发展分析[J]汽车实用技术,2015(05)：140-142.

[23] 王薇.UBI 这只螃蟹吃不吃[N].中国银行保险报,2016-06-22.

[24] 王小韦.错过网约车,UBI 车险还有风口吗？[N].中国保险报,2017-06-21.

[25] 王小韦,马丽娟.UBI 车险　找好商业模式是关键 [N]. 中国保险报,2016-03-30.

[26] 文宛旭. 基于车联网平台数据的 P 保险公司 UBI 车险方案设计研究

[D].南昌:江西财经大学,2019.

[27] 向世刚.大数据在保险行业的应用研究[D].武汉:华中科技大学,2016.

[28] 徐迅斐.物联时代"智能保险"运营模式研究[D].上海:上海交通大学,
2014.

[29] 许志强,徐瑾钰.基于大数据的用户画像构建及用户体验优化策略[J].中
国出版,2019(6):52-56.

[30] 孙宏涛,刘秉昊.我国 UBI 车险制度构建研究[J].法律适用,2020(03):
25-32.

[31] 俞笑天.UBI 保险会成为亏损车险业务的拯救者吗？[N].中国保险报,
2015-06-04.

[32] 袁彤煜.汽车安全新技术的应用及发展趋势[J].科技风,2016(10):10.

[33] 张梦婷.运用区块链技术解决我国 UBI 车险发展中的问题分析[J].现代
商业,2019(35):136-137.

[34] 周颖,王学成.UBI 车险在网约车领域的挑战分析[J].现代商业,2020
(05):32-34.

[35] 朱家祺.车联网下 UBI 车险的数据告知和保护机制研究[J].金融监管研
究,2020(08):102-114.

[36] 朱爽.车联网环境下基于 UBI 的车险费率厘定模式与方法研究 [D].北
京:北京交通大学.2015.

[37] UBI 车险全球一览:车联网浪潮中的保险业[EB/OL].http://www.weiyanx.
com/334529/html.2019-07-10.

[38] 单鹏.UBI：新一代车险的中国式落地 [EB/OL].2018-09-03.http://chsh.
sinoins.com/2018-09/03/content_270579.htm.

附　　录

附录 1　私家车主对 UBI 车险接受度的调查

您好，我们是南开大学的学生，感谢您在百忙之中接受我们的问卷调查。我们希望通过您的回答来判断和预测 UBI 车险定价模式的大众接受程度以及未来市场的发展前景。衷心希望您能配合我们的问卷调查。我们的调查仅用作学术研究使用，绝不用于任何商业目的。再次对您表示感谢！

UBI 车险简介：UBI 车险（Usage-Based Insurance，简称 UBI），被称为"驾驶行为保险"或"基于里程的保险"。这种车险是基于机动车的使用量、车主的驾驶行为和安全程度的车辆保险产品，通过大数据分析为车主提供定制化的保险服务，从而达到为车主减少保费支出，养成良好驾驶习惯的目的。也就是说，车辆使用越少，保费越便宜；驾驶行为越安全，保费越便宜。

车主在购买 UBI 同时，需要在车内加装一个 OBD 硬件产品，并下载一个手机 APP 软件，保险公司可由此获取车主驾驶行为、驾驶环境、车辆里程、车辆故障信息等数据，通过云端大数据汇总和处理，为驾驶习惯好的车主减少续保费用，提供奖励机制，鼓励驾驶行为安全程度较低的车主改善驾驶习惯。

一.个人信息

1.您的性别是 ＿＿＿＿＿＿＿＿。

A.男 B.女

2.您的年龄是 _____。

A. 18~25 岁　B. 26~35 岁　C. 36~45 岁　D.46~55 岁　E.55 岁以上

3.最近三个月,您每个月的平均收入大概是多少?

A. 5000 元以下　B. 5000~10000 元　C. 10000~15000 元　D. 15000~20000 元　E. 20000 元以上　F. 无收入

4.您的学历是 _____。

A. 未受过正式教育　B. 初中及以下　C. 高中/技校/职高/中专　D. 大专/本科　E. 研究生及以上

5.您的驾龄为 _____。

A. 低于 3 年　B. 3—5 年　C. 6—10 年　D. 10 年以上

6.您或您家庭的车购买多长时间了?

A. 6 个月及以内　B. 6 个月—1 年(含 1 年)　C. 1—2 年　D. 2—3 年　E. 3—4 年　F. 4—5 年　G. 5—6 年　H. 6 年以上

7.您的座驾在新车市场上售卖价格范围是 _____。

A. 5 万~10 万元　B. 10 万~20 万元　C. 20 万~35 万元　D. 35 万元以上

8.您每年车辆保险花费的金额大约为 _____。

A. 1000 元以下　B. 1000~3000 元　C. 3000~5000 元　D. 5000~8000 元　E. 8000 元以上

9.您购买的险种有 _____。 [多选题]

A. 交强险　B. 第三者责任险　C. 车辆损失险　D. 全车盗抢险　E. 车上人员责任险　F. 玻璃单独破碎险　G. 自燃险　H. 划痕险　I. 其他

10.您购买家用车保险的途径是什么?

A. 保险经纪人　B. 亲戚朋友　C. 电话　D. 网络　E. 4S 店　F. 审车时在交管所投保　G. 其他

11.您当前购买的哪家保险公司的车险?

A. 人保财险　B. 平安财险　C.太平洋财险　D. 人寿财险　E. 其他　F.

不清楚

12.您选择车险公司主要的考虑因素是 _____。 [多选题]

A. 保费价格 B. 理赔效率高 C. 服务态度好 D. 公司口碑 E. 公司实力 F. 朋友推荐 G. 保险中介介绍

13. 车险到期后,您续保的预算是多少?

A. 1000 元以下 B. 1000~3000 元 C. 3000~5000 元 D. 5000~7000 元 E. 7000 元及以上 F. 不清楚

14. 您对自身驾驶技术的评价是 _____。

A. 较差 B. 中等 C. 较好 D. 非常好

15. 假若连续几年未发生险情, 您是否会选择不足额投保或削减附加险呢?

A. 不可能 B. 可能性小 C. 一般 D. 有可能 E. 很有可能

16. 您在过去的三年中向保险公司索赔的频率如何?

A. 三年无索赔 B. 两年无索赔 C. 一年无索赔 D. 平均一年索赔一次 E. 平均一年索赔两次 F. 平均一年索赔三次及以上

二. 对 UBI 保险的了解程度与相关评价

17. 您认为目前车险价格 _____。

A. 非常贵 B. 比较贵 C. 适中 D. 比较便宜 E. 非常便宜

18. 您认为现在仅按照车价进行车险金额评定的方式是否合理?

A. 合理但考虑不全面 B. 不应该按照车价评定 C. 足够合理

19.您认为车联网对自己有哪些重要作用? [多选题]

A. 提升安全保障 B. 智能导航 C. 车联网保险 D. 节能减排 E. 车辆远程智能控制 F. 影音娱乐 G. 其他

20. 您知道基于个人的驾驶习惯而为车主提供的个性化定制车险(U-BI)吗?

A. 知道 B. 不知道

21.您认为将来这种新型车险与传统车险相比哪种更具有优势？

A. 传统车险　B. 新型车险　C. 不相上下

三、用户对 UBI 的接受程度

22.您是否愿意购买 UBI 车险？

A. 愿意　B. 不愿意

23.您认为自己不会购买这种新型车险的主要原因是 _____。[多选题]

A. 驾驶技术或驾驶习惯不够好　B. 对车险价格不敏感　C. 担心隐私安全　D. 其他

24.您认为自己考虑购买这种车险的原因是 _____。[多选题]

A. 保单价格会更加合理　B. 提高理赔、续保效率　C. 帮我改善驾驶行为　D. 降低汽车被盗风险　E. 形式新颖　F. 其他

25.若参加 UBI 车险,提供附加服务,您认为以下哪些是您需要的? [多选题]

A. 驾驶评分功能:记录车辆行驶数据,对驾驶行为进行分析和打分

B. UGC 上报功能:可一键上报堵车、事故等交通情况

C. 社交分享功能:引入微信、QQ 等社交软件功能,将驾驶信息、交通情况等进行分享

D. 车辆诊断服务:加速、超速警告;车体障碍;油耗分析等

E. 紧急路边救援:在偏远地区出现车辆故障时能帮助定位车辆位置

F. 窃盗车辆追踪

G. 其他

26.您在购买 UBI 产品时,对以下哪些增值服务感兴趣? （多选题）【最多选三项】

A. 赠送 OBD 硬件

B. 赠送机油、机滤等常规保养产品

C. 赠送加油卡、购物卡、充值卡等

D. 赠送免费常规保养服务

E. 赠送车载导航、行车记录仪等车载硬件终端

F. 赠送座椅套件、脚垫等汽车装饰产品

G. 赠送 24 小时免费救援等增值服务

H. 其他

I. 均不感兴趣

27.您可以接受保险公司通过技术手段采集您的哪些驾驶信息?[多选题]

A. 驾驶习惯　B. 驾驶里程　C. 驾驶时间　D. 车辆行驶轨迹

28.如果购买 UBI 车险会降低您的保费,最少降低多少您愿意购买 UBI 车险?

A. 10%以内　B. 10%~20%　C. 20%~30%　D. 30%~40%　E. 隐私很重要,保费降低多少都不会购买

29.您对汽车外接设备持何种态度?

A. 可以使用　B. 看具体功能　C. 不需要

30.您更接受哪种接口形式的外接设备?

A. 点烟器接口　B. 汽车 OBD 接口

31.如果购买 UBI 车险需要支付一定的设备成本,您能接受的价格是多少?

A. 100 元以下　B. 100~300 元　C. 300~500 元　D. 500~1000 元　E. 不接受

32.您对 UBI 车险定价模式有哪些建议?

_____

_____

附录 2　对营运车 UBI 保险接受程度的调查

一、个人信息

1. 您的身份是 ＿＿＿＿＿＿＿＿。

A. 车队管理人　B. 车队司机　C. 私人司机

2. 您的性别是 ＿＿＿＿＿＿＿＿。

A. 男　B. 女

3. 您的年龄是 ＿＿＿＿＿＿＿＿。

A. 18~25 岁　B. 26~35 岁　C. 36~45 岁　D. 46~55 岁　E. 55 岁以上

4. 最近三个月,您每个月的平均收入大概是多少?

A. 5000 元以下　B. 5000~10000 元　C. 10000~15000 元　D. 15000~20000 元　E. 20000 元以上　F. 无收入

5. 您的学历是 ＿＿＿＿＿＿＿＿。

A. 未受过正式教育　B. 初中及以下　C. 高中/技校/职高/中专　D. 大专/本科　E. 研究生及以上

6. 您的驾龄为 ＿＿＿＿＿＿＿＿。

A. 3 年以下　B. 3—5 年　C. 6—10 年　D.10 年以上

7. 您对自身驾驶技术的评价是 ＿＿＿＿＿＿＿＿。

A. 较差　B. 中等　C. 较好　D. 非常好

8. 您驾驶车辆的性质是 ＿＿＿＿＿＿＿＿。

A. 企业自有车辆　B. 个人自有车辆　C. 个人挂靠车辆

9. 您管理/所在的车队的车辆规模是 ＿＿＿＿＿＿＿＿。

A. 10 辆以下　B. 10~25 辆　C. 25~50 辆　D. 50~100 辆　E. 100 辆以上

10. 您管理/所在的车队非自有车辆的数量是 ＿＿＿＿＿＿＿＿。

A. 5 辆以下　B. 5~10 辆　C. 10~15 辆　D. 15~20 辆　E. 20~30 辆　F. 30 辆以上

11. 您管理/所在的车队车辆的平均车龄大概是多少?

A. 6 个月及以内　B. 6 个月—1 年（含 1 年）C. 1—2 年（含 2 年）D. 2—3 年（含 3 年）E. 3—4 年（含 4 年）F. 4—5 年（含 5 年）G. 5 年以上

12. 您所驾驶的车辆的车龄是多少？

A. 6 个月及以内　B. 6 个月—1 年（含 1 年）C. 1—2 年（含 2 年）D. 2—3 年（含 3 年）E. 3—4 年（含 4 年）F. 4—5 年（含 5 年）G. 5 年以上

13. 您管理/驾驶的车辆在市场上新车售卖价格范围大概是 _____。

A. 5 万~10 万元　B. 10 万~20 万元　C. 20 万~35 万元　D. 35 万元以上

14. 您管理/驾驶的车辆的业务类型是 _____。

A. 长途货运　B. 短途货运　C. 长途客运　D. 短途客运　E. 其他

15. 您管理/驾驶的车辆经常行驶的区域是 _____。

A. 城区　B. 高速　C. 农村　D. 其他

16. 您管理/所在的车队每天连续驾驶的时长平均是多少？

A. 2 小时　B. 2—4 小时　C. 4—6 小时　D. 6—8 小时　E. 8—10 小时 F. 10 小时以上

17. 您每天连续驾驶的时长是多少？

A. 2 小时　B. 2—4 小时　C. 4—6 小时　D. 6—8 小时　E. 8—10 小时 F. 10 小时以上

18. 您管理/所在的车队每天驾驶的总时长平均是多少？

A. 3 小时以下　B. 3—5 小时　C. 5—8 小时　D. 8—12 小时　E. 12—16 小时　F. 16 小时以上

19. 您每天驾驶的总时长是多少？

A. 3 小时以下　B. 3—5 小时　C. 5—8 小时　D. 8—12 小时　E. 12—16 小时　F. 16 小时以上

20. 您所在的车队下午六点到早上六点之间驾驶时长是多少？

A. 1 小时以下　B. 1—3 小时　C. 3—5 小时　D. 5—8 小时　E. 8—12 小时

21. 您在下午六点到早上六点之间的驾驶时长是多少？

A. 1 小时以下 B. 1—3 小时 C. 3—5 小时 D. 5—8 小时 E. 8—12 小时

22. 根据您的经验,发生事故时每小时行驶速度是 _____。

A. 小于 30 千米 B. 30~60 千米 C. 大于 60 千米

23. 根据您的经验,您所在车队的车辆常见事故类型是 _____。

A. 前车碰撞(撞人、车、障碍物)B. 转弯侧翻 C. 视野盲区碰撞事故
E. 偏离车道 F. 其他

24. 根据您的经验,常见的事故类型有 _____。

A. 前车碰撞(撞人、车、障碍物)B. 转弯侧翻 C. 视野盲区碰撞事故
D. 偏离车道 E. 其他

25. 您在日常运营时,重点关注车辆的 _____。

A. 油耗 B. 不出事故 C. 故障维修 D. 位置 E. 其他

26. 您是否采用导航设备?

A. 是 B. 否

27. 您是否使用违章提醒设备?

A. 是 B. 否

二、保险情况:

28. 您所管理/驾驶的汽车购买的险种有 _____。[多选题]

A. 交强险 B. 第三者责任保险 C. 车辆损失险 D. 车上人员责任险
E. 全车盗抢险 F. 玻璃单独破碎险 G. 自燃险 H. 涉水险 I. 划痕险 J. 其他

29. 您所管理/驾驶车辆每年车险平均花费的金额大约为 _____。

A. 5000 元以下 B. 5000~10000 元 C. 10000~13000 元 D. 13000~15000 元 E. 15000~20000 元 F. 20000~30000 元 G. 30000 元以上 H. 不清楚

30. 您管理/所在的车队购买车险的途径是 _____。[多选题]

A. 在 4S 店投保 B. 业务员和车队统一购买 C. 修理厂代理购买 D. 电话、网络 E. 直接到保险公司门店购买 F. 其他

31. 您自家车辆购买车险的途径是 _____。[多选题]

A. 在 4S 店投保　B. 通过业务员购买　C. 修理厂代理购买　D. 电话、网络　E. 直接到保险公司门店购买　F. 其他

32. 您管理/所在的车队投保了哪家保险公司的车险？[多选题]

A. 中国人保财险　B. 平安直通车险　C. 太平洋车险　D. 中国人寿财险　E. 其他　F. 不清楚

33. 您自家车辆投保了哪家保险公司的车险？[多选题]

A. 中国人保财险　B. 平安直通车险　C. 太平洋车险　D. 中国人寿财险　E. 其他

34. 您管理/驾驶的车辆投保的车损险的保额是 _____。

A. 足额投保（新车购置价）B. 实际价值确定　C. 协商保额　D. 不清楚

35. 您管理/驾驶车辆投保的第三者责任险的保额是多少？

A. 20 万元以下　B. 20 万~50 万元　C. 50 万~100 万元　D. 100 万元以上　E. 不清楚

36. 您管理/驾驶车辆投保的车上人员责任险的保额是多少？

A. 10 万元以下　B. 10 万~20 万元　C. 20 万~50 万元　D. 50 万元以上　E. 不清楚

37. 您在理赔中遇到过的问题有什么？[多选题]

A. 理赔速度慢　B. 理赔条件苛刻　C. 理赔程序麻烦　D. 其他

38. 您选择车险公司主要考虑的因素是 _____。[多选题]

A. 保费价格　B. 理赔效率高　C. 理赔条件宽松　D. 服务态度好　E. 公司口碑　F. 公司实力　G. 网点多　H. 朋友推荐　I. 保险中介介绍　J. 其他服务

39. 车险到期后，您续保的预算是多少？

A. 5000 元以下　B. 5000~10000 元　C. 10000~13000 元　D. 13000~15000 元　E. 15000~20000 元　F. 20000~30000 元　G. 30000 元以上

40. 您在过去的一年中向保险公司索赔了几次?

_____

41. 您的车辆投保后是否出现过中途退保的情况?

A. 是 B. 否

三、对 UBI 的了解程度与相关评价

42. 您认为目前车险价格 _____。

A. 非常贵 B. 比较贵 C. 适中 D. 比较便宜 E. 非常便宜

43. 您认为现在仅按照车价进行车险金额评定的方式是否合理?

A. 足够合理 B. 合理但考虑不够全面 C. 不合理

44. 您认为车联网对自己有哪些重要作用? [多选题]

A. 提升安全保障 B. 智能导航 C. 车联网保险 D. 节油减排 E. 车辆远程智能控制 F. 影音娱乐 G. 其他

45. 请问您知道基于个人的驾驶习惯而为车主提供的个性化定制车险(UBI)吗?

A. 知道 B. 不知道

46. 您认为将来这种新型车险与传统车险相比哪种更具有优势?

A. 传统车险 B. 新型车险 C. 不相上下,不能确定

四、对 UBI 的接受程度

47. 您是否愿意购买 UBI 车险?

A. 愿意 B. 不愿意

48. 如果您不会购买这种新型车险,原因是 _____。[多选题]

A. 驾驶技术或驾驶习惯不够好 B. 对车险价格不敏感 C. 担心隐私安全 D. 其他

49. 您认为自己考虑购买这种车险的原因是 _____。[多选题]

A. 保单价格会更加合理 B. 提高理赔、续保效率 C. 帮我改善驾驶行为 D. 降低汽车被盗风险 E. 形式新颖 F. 其他

50. 若参加 UBI 车险,提供附加服务,您认为需要哪些服务? [多选题]

A. 驾驶评分功能:记录车辆行驶数据,对驾驶行为进行分析和打分

B. UGC 上报功能:可一键上报堵车、事故等交通情况

C. 社交分享功能:引入微信、QQ 等社交软件功能,将驾驶信息、交通情况等进行分享

D. 车辆诊断服务:加速、超速警告;车体障碍;油耗分析等

E. 紧急路边救援:在偏远地区出现车辆故障时能帮助定位车辆位置

F. 窃盗车辆追踪

G. 其他

51. 您在购买 UBI 产品时,对以下哪些增值服务感兴趣? [多选题]

A. 赠送 OBD 硬件

B. 赠送机油、机滤等常规保养产品

C. 赠送加油卡、购物卡、充值卡等

D. 赠送免费常规保养服务

E. 赠送车载导航、行车记录仪等车载硬件终端

F. 赠送座椅套件、脚垫等汽车装饰产品

G. 赠送 24 小时免费救援等增值服务

H. 其他

I. 均不感兴趣

52. 您可以接受保险公司通过技术手段采集您的哪些驾驶信息? [多选题]

A. 驾驶习惯　B. 驾驶里程　C. 驾驶时间　D. 车辆行驶轨迹

53. 如果 UBI 车险会降低您的保费,最少降低多少您愿意购买?

A. 10%以内　B. 10%~20%　C. 20%~30%　D. 30%~40%　E. 隐私很重要,保费降低多少都不会购买

54. 您对汽车外接设备持何种态度?

A. 可以使用　B. 看具体功能　C. 不需要

55. 您更接受那种接口形式的外接设备？

A. 点烟器接口 B. 汽车 OBD 接口

56. 如果购买 UBI 车险需要支付一定的设备成本,您能接受的价格是多少?

A. 100 元以下 B. 100~300 元 C. 300~500 元 D. 500~1000 元 E. 不能接受这部分费用

57. 如果免费赠送提高驾驶安全性和疲劳驾驶提醒的设备,您愿意配合安装使用和维护吗?

A. 是 B. 否

58. 您对 UBI 车险定价模式有哪些建议?

_____

_____

_____

附录 3　课题开展及调研情况

图 1　课题组召开项目启动会

图 2　课题组赴渤海财险调研

图 3　课题组赴上海评驾科技有限公司调研

图 4　课题组赴中国大地财产保险有限公司调研

图 5 课题组赴中国平安保险(集团)股份有限公司调研

后 记

2020 年,农历庚子年,新冠肆虐,全球同难。

保险行业也不例外。冲击巨大,压力陡增,敢问路在何方?

一、变革

自银保监会成立之后,新的政策规定得以全面贯彻,保险业的政策环境深刻变化。汽车产业的发展正进入大变局时代,产品形态和生产方式在深度改革,新的商业模式不断涌现。同时,保险行业发展的政策环境、经济基础、人口结构和科技创新发生了深刻变化,正在改变保险产品的定价与创新、风险控制与成本、销售模式与效率、理赔服务与用户体验。保险行业风险认知能力提升,数据治理提上日程,保险产业链再造与重塑势在必行。

二、契机

探索车险新发展之路与破解车险"理赔难"困局,急需破局点,那么,UBI 保险是不是一支"好疫苗"?

国际上 UBI 模式的保险落地于车险,应用基础是基于车辆使用过程中各种影响风险的数据。目前 UBI 实践的窗口被打开。

一是政策基本环境已经出现突破。2020 年 9 月份正式施行的车险改革意见中,银保监会第一次把 UBI 写进了改革文件。

二是汽车的数字化基础设施已经有了较好基础。新车联网、智能系统及辅助驾驶技术的进步,可以形成事故、驾驶行为、理赔数据的关联闭环。

三是新能源车的爆发式增长带来的车险增量，自动驾驶的商用和普及，提供了 UBI 保险实践的机会。

四是新能源汽车的使用群体年轻人占比较高，该群体更愿意尝试新事物，对 UBI 保险接受度也更高。

未来 UBI 的价值主张应该围绕"降低成本、改善体验、提高效率"三个核心价值目标，满足关联各方的利益诉求点。对监管端要提高车险运营效率，满足各方需要；对用户端来说降低用户的保费成本，获得更好的服务体验；对保险端降低保费获取成本，减少理赔支出，实现规模和利润双赢。商业模式设计的关键是多方利益的平衡和盈利模式的确定。

在这里有必要提一下 MGA 模式。MGA 的全称是 Managing General Agent（管理型总代理），即有牌照的保险公司雇佣第三方机构，并赋予其比较大的权利承接多个环节，而真正出保单的仍是有牌照的保险公司。调研中，我们也看到特定场景下 MGA+UBI 双模式结合的成功尝试案例。在一个类似车险的使用场景中，依据所有权与使用权分离的法律关系，设计新的责任险险种，基于相对完整的"从人、从车、从用"多维数据，承接数据分析、用户画像、产品与条款设计、动态定价模型、互联网销售与运营、线上理赔、售后投诉与诉讼管理等全链条的外包服务，贯穿了对获客、转换、留存、复购、NPS 体验等全环节运营及关键指标的全闭环管理，在"规模、成本、体验"不可能三角的约束下，通过大数据、互联网、人工智能和区块链的技术创新应用，实现效率提升，达成有效动态平衡，成功实现 UBI 落地闭环管理实践。

对于中小保险公司而言，后车改时代对其数据要求和定价能力以及其他技术能力的要求都大大增加，成本上难以承担，尤其是 UBI 的创新实践。采取 MGA 模式，与专业的公司合作或许是最佳选择。

三、展望

只有打破思维定势，才能超常规发展。

发端于国外的 UBI 车险模式在进入中国后有没有可能获得更高层次的

发展,超越 UBI 车险的局限,将 UBI 模式应用于其他保险创新场景,赋予 U-BI 以新的生命力和动能?

展望未来,数据将是变革与竞争的焦点。当以"大数法则"和"最大诚信原则"为立业之本的保险行业,重新回归"保险保障"之初心,破除"有客户、无数据"的尴尬局面,成就车险行业凤凰涅槃、翱翔九天的蓝图。

冬天已经来了,春天必然不远。

特以此书致敬中国 UBI 保险的探索者们,并期待 UBI 保险的春天如期来临。